民法典高职系列教材
审定委员会

民法典高职系列教材

总主编◎万安中　副总主编◎王　亮

民法原理与实务
侵权责任编

MINFA YUANLI YU SHIWU
QINQUAN ZEREN BIAN

主　编◎盛舒弘　刘树桥

副主编◎尹小婧

撰稿人◎盛舒弘　刘树桥　尹小婧
　　　　谭有发　刘俊杰　朱宏亮
　　　　彭　龙

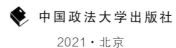

中国政法大学出版社

2021·北京

图书在版编目（ＣＩＰ）数据

民法原理与实务.侵权责任编/盛舒弘,刘树桥主编. —北京：中国政法大学出版社,2021.8
ISBN 978-7-5764-0068-7

Ⅰ.①民… Ⅱ.①盛…②刘… Ⅲ.①侵权行为－民法－中国 Ⅳ.①D923

中国版本图书馆CIP数据核字(2021)第173301号

书　　　名	民法原理与实务：侵权责任编
出 版 者	中国政法大学出版社
地　　　址	北京市海淀区西土城路 25 号
邮　　　箱	fadapress@163.com
网　　　址	http://www.cuplpress.com (网络实名：中国政法大学出版社)
电　　　话	010-58908435(第一编辑部) 58908334(邮购部)
承　　　印	固安华明印业有限公司
开　　　本	787mm×1092mm　1/16
印　　　张	13
字　　　数	277 千字
版　　　次	2021 年 8 月第 1 版
印　　　次	2021 年 8 月第 1 次印刷
印　　　数	1~5000 册
定　　　价	46.00 元

Preface
总　序

　　高等法律职业化教育已成为社会的广泛共识。2008 年，由中央政法委等 15 部委联合启动的全国政法干警招录体制改革试点工作，更成为中国法律职业化教育发展的里程碑。这也必将带来高等法律职业教育人才培养机制的深层次变革。顺应时代法治发展需要，培养高素质、技能型的法律职业人才，是高等法律职业教育亟待破解的重大实践课题。

　　目前，受高等职业教育大趋势的牵引、拉动，我国高等法律职业教育开始了教育观念和人才培养模式的重塑。改革传统的理论灌输型学科教学模式，吸收、内化"校企合作、工学结合"的高等职业教育办学理念，从办学"基因"——专业建设、课程设置上"颠覆"教学模式："校警合作"办专业，以"工作过程导向"为基点，设计开发课程，探索出了富有成效的法律职业化教学之路。为积累教学经验、深化教学改革、凝塑教育成果，我们着手推出"基于工作过程导向系统化"的法律职业系列教材。

　　《国家中长期教育改革和发展规划纲要（2010～2020 年）》明确指出，高等教育要注重知行统一，坚持教育教学与生产劳动、社会实践相结合。该系列教材的一个重要出发点就是尝试为高等法律职业教育在"知"与"行"之间搭建平台，努力对法律教育如何职业化这一教育课题进行研究、破解。在编排形式上，打破了传统篇、章、节的体例，以司法行政工作的法律应用过程为学习单元设计体例，以职业岗位的真实任务为基础，突出职业核心技能的培养；在内容设计上，改变传统历史、原则、概念的理论型解读，采取"教、学、练、训"一体化的编写模式。以案例等导出问题，根据内容设计相应的情境训练，将相关原理与实操训练有机地结合，围绕关键知识点引入相关实例，归纳总结理论，分析判断解决问题的途径，充分展现法律职业活动的演进过程和应用法律的流程。

法律的生命不在于逻辑，而在于实践。法律职业化教育之舟只有驶入法律实践的海洋当中，才能激发出勃勃生机。在以高等职业教育实践性教学改革为平台进行法律职业化教育改革的路径探索过程中，有一个不容忽视的现实问题：高等职业教育人才培养模式主要适用于机械工程制造等以"物"作为工作对象的职业领域，而法律职业教育主要针对的是司法机关、行政机关等以"人"作为工作对象的职业领域，这就要求在法律职业教育中对高等职业教育人才培养模式进行"辩证"地吸纳与深化，而不是简单、盲目地照搬照抄。我们所培养的人才不应是"无生命"的执法机器，而是有法律智慧、正义良知、训练有素的有生命的法律职业人员。但愿这套系列教材能为我国高等法律职业化教育改革作出有益的探索，为法律职业人才的培养提供宝贵的经验、借鉴。

2016 年 6 月

Foreword

前 言

　　《中华人民共和国民法典》于 2020 年 5 月 28 日第十三届全国人大第三次会议上高票通过，并于 2021 年 1 月 1 日起实施。这是中华人民共和国历史上首个以"法典"命名的法律。从此，我国进入了民法典时代。

　　习近平总书记于 2020 年 5 月 29 日在十九届中央政治局第二十次集体学习时的讲话中指出：民法典在中国特色社会主义法律体系中具有重要地位，是一部固根本、稳预期、利长远的基础性法律，对推进全面依法治国、加快建设社会主义法治国家，对发展社会主义市场经济、巩固社会主义基本经济制度，对坚持以人民为中心的发展思想、依法维护人民权益、推动我国人权事业发展，对推进国家治理体系和治理能力现代化，都具有重大意义。要加强民法典重大意义的宣传教育，讲清楚实施好民法典的重要意义。

　　高职法律院校肩负着讲清楚民法典的重大责任，以培养优秀的高职法律人才。为适应讲清楚民法典的需要，从如何处理民事纠纷的角度入手编写一部民法典教材，以便让学生迅速掌握民法典知识、更好地应对和解决民事纠纷就显得尤为重要。基于此，广东司法警官职业学院法律系组织教师进行了民法典高职系列教材的编写，命名为《民法原理与实务》，分五编撰写。本部分为《民法原理与实务：侵权责任编》。

　　《民法原理与实务：侵权责任编》教材共分为 2 个学习单元、13 个学习项目、41 项学习任务。本教材凸显了以民事侵权责任原理处理民事侵权法律实务为核心的项目内容和课程体系，力求实现岗位能力与学习内容的融合。在此基础上，该教材进行了"教、学、做"一体化的"工学结合"的情境设计，根据"知识目标"和"能力目标"的培养要求，从"引例"入手，导入民法侵权责任的基本理论知识，紧随基本理论知识进行了"引例解析"，并设计了"思考与练习""学习情境""拓展阅读"等内容，从而形成了符合高职教育要求的完整的知识体系，体现了理论必需性、职业针对性的高职教育理念。

　　本教材由主编盛舒弘、刘树桥拟定编写提纲和编写计划，尹小婧、谭有发、刘俊杰、朱宏亮、彭龙参与了编写。具体编写分工如下（按教材项目顺序）：

尹小婧：单元一项目一、项目六

谭有发：单元一项目二

刘俊杰：单元一项目三、项目四

刘树桥：单元一项目五、单元二项目七

朱宏亮：单元二项目一、项目二

盛舒弘：单元二项目三、项目五、项目六

彭　龙：单元二项目四

在本教材的立项、拟纲、编写过程中，得到了学院领导的大力支持，在此表示由衷的感谢。为圆满完成本教材的编写，编者参阅和借鉴了有关学者和相关部门的研究成果和文献资料，在此对他们表示诚挚的谢忱！

由于编者水平有限，不足和缺陷在所难免，恳请读者多提宝贵意见。

编　者

2020 年 10 月 15 日于广州

Contents

目 录

单元一

侵权责任一般原理与实务

知识结构图

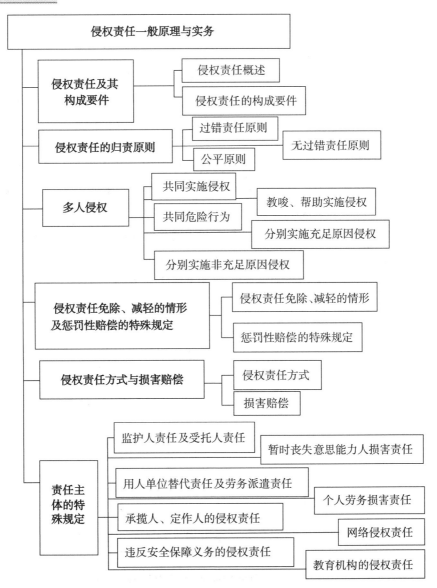

项目一　侵权责任及其构成要件

知识目标

大致了解我国侵权责任编的体系，理解侵权责任的概念与特征，熟悉一般侵权责任的构成要件。

能力目标

能够熟练运用侵权责任构成要件的基础理论及法律条文。

任务一　侵权责任概述

案例引入

案例一：原告朱某与被告吴某是邻居。2019 年 4 月 22 日晚，双方因邻里琐事发生争执，在争执过程中，被告吴某动手殴打原告朱某，造成原告受伤。原告受伤后先后至 A 药铺中医坐堂诊所住院及门诊治疗，共计产生医疗费 7476.03 元（已扣除住院费中的伙食费 125.3 元）。

原告向被告索要赔偿费，双方就原告的损失赔偿问题协商不成，原告向法院提起诉讼，请求被告赔偿医疗费、住院伙食补助费、误工费、交通费。[1]

问：吴某是否应当为朱某的损伤承担赔偿责任？

案例二：2003 年 5 月 3 日放长假期间，甲与妻子乙去丙超市闲逛，在出门时，被超市保安丁拦住。保安丁认为甲有盗窃嫌疑，遂同保安戊等多人将甲、乙强行送到办公室。丁先是强行搜查了甲和乙的背包，没有发现可疑物品，于是丁又强行搜查了甲的身体，并叫来女保洁人员搜查了乙的身体，搜查乙时丁等人也在场。后甲实在气愤，与戊争吵起来，双方动手打在一起。甲与戊均受轻伤。甲后来在检查背包时发现包中一件祖传金饰品被损坏且不可修复。甲主张丙超市赔偿，丙超市不同意，双方遂生纠纷，甲诉至法院。[2]

问：如戊先动手打人致甲轻伤，是否构成侵权？甲可否要求损害赔偿？

基本理论

《民法典》第 120 条规定："民事权益受到侵害的，被侵权人有权请求侵权人承担侵权责任。"

一、侵权行为及侵权责任

侵权行为是指行为人违反法定义务，侵害他人合法的民事权益，基于主观过错或

---

〔1〕　案例来自 http：//lawyers.66law.cn/s23156769a223f_ anli533893.aspx，2020 年 10 月 9 日访问。

〔2〕　案例来自邓岩、熊小琼主编：《民法原理与实务》下，暨南大学出版社 2013 年版，第 187 页。

法律规定，依法应当承担侵权责任的行为。

侵权责任是指行为人因其侵权行为或准侵权行为造成的损害等后果或风险而依法承担的民事法律责任。准侵权行为，指尚未对他人的合法权益造成实质损害，但已构成损害风险的行为。如《民法典》第 1205 条规定的缺陷产品预防性除险责任，即为准侵权行为引起的侵权责任。

二、侵权责任的特征

侵权责任作为民事责任的一种，遵循有关民事责任的一般规定，符合民事责任的全部特征，如民事责任的侧重补偿性、可协商性的特征。除此之外，其自身还具有如下特征：

1. 侵权责任是因违反法定义务而承担的不利法律后果。民事责任从性质上来说，可以分为违约责任与侵权责任。违约责任是违反约定义务的法律后果。侵权责任则是因违反法定义务而承担的法律后果，即实施导致他人民法权益受到损害或将他人合法权益置于危险状态之下的行为应承担的法律后果。

随着社会经济的发展，不断产生新的财产权益和人身权益，这些利益都离不开法律的保护。从本质而言，侵权责任即为保护前述两种利益而为要求侵权人承担的法律后果。

2. 侵权责任的前提要件是侵权行为。侵权责任是基于侵权行为而产生，无侵权行为则无侵权责任。侵权责任是行为人实施侵权行为应承担的法律后果。

3. 侵权责任的形式具有多样性。侵权责任相关法律的功能之一就是对被侵害的权利人进行救济。通过立法，指明合法、可操作的救济途径从而避免损害或更大的损害发生，尽可能地弥补已发生的损失，修复被撕裂的社会关系。

侵权责任编规定的责任方式主要包含以下几个方面：

（1）财产方面。《民法典》第 1167 条："侵权行为危及他人人身、财产安全的，被侵权人有权请求侵权人承担停止侵害、排除妨碍、消除危险等侵权责任。"根据本条，侵权人应当就给权利人财产上所带来的损失承担相应的责任，此条为概括性的规定，具体的赔偿方式在第 1170、1182、1184、1188、1205 条等内容中有所展开。

（2）人身方面。人身方面的责任方式主要针对保护财产性人身权益和非财产性人身权益。《民法典》第 1167 条的立法目的是保护财产性人身权益。第 1179 条规定："侵害他人造成人身损害的，应当赔偿医疗费、护理费、交通费、营养费、住院伙食补助费等为治疗和康复支出的合理费用，以及因误工减少的收入。造成残疾的，还应当赔偿辅助器具费和残疾赔偿金；造成死亡的，还应当赔偿丧葬费和死亡赔偿金。"本条规定主要针对权利人的生命权、健康权、身体权，这些权益具有独特、不可再生的特点，因此，当这些权益遭受损害之时，可以请求相应的赔偿金。第 1183 条规定："侵害自然人人身权益造成严重精神损害的，被侵权人有权请求精神损害赔偿。因故意或者重大过失侵害自然人具有人身意义的特定物造成严重精神损害的，被侵权人有权请求精神损害赔偿。"则是针对非财产性人身权益的保护。

三、侵权责任编的保护范围

《中华人民共和国侵权责任法》（以下简称《侵权责任法》，已失效）第2条规定："侵害民事权益，应当依照本法承担侵权责任。本法所称民事权益，包括生命权、健康权、姓名权、名誉权、荣誉权、肖像权、隐私权、婚姻自主权、监护权、所有权、用益物权、担保物权、著作权、专利权、商标专用权、发现权、股权、继承权等人身、财产权益。"

《民法典》第1164条规定："本编调整因侵害民事权益产生的民事关系。"

《侵权责任法》（已失效）第2条采用的是"概括+列举"式，这种模式以《德国民法典》为典型代表。第2条第2款的列举式规定虽然详尽明确，但缺点是一旦涉及新的民事权益，需要通过司法解释进行释明。

侵权责任编保护的权益范围，是对调整对象的界定，其解决的核心问题是哪些民事权益应当受到其保护。"民事权益"本身是一个不确定的概念，对社会发展和人民生活进行了高度的概括和抽象，具有较大的包容性，随着社会经济的不断发展，法律保护的范围也将逐渐丰富。因此，采用概括式规定，有助于囊括各种民事权益。

四、侵权责任与违约责任的竞合

Black's Law Dictionary 中对侵权有着清晰的定义："是私人的或民事的过错或者损害，但不是违约行为。"[1] 根据前面所述，侵权行为是违反法律规定的义务，而不是当事人之间约定的义务。侵权责任是法定的，具有强制性。

违约行为，指的是合同当事人不履行合同约定的义务。《民法典》第577条："当事人一方不履行合同义务或者履行合同义务不符合约定的，应当承担继续履行、采取补救措施或者赔偿损失等违约责任。"

违约责任具有相对性和特定性，只能由特定的对方承担，承担形式可由双方约定。

责任竞合是指某一侵害民事权益的事实的发生同时符合侵权责任和违约责任的构成要件。两者竞合，具备如下特点：

1. 当事人之间存在有效的合同关系。有效的合同是违约责任存在的前提。

2. 实施了侵害民事权益的行为。当事人实施了侵害民事权益的行为。

3. 上述行为同时违反了合同约定以及侵害了合同相对人的民事权益。

---

[1] 丁晓峰："论侵权与违约的责任竞合"，华东政法学院2004年硕士学位论文。

五、侵权责任与行政责任、刑事责任的聚合

若行为人实施同一个行为同时触犯了侵权规范、行政规范与刑事规范，法学界将这种现象称为"侵权责任与行政责任、刑事责任聚合"。《民法典》第187条规定："民事主体因同一行为应当承担民事责任、行政责任和刑事责任的，承担行政责任或者刑事责任不影响承担民事责任；民事主体的财产不足以支付的，优先由于承担民事责任。"

法律竞合在司法实践中往往会遭遇适用矛盾的尴尬情景。立法方面的不完善，容易引起前后不一致的问题：刑法与刑事诉讼法明确了精神损害赔偿不属于刑事附带民事诉讼的范围。但是在《侵权责任法》（已失效）第5条中规定："其他法律对侵权责任另有特别规定的，依照其规定。"以及第22条："侵害他人人身权益，造成他人严重精神损害的，被侵权人可以请求精神损害赔偿。"法律规定的不一致，导致了司法实践中适用法律难的问题。

在《民法典》中已经删除上述第5条的特别规定，解决了实际适用的两难境地，是民事立法以及法律交叉适用的一大进步。

引例解析

案例一： 本案中，公民的生命健康权受法律保护。行为人侵害他人民事权益，应当承担侵权责任。根据公安机关提供的视频和相关证人证言，基本可以认定被告殴打原告致原告受伤的事实，原告朱某据此享有请求赔偿的权利。

案例二： 本案中，如戊先动手将甲打伤，则戊构成侵权，甲可就此要求损害赔偿。

相关法律法规

《民法典》第187条、第1164~1178条。

思考与练习

一、选择题

1. 张某为某公司职员，因琐事与同事李某发生口角，张某心怀恨意。在年终审核期间，在公司大肆宣扬李某侵占公司财物的言论，不仅使李某丧失了获取年终奖的资格，还使之遭到同事议论。若李某主张侵权责任，则应由（　　）承担该责任。

A. 某公司　　　　　　　　　　B. 张某

C. 某公司和张某　　　　　　　D. 无须对该行为承担责任

2. 下列选项中，属于违约责任承担方式的是（　　）。[1]

A. 恢复名誉　　B. 赔偿损失　　C. 消除危害　　D. 停止侵害

---

〔1〕 习题来自 https://www.shangxueba.com/ask/9306683.html，2020 年 11 月 4 日访问。

二、简答题

简述侵权责任的概念及特点。

学习情境：侵权责任的识别和应用

情境案例

钱女士与黄女士是邻居，2019 年 8 月的一天，两人共乘一部电梯时，电梯发生故障。黄女士便认为是更早进电梯的钱女士按坏了电梯，两人遂发生争吵。由于此前双方还曾因为消防通道安全门的开关问题有过多次纠纷，两人吵得不可开交。钱女士在黄女士已经回家时依然在其家门口指骂黄女士，于是黄女士拨打 110 报警。警察到场后，黄女士与警察一同前往钱女士家中了解情况。钱女士看到黄女士竟然带警察上门，怒不可遏，在其家门口的楼道里继续和黄女士争吵不止。钱女士的丈夫本在家中房内休息，听到争吵声后从室内出来，加入了双方的争吵。不料，钱女士的丈夫因情绪激动突然倒地不起，经 120 抢救无效后死亡。

钱女士认为，其丈夫的猝死与黄女士上门争吵存在直接的因果关系，黄女士应当对其丈夫的死亡承担 50% 的赔偿责任，遂将黄女士诉至当地法院，要求被告黄女士支付死亡赔偿金、丧葬费等费用的 50% 共计 70 余万元。

原告钱女士向法庭提供了丈夫身患疾病的相关证明，包括高血压、心脏病、尿毒症等多种疾病，曾安装心脏支架，并长期在家休养。

被告黄女士辩称，原告丈夫的死亡，是其本人身体患重大疾病因素和公安笔录中原告所称其丈夫"要从家里出来看情况"导致的，与被告无关，故不同意原告的诉请。[1]

训练目的

让学生熟悉民事侵权行为的表现形式，了解侵权责任相关法律规定，初步掌握侵权责任编的基本原理。

训练方法

请同学们根据学习情境中的案例分组讨论。

实训步骤

1. 根据案例需要对学生进行分组。

2. 引导学生提炼案情要点，查阅相关法律法规，进而分析本案中侵权损害责任如何承担。

3. 让学生相互辩论、说理，阐明自己的观点。

4. 学生自我评价训练效果。

---

〔1〕 案例来自 https://dy.163.com/article/F7UMD9QD0517OOS8.html，2020 年 10 月 9 日访问。

5. 教师点评、总结训练情况。

任务二　一般侵权责任的构成要件

案例引入

个体户甲晚上到办公室加班，从背包中掏钥匙开门时，不小心将放在包中的香蕉皮带出，香蕉皮掉在办公室的走廊上。因光线不好，甲未发觉此事。半个小时后，在隔壁办公的另一机构的员工乙路过甲办公室门口时，踩在香蕉皮上，滑倒受伤。

问：甲对乙的损害有无过错？是否应当承担侵权责任？

基本理论

在当今两大法系国家和我国，民法或者侵权法都规定，行为人对他人承担侵权责任是有条件的，只有符合民法或者侵权法所要求的条件，行为人才有可能对他人承担侵权责任，民法或者侵权法学者普遍将行为人对他人承担侵权责任所应当具备的这些"条件"称为"构成要件"（requirements）或者"构成要素"。[1]

本书采用"构成要件"这一概念。侵权责任的构成要件是指侵权行为人承担侵权责任所应当具备的条件。行为人虽然事实上实施了侵害他人合法民事权益的行为，但只有符合一定的条件，才需要承担侵权责任。

一、行为的违法性

行为是指侵犯他人权利或者合法利益的加害行为本身。行为的违法性指行为与现行法律的强制性规定相违背，是法律的否定性评价。行为的违法性是承担侵权责任的基本要求和必备条件。违法性与下面要谈到的过错属于不同的范畴，违法性属于客观范畴，研究人的行为。因此对违法性的判断需要从行为性质以及引起的结果出发，结合现行法律规定，判断是否侵害了法律所保护的权益。

探讨侵权责任的构成要件时，需要确认违法性的地位。如不确定违法性的地位，则意味着在无过错行为中，仅考虑损害结果和因果关系两个因素，会使行为人的担责出现过多偶然性，法律指引功能部分失效，扩大了行为人的义务范畴，过度限制了行为人的自由。

违法性的确认和独立对于立法和实践均具有重要的意义。在法律上确认违法性要件，在实践中不仅可以为人们的社会活动提供基本准备和进行适当的限制，也可以及时有效地维护自身权益，同时有利于社会的管理，实现立法的最终目标。

---

〔1〕 张民安："'侵权行为的构成要件'抑或'侵权责任的构成要件'之辨——行为人对他人承担侵权责任条件的称谓"，载《政治与法律》2012 年第 12 期。

二、主观过错

过错制度萌芽于古罗马。受罗马法影响的法国也沿袭了这一制度。"著名法学家让·多玛最早在其名著《自然秩序的民法》一书中，详细论证了过错的本质、功能和体系。他认为，过错是侵权责任构成的必备要件，但不是充分条件。18 世纪，法国学者波蒂·埃对侵权责任构成要件中的过错要件，又做了进一步理论深化，使得过错要件逐步深入人心。"[1]

同样，在德国民法中，也采用了过错的概念，认为过错主要指的是主观过错，是行为人实施行为时的心理状态。

在我国，对过错的研究，往往与违法性研究相结合，就过错是否能吸收违法性这一问题分成了两个派别。一方认为"过错应当具有客观性，即主张主观过错的客观化。持反对观点者则认为，过错仅指行为人在作出某种行为时的主观心理状态，而违法则指向行为人的行为在客观上对法律的违反"[2]。

本书采纳后者观点，认为过错作为一般侵权责任的构成要件，属于主观方面，是行为人实施不法行为时的心理状态，是行为人对自己行为造成的损害后果的主观态度或者心理态度是否具有可非难性。

在刑法理论上，我们将过错的形式分为故意和过失两种。故意是指行为人明知自己的行为会发生侵害他人权益的结果，并且希望或者放任这种结果发生的主观状态。过失是指行为人应当预见自己的行为可能发生侵害他人权益的结果，但却因为疏忽大意而没有预见，或者已经预见而轻信能够避免的主观状态。当行为人具有一定的意思能力，也就能对自身的行为产生一定的预见能力，而行为人具备这一能力却仍然实施该行为，则在心理状态上具备一定可非难性。

在侵权法理论中，过失还进一步细分为过失与重大过失。区分如下：

过失：当法律对行为人在某种情况下应当注意和能够注意的程度有较高要求时，行为人没有遵守这种较高要求，但未违背一般人应注意并能注意的一般规则时，我们认定为一般过失。

重大过失：一般人能通过稍加注意即可避免的过失，即对行为人注意的程度要求较低，但行为人没有注意，则认定为存在重大过失。

三、损害后果

所谓损害，是指因人的行为或对象的危险性而导致他人合法权益所遭受的不利影响，此种影响包括财产损害与非财产损害。非财产损害又包括人身损害、精神损害。

---

[1] 杨婧："侵权责任构成之违法性要件研究"，郑州大学 2012 年博士学位论文。

[2] 杨婧："侵权责任构成之违法性要件研究"，郑州大学 2012 年博士学位论文。

损害应当具有备三个特点：

1. 客观性。侵害合法民事权益的后果是客观存在的。后果主要体现在：财产损失、精神损害、人身损害等三个方面。

2. 确定性。损害后果是确切发生、真实存在且能够认定的，包括已造成的损害，也包括有造成损害的现实危险性。

3. 法律上的补救性。损害后果在法律上具有能够补救的可能性，即能通过法律的规定对权利人所遭受的损害进行一定程度的弥补。

四、因果关系

哲学中的因果关系是指各种现象之间引起与被引起的关系。在侵权责任法律关系中所说的因果关系是加害行为与损害之间的因果关系，即行为是引起损害的原因，损害是行为的必然结果，因果关系的概念所要解决的是侵权责任是否成立的问题。如果符合某种侵权原因，则认为存在因果关系，权利人也就能获得相关法律法规的救济。

因此，不仅需要考虑何为因、何为果，在确定因果关系时，可能涉及区分哪些行为是损害的主要原因，哪些是次要原因，哪些是直接原因，哪些是间接原因，由此才能确定行为人是否承担侵权责任以及程度责任的大小。

因果关系的判断可以从以下几个方面入手：

1. 时间的顺序性。原因和结果的发生必然体现在时间顺序中。原因必然发生在结果之前。如果损害结果在加害行为着手前就已经产生，则两者不存在法律关系。

2. 原因的客观性。引起损害结果的原因必然是客观存在的，主观臆测和心理状态都不能成为损害结果的原因。

现实生活相比于理论呈现出复杂的状态，常常多个原因导致一个结果，或者一个原因导致多种结果，由此导致了司法实践中举证责任的分配和举证结果的承担。

引例解析

个体户甲掏钥匙开门时不小心将放在包中的香蕉皮带出，因为晚上光线不好没有发现，造成乙滑倒受伤，甲对造成乙受伤负有过失的过错责任，应当承担侵权责任。

相关法律法规

《民法典》第 1245~1250 条。

思考与练习

一、选择题[1]

1. 下列有关因果关系的说法错误的是（   ）。

A. 认定因果关系应区分直接原因和间接原因，行为人只能对直接原因负责

---

[1] 习题来自 https://www.doc88.com/p-741680984344.html，2020 年 11 月 4 日访问。

B. 因果关系是过错责任原则和严格责任原则下不可或缺的认定侵权责任的要件

C. 在公平责任中，不需要考虑因果关系的存在

D. 因果关系是确定责任范围的直接依据

2. 过错对于侵权责任的确定的作用可以体现在（   ）。

A. 认定责任的归属

B. 认定责任的范围

C. 在混合过错的情况下确定责任的承担

D. 确定共同侵权行为人责任的承担

二、简答题

1. 简述侵权责任的构成要件。

2. 简述侵权行为的概念和特征。

学习情境：侵权责任构成要件的识别和应用

情境案例

原告赵某、被告马某均在某大学工作，马某系赵某的上级。2004 年 5 月 31 日上午，赵某到校内保卫处户籍办公室交办公室考勤表，在办公室与马某相遇。当日下午，赵某找到马某，称自己的耳朵在上午被马某用 A4 纸打坏了，因此双方发生纠纷。双方当事人及相关证人作出下列陈述：

1. 赵某陈述：马某用一沓 A4 纸（约 30 张）击打我右耳，当时我的耳朵就嗡嗡响，但看没有出血，对方又是我领导，也没有说什么。

2. 马某陈述：我拿 6 张责任书去修改，过道狭窄，我们两个面对面走过，我就用 6 张 A4 纸比划了一下，开个玩笑，算是打招呼。

3. 证人张甲、王乙（本校职工）证明：当时马某拿 5、6 张 A4 纸向赵某头部比划了一下，没有碰到耳部，当时赵某没有反应就离开了。

4. 证人沈丙（赵某之妻的哥哥）：我们同马某交涉过，马某打赵某的事情学校好多人都知道。

5. 沈丙和马某的三次谈话录音，但录音效果不佳。

2004 年 5 月 31 日下午，马某带赵某到医院就诊，但当天没有相应的诊断证明书。同年 6 月 27 日，赵某因耳伤在医院住院治疗，检查显示：赵某双耳外观无畸形，耳道无红肿，无明显充血、无穿孔；右耳锤钻关节脱位。医院诊断为听骨链脱位 。

同年 12 月 3 日，经过鉴定，赵某的伤情为 10 级伤残，伤残赔偿指数为 10%。纠纷过程中，双方进行了协商，但未能达成一致意见。

赵某起诉：2004 年 5 月 31 日，马某用一沓 A4 纸打我的耳部，我当时感到耳鸣，但未理对方，回家后发现自己听不见了。要求马某赔偿医疗费 933.08 元，营养费 1200

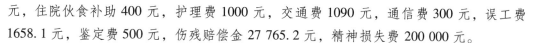

元，住院伙食补助 400 元，护理费 1000 元，交通费 1090 元，通信费 300 元，误工费 1658.1 元，鉴定费 500 元，伤残赔偿金 27 765.2 元，精神损失费 200 000 元。

马某辩称：我没有打赵某，他的病情与我无关。

在一审诉讼中，马某要求赵某对耳部伤情是否由外力所致作鉴定，鉴定费用由马某预付，赵某不同意鉴定。

训练目的

让学生通过训练，掌握侵权责任构成要件的应用。

训练方法

请同学们根据学习情境中的案例分组模拟法庭辩论的过程。

实训步骤

1. 根据案例需要对学生进行分组。

2. 以组为单位，让学生合理细化案件细节，查阅相关法律法规，分析本案中马某是否完全具备侵权责任构成要件，是否应当承担侵权责任。

3. 让学生模拟法庭辩论的过程，双方通过辩论、说理，阐释自己对本案的理解。

4. 学生自我评价训练效果。

5. 教师点评、总结训练情况。

拓展阅读

［1］杨婧："侵权责任构成之违法性要件研究"，郑州大学 2012 年博士学位论文。

［2］李承亮、孙鸿亮："一般侵权责任构成模式下'权益侵害'功能论"，载《甘肃政法学院学报》2019 年第 6 期。

［3］张民安："'侵权行为的构成要件'抑或'侵权责任的构成要件'之辨——行为人对他人承担侵权责任条件的称谓"，载《政治与法律》2012 年第 12 期。

［4］王利明："侵权行为概念之研究"，载《法学家》2003 年第 3 期。

［5］王利明："我国侵权责任法的体系构建——以救济法为中心的思考"，载《中国法学》2008 年第 4 期。

［6］李开国："侵权责任构成理论研究——一种新的分析框架和路径的提出"，载《中国法学》2008 年第 2 期。

［7］王利明："论我国侵权责任法分则的体系及其完善"，载《清华法学》2016 年第 1 期。

［8］李志鹏、秦婷："论侵权行为与侵权责任的关系"，载《法制与经济》2007 年第 9 期。

项目二 侵权责任的归责原则

知识目标

1. 了解归责原则的概念和意义。
2. 掌握主要类型的归责原则。

能力目标

1. 掌握主要类型的归责原则的适用范围。
2. 能够判断具体侵权案件应适用的归责原则。

侵权责任编中的"归责",是指确定责任的归属,即将责任结果的产生与某种因素相关联,从而确认和追究行为人(侵权人)的侵权责任。要确定责任的承担主体,需要适用一定的方法和标准,即归责原则,它是确认和追究行为人侵权责任的根据和基础。

从本质上讲,归责是一种法律所确认的价值判断标准,但仅有价值判断是不够的,具体的个案还要求将单纯的价值判断转化为法律技术,用以标定受害人权利救济和行为人行为自由的界限,因此在侵权的基本范畴内就需要更为具体可依的价值判断原则——侵权责任的归责原则。在我国,侵权责任的归责原则主要包括过错责任原则、无过错责任原则和公平原则。

任务一 过错责任原则

案例引入

彭某岩因其稻田缺水,雇请彭某春为其抽水抗旱。双方协商报酬等事项后,彭某春自备抽水泵,安放到离彭某岩的稻田较远的坎下开始抽水作业。抽水作业后,彭某春除到彭某岩家吃早、中饭离开过抽水场地外,其他时间一直守候在现场。到下午4时多,彭某岩在自家稻田劳动,彭某春没有停机便离开现场回家喝水,正遇家中电视机上演电视连续剧《西游记》,彭某春即在家中看电视。当听到外面有人喊"水泵旁倒下个人"后,彭某春急忙赶到抽水场地,只见彭某岩仰天倒在安装水泵的田中,水泵压在其胸部。彭某春当即切断电源,但彭某岩已死亡。安葬死者后,彭某春与彭某岩家属因彭某岩死亡赔偿金的问题发生纠纷,经派出所调解,未能达成协议。

彭某岩家属将彭某春告上法庭。死者家属诉称,彭某春为其家的稻田抽水抗旱,不采取必要的安全措施,也不守候在抽水现场,导致彭某岩触电身亡。死者父母已丧失劳动能力,要求彭某春赔偿死者丧葬费及其父母的赡养费65 000元。死者的两个小孩现未成年,妻子劳动能力差。死者妻子要求赔偿小孩成年前的抚养费85 000元。

彭某春辩称,自己为死者家抽水时,将水泵安放在没有道路的安全地带,并采取了必要的安全措施。死者系擅自搬运水泵导致触电身亡，所造成的损失应自行承担。

人民法院经审理查明，死者父母已基本丧失劳动能力，死者生前系其实际的赡养人。死者生前所生长女彭某娟 9 岁，次女彭某珊 6 岁，均年幼。庭审中，经法庭调解，死者家属同意将索赔数额降低至 30 000 元，但彭某春只同意赔偿 20 000 元，双方未能达成民事调解协议。[1]

问：本案中彭某春的行为是否构成侵权，应如何承担责任？

▦▦▦ 基本理论

一、过错责任原则概述

（一）过错责任原则的概念及含义

过错责任原则是以过错作为价值判断标准，判断行为人对其造成的损害应否承担侵权责任的归责原则，也被称为过失责任原则。《民法典》第 1165 条第 1 款规定："行为人因过错侵害他人民事权益造成损害的，应当承担侵权责任。"

过错责任原则的底层逻辑是：过错是行为人承担侵权责任的伦理和正义性基础。之所以规定由行为人承担相应的侵权责任，是因为其主观上具有可以归责的事由（故意或者过失），导致其行为的不正当性和非道德性。在过错责任原则下，如果行为人在主观上不存在过错，则当然不应承担民事责任，即使已全部满足其他责任构成要件，也不承担侵权责任。从这个角度上讲，将过错作为承担责任的前提，在某种程度上起到了对责任承担的限制作用，维护了民事主体的行为自由。[2]

（二）过错责任原则的发展

最初，成文法国家对侵权的认定都采用结果责任原则，即行为人致他人损害，不考虑其是否存在过错，只要产生了损害的结果，就应承担赔偿责任。这一原则源自古代的同态复仇惯例，其不合理性在于对造成的损害不加区分，即便是行为人合理地行使自身权利造成了对他人的损害，也须承担民事责任，例如：行为人骑自行车在非机动车道正常行驶，一路人横穿马路与其相撞导致受伤，按结果归责原则，则骑自行车的行为人即使没有过错也要承担责任。12 世纪，罗马法学者正式提出了应把过失作为赔偿责任的标准，过错责任原则开始走上法学的历史舞台。

过错责任原则作为一般的归责原则，最早出现在 1804 年资产阶级的第一部民法典——《法国民法典》中。九十多年后的《德国民法典》也接受并采用了过错责任原则。在以后的时间里，各国资产阶级民法都陆续确认了这一归责原则。在英美侵权法中，初期采取程序诉讼制度，具体的侵权行为的赔偿要通过具体的诉讼程序予以确定，

---

[1] 案例来自李承华主编：《侵权责任法实务教程》，高等教育出版社 2010 年版，第 1 页。

[2] 参见张新宝：《侵权责任法》，中国人民大学出版社 2020 年版，第 16 页。

没有过失的概念。直至近代，英美法才在法院的判例中创设出过失的概念，接受了过错责任原则。[1]

二、"过错"在我国侵权责任归责体系中的意义

《民法典》第 1165 条规定，行为人因过错侵害他人民事权益造成损害的，应当承担侵权责任。

（一）"过错"是大多数侵权责任的基本构成要件

侵权责任的承担，是以法定要件的全部满足为前提的。在《民法典》侵权责任编中，过错责任原则是最常见的归责原则，它是一般侵权行为都必须具备的主观要件，也是一部分特殊侵权行为的主观要件。除法律特殊规定外，侵权责任的归属均采用过错责任原则。相应的，"过错"也就成了大多数侵权责任的基本构成要件，除法律特殊规定外，侵权责任的确定均以行为人存在主观过错为前提。[2] 因此，证明行为人是否存在主观过错，就成了能否确定和追究其责任的核心环节。需要注意的是，在侵权行为的归责原则体系中，只有适用过错责任原则的情形下对行为人的过错举证才具有非凡意义。

（二）过错责任原则下，过错程度是确定责任形式、责任比例大小的依据

1. 过错程度决定责任形式。在侵权行为的归责原则为过错原则的前提下，行为人的过错程度，往往会对责任的形式产生影响。比如，惩罚性赔偿和精神损害赔偿的适用均要求行为人存在故意或重大过失，一般过失不会引起惩罚性赔偿和精神损害赔偿。[3]

《民法典》第 1207 条规定，明知产品存在缺陷仍然生产、销售，或者没有依据前条规定采取有效补救措施，造成他人死亡或者健康严重损害的，被侵权人有权请求相应的惩罚性赔偿。《中华人民共和国食品安全法》（以下简称《食品安全法》）第 148 条第 2 款规定，生产不符合食品安全标准的食品或者经营明知是不符合食品安全标准的食品，消费者除要求赔偿损失外，还可以向生产者或者经营者要求支付价款 10 倍或者损失 3 倍的赔偿金；增加赔偿的金额不足 1000 元的，为 1000 元。但是，食品的标签、说明书存在不影响食品安全且不会对消费者造成误导的瑕疵的除外。

以上两个关于惩罚性赔偿的规定，均强调了行为人的过错程度。"明知"为行为人主观故意或重大过失的标志。

2. 过错程度决定责任比例大小。在过错责任原则中，不仅要考虑行为人的过错，往往也会考虑受害人的过错或者第三人的过错。《民法典》第 1172 条规定，二人以上

---

〔1〕 参见杨立新:《侵权责任法》，北京大学出版社 2017 年版，第 51 页。

〔2〕 参见杨立新:《侵权责任法》，北京大学出版社 2017 年版，第 51 页。

〔3〕 参见王成:《侵权责任法》，北京大学出版社 2014 年版，第 39 页。

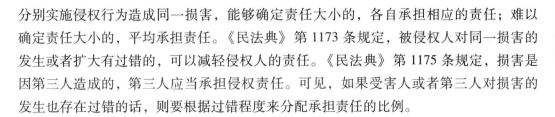

分别实施侵权行为造成同一损害，能够确定责任大小的，各自承担相应的责任；难以确定责任大小的，平均承担责任。《民法典》第1173条规定，被侵权人对同一损害的发生或者扩大有过错的，可以减轻侵权人的责任。《民法典》第1175条规定，损害是因第三人造成的，第三人应当承担侵权责任。可见，如果受害人或者第三人对损害的发生也存在过错的话，则要根据过错程度来分配承担责任的比例。

三、侵权范畴的"过错"

侵权范畴中的"过错"是侵权行为的核心概念，其含义是：行为人在实施侵权行为时的一种应受非难的心理状态，包含故意和过失。其与生活语态中"过错"的相同点与不同点在于，二者在道德层面均为否定性的价值评价；而侵权范畴中的"过错"还在法律层面受到否定性评价，为法律所责难，生活语态中"过错"则不具有法律层面的意义。如，亲子关系、恋爱关系中常见的是非纠葛，多限于行为人之间的感情生活，不涉及法律关系。此外，侵权范畴中的"过失"与刑法理论中的"过失"也不尽相同，虽然都表现为，应当预见而没有预见或已经预见而轻信能够避免，但二者构成的门槛不同。要判定一个过失行为是构成民事侵权还是刑事犯罪，要结合行为本身的危险性和可能产生的危害后果具体分析。

四、过错推定

过错责任原则在法庭上的具体适用有两种方式：一是按照民事诉讼的基本规则分配举证责任，即由原告对行为人存在主观过错承担举证责任，否则承担举证不能的后果；二是举证责任倒置，推定行为人有过错，由行为人承担证明自己没有过错的举证责任，否则行为人就举证不能承担不利后果。

一般情况下，行为人存在过错的举证责任由受害人一方承担。法律另有规定的情况下，实行举证责任倒置，即过错推定。

（一）过错推定的含义和意义

过错推定是指在法律有特别规定的前提下，从损害结果及行为人与损害结果的因果关系出发，先行假定侵权人存在过错，并由此确定其需要承担责任的一种归责方式。根据《民法典》第1165条第2款规定："依照法律规定推定行为人有过错，其不能证明自己没有过错的，应当承担侵权责任。"过错推定的基本方法是法律推定行为人有过错，从而实现由行为人证明自己没有过错的举证责任倒置。如果行为人不证明或者不能证明自己不存在过错，则认定其有过错，并结合其他构成要件确定侵权责任；如果行为人能够证明自己没有过错，则不承担侵权责任。

过错推定的出现，使法律对受害人一方的保护向前迈进了一步，适用过错推定，推定行为人有过错，就使被侵权人免除了举证责任而在法庭上处于有利的地位，它相较于由受害人证明行为人的过错，显然更有利于受害人一方。[1] 正因为过错推定的这一优越性，才使得它随着侵权理论的发展而发展，经久不衰、日臻完善，成为侵权行为的归责方式之一。[2]

（二）过错推定的适用范围

过错推定的适用需要法律的特别规定，其适用的范围是部分特殊的侵权行为。根据《民法典》侵权责任编的规定，以下情形适用过错推定：①无民事行为能力人在幼儿园、学校或者其他教育机构学习、生活期间受到人身损害的；②在动物损害责任中，动物园的动物造成他人损害的；③建筑物、构筑物或者其他设施倒塌、塌陷造成他人损害的；④建筑物、构筑物或者其他设施及其搁置物、悬挂物发生脱落、坠落造成他人损害的；⑤从建筑物中抛掷物品或者从建筑物上坠落的物品造成他人损害的；⑥堆放物倒塌、滚落或者滑落造成他人损害的；⑦在公共道路上堆放、倾倒、遗撒妨碍通行的物品造成他人损害的公共道路管理人责任；⑧因林木折断、倾倒或者果实坠落等造成他人损害的；⑨在公共场所或者道路上挖掘、修缮安装地下设施等造成他人损害的。

（三）过错推定与过错责任原则

过错推定属于过错责任原则的一部分，是过错责任原则适用中的一种特殊情形，它仍然以侵权人一方的过错为承担侵权责任的根据或标准，因此，不可将其与过错责任原则相提并论，更不可将其作为我国侵权责任的归责原则之一。从我国民事立法的现状来看，过错推定在一些法律条文中得到具体的适用，而不是普遍适用，因此没有必要把它从其所依附的过错责任原则中独立出来。[3]

引例解析

首先，彭某春受雇于彭某岩抽水抗旱，其应当是具备一定的相关专业技能的，他应当预见未关停的水泵具备致害的危险。其在未关停水泵的情况下，返家喝水、看电视，未尽到自己的管理义务导致危险发生致人丧命。其主观上存在过失，符合《民法典》第1165条第1款："行为人因过错侵害他人民事权益造成损害的，应当承担侵权责任。"的相关规定，构成侵权行为。其次，带电物品具有一定的危险性是生活常识，彭某岩作为精神、智力正常的成年人，属于法律上的理性人，应当具有法律所期望的一般人所应有的谨慎和理性。其未查看是否断电也未与管理人确认，即接触、挪动水泵导致自身受损。其主观上也存在过失，符合《民法典》第1173条规定，被侵权人对同一损害的发生或者扩大有过错的，可以减轻侵权人的责任。

综上所述，本案中彭某春的行为构成侵权，但应适当减轻其责任，由双方共同承

---

[1] 参见张新宝：《侵权责任法》，中国人民大学出版社2020年版，第17页。

[2] 参见杨立新：《侵权责任法》，北京大学出版社2017年版，第55页。

[3] 参见张新宝：《侵权责任法》，中国人民大学出版社2020年版，第17页。

担损失。

相关法律法规

《民法典》第 1199、1248 条、第 1252~1258 条。

思考与练习

多项选择题

小偷甲在某商场窃得乙的钱包后逃跑，乙发现后急追。甲逃跑中撞上欲借用商场厕所的丙，因商场地板湿滑，丙摔成重伤。下列哪些说法是错误的?[1]（　　）

A. 小偷甲应当赔偿丙的损失

B. 商场须对丙的损失承担一定赔偿责任

C. 乙应赔偿丙的损失

D. 丙自身要承担部分损失

学习情境：对过错责任原则的具体适用

情境案例

一天黄昏，甲乙两人骑自行车同时到达一条小桥的两端，二人都欲渡河。甲言，让我先过去，刚下班饿了半天了，赶着回家吃饭。乙说，让我先过去，赶着去上夜班呢。二人你一言我一语，对峙良久皆不退让。见天色愈晚，乙不再言语径直推车上桥；甲见状，亦随即推车上桥。行至中间，因桥面过于狭窄，二人错身之际，乙被挤落河中，车辆毁损严重。

问：对两人的行为如何看待，损失由谁承担?

训练目的

使学生通过对具体案件的分析，学会在一般侵权责任的认定中运用过错责任原则。

训练方法

请同学们根据学习情境中的案例进行分组讨论，探讨案例中当事人的过错程度，及其对责任承担比例的影响，并展开辩论。

实训步骤

1. 根据学生的个人观点的不同，将持有近似或相同观点的学生分为一个小组。

2. 以小组为单位，查阅相关法律法规，分析本案应适用何种归责原则，双方的责任如何承担。

3. 每个小组形成自己内部的一致意见，并选定一名发言代表。

4. 各小组发言人发表自己小组的结论和理由，并展开辩论，其他小组成员可以

---

[1] 习题来自 https://wenku.baidu.com/view/e7daad8f8662caaedd3383c4bb4cf7ec4afeb60d.html，2020 年 10 月 6 日访问。

补充。

5. 由任课教师对各小组的观点和理由予以点评，并阐明自己的观点和理由。

任务二　无过错责任原则

案例引入

王先生是养鸡户，某日清晨起床后发现自己鸡舍的鸡被邻居张某的两只狗咬死几百只，于是将邻居张某起诉到法院，经法院委托价格认证中心鉴定，认定王某直接经济损失 37 228.8 元。庭审中，被告张某反复声称，原告王某的鸡舍本身有漏洞，正是该漏洞的存在，狗才能进入鸡舍，王某作为管理人，未能将漏洞及时堵住，与狗进入鸡舍产生的后果之间存在因果关系，故王某应承担一定责任。[1]

问：本案中的经济损失应当由谁承担责任，为什么？

基本理论

一、无过错责任原则概述

（一）无过错责任原则的概念

《民法典》第 1166 条规定，行为人造成他人民事权益损害，不论行为人有无过错，法律规定应当承担侵权责任的，依照其规定。即不以行为人的过错作为责任承担的前提，行为人有无过错不影响侵权责任的构成，而是由法律对需要承担责任的情形予以特别的规定。

由此，可将无过错责任原则定义为：无论行为人是否存在过错，在法律特别规定的情形中，行为人应当对其行为所造成的损害后果承担责任的一种特殊归责原则。

（二）无过错责任原则的由来

无过错责任原则是随着社会化大生产，尤其是大型危险性工业的兴起而诞生的。19 世纪，西方国家的工业化革命取得了长足发展，由此带来了经济的迅猛发展，但与此同时也导致工业灾害频发，严重影响到了人们的生命财产安全。根据以往的过错原则，行为人对其造成的损害结果，须在自己具有主观过错的情况下才承担责任。而此时，社会上多发工业事故和产品缺陷，往往带来较大规模的严重损害，如果继续适用过错归责原则，多数情况下企业主和产品方都能以"主观上无过错"逃避自己的责任，使得受害人求助无门。当受害人众多时，极易引发深层次的社会矛盾。在这样的情况下，人们就试图寻找一种不同于过错责任原则的更为严格的归责方式以保护受害人的合法权益，无过错责任原则应运而生。

---

〔1〕　案例来自即墨司法网，http://www.jimo.gov.cn/n28356048/n5370/n5375/161215125611288424.html，2020 年 10 月 20 日访问。

这也是我国确立无过错责任原则的根本目的——更好地保护民事主体的合法权益，敦促从事高度危险活动和接触危险物的人、产品生产者和销售者、环境污染的污染者以及动物的饲养人、管理人等行为人，对自己的工作高度负责，谨慎小心，不断改进技术安全措施，提高工作质量，尽力保障周围人员、环境的安全；一旦造成损害，能迅速、及时地查清事实，尽快对人们的人身损害和财产损失予以赔偿。适用这一原则的基本思想，在于对无辜之人的损害尽快由行为人合理负担，切实保护被侵权人的民事权益。[1]

（三）无过错责任原则的意义

传统的过错责任原则是以道德为衡量标准的，只有道德的人才得以免除责任，要求个人主观上无可非难，其立足于对个体的公正，以此来彰显法律断是非、申冤曲的价值，符合古典自然法公平、正义的标准。而无过错责任原则是着眼于社会整体利益，针对不同社会群体的力量强弱、地位悬殊，在损害发生之时寻求一种利益的平衡，以补偿那些更容易受到伤害的弱势群体，追求的是法律的社会实效。

在实体方面，无过错责任原则的适用，加重了行为人的责任，使被侵权人的损害赔偿请求更容易得以实现，使得受到损害的权利得到及时的恢复与救济。在程序方面，由于无须对行为人存在过错进行证明，不仅可以减轻受害人的举证责任，还能简化诉讼程序，法庭也不必对行为人是否存在过错进行审理，不仅使得当事人免除了诉累，也节约了司法成本。这在现实的生产、生活中都是十分重要的，同时也是过错责任原则所不能企及的。

二、无过错责任原则的适用

（一）适用范围

适用无过错责任原则有严格的大前提，必须是法律明确规定的特定情形才可以适用。依据《民法典》及相关法律的规定，主要适用于如下情形：

1. 《民法典》第 1202 条：因产品存在缺陷造成他人损害的，生产者应当承担侵权责任。

2. 《中华人民共和国道路交通安全法》（以下简称《道路交通安全法》）第 76 条第 2 款：交通事故的损失是由非机动车驾驶人、行人故意碰撞机动车造成的，机动车一方不承担赔偿责任。

3. 《民法典》第 1229 条：因污染环境、破坏生态造成他人损害的，侵权人应当承担侵权责任。

4. 《民法典》第 1236 条：从事高度危险作业造成他人损害的，应当承担侵权

---

〔1〕 参见杨立新：《侵权责任法》，北京大学出版社 2017 年版，第 57 页。

责任。

5.《民法典》第 1245 条：饲养的动物造成他人损害的，动物饲养人或者管理人应当承担侵权责任（动物园饲养动物致人损害的除外）。

6.《民法典》第 1191 条：用人单位的工作人员因执行工作任务造成他人损害的，由用人单位承担侵权责任。

7.《民法典》第 1192 条：个人之间形成劳务关系，提供劳务一方因劳务造成他人损害的，由接受劳务一方承担侵权责任。

8.《民法典》第 1188 条：无民事行为能力人、限制民事行为能力人造成他人损害的，由监护人承担侵权责任。

（二）构成要件

无过错责任原则并非强调片面地依靠结果归责，只要出现了损害结果就要找到一个"负责人"。仍然需要满足三个责任构成要件：行为、结果和因果关系。即在适用无过错责任原则的情况下，只要行为人实行了相关行为，出现了损害的后果，而这个行为与损害结果之间又存在因果关系，则构成了侵权，行为人就需要承担责任，至于其主观上是否存在过错在所不问。在适用无过错责任原则的场合下，决定侵权责任构成与否的关键是因果关系，因而这往往也是现实的诉讼中双方的争议焦点。

（三）举证责任的分配

适用无过错责任原则的情形下，主要的举证责任由被告方承担。原告方（被侵权人）仅须证明侵权行为与损害后果之间存在因果关系，即证明自己的损失是由被告人的行为引起的，而不是因其他原因导致了损害后果即可。其他的免责事由（不可抗力、受害人故意等）、否定存在因果关系等证明责任则由被告方（侵权行为人）承担，若其举证不力或举证不能就需要承担相应责任。

引例解析

案例中所涉及的经济损失，应由邻居张某承担。理由如下：

本案属饲养动物致害案件，应适用无过错责任原则，即不以动物饲养人或者管理人存在过错为承担责任的前提。

此外，张某称，王某未能将漏洞及时堵住，与造成损害的后果存在因果关系，也应承担一定责任。这种说法也是不能成立的，《民法典》第 1245 条规定，饲养的动物造成他人损害的，动物饲养人或者管理人应当承担侵权责任；但是，能够证明损害是因被侵权人故意或者重大过失造成的，可以不承担或者减轻责任。本案中，仅凭鸡窝存在漏洞，无法证明王某存在故意或重大过失，因而不能减轻张某的责任。

综上所述，本案中所造成的全部经济损失，都应由张某承担。

相关法律法规

《民法典》侵权责任编第三、四、五、七、八章。

思考与练习

不定项选择题

1. 甲系某品牌汽车制造商，发现已投入流通的某款车型的刹车系统存在技术缺陷，即通过媒体和销售商发布召回该款车进行技术处理的通知。乙购买该车，看到通知后立即驱车前往丙销售公司，途中因刹车系统失灵撞上大树，造成伤害。下列哪些说法是正确的？（　　）[1]

A. 乙有权请求甲承担赔偿责任

B. 乙有权请求丙承担赔偿责任

C. 乙有权请求惩罚性赔偿

D. 甲的责任是无过错责任

2. 下列侵权行为中，适用无过错责任原则的有（　　）。[2]

A. 环境污染致人损害的侵权行为

B. 动物致人损害的侵权行为

C. 被监护人致人损害的侵权行为

D. 道路施工致人损害的侵权行为

学习情境：对无过错责任原则的具体适用

情境案例

某日，21 岁的胡某和 19 岁的王某在街上闲逛，看见路边趴着一头猪，胡某便让王某逗它，王某拿石头扔猪，猪被砸中后就向前冲。此时一老太太正在街上行走，见猪冲过来急忙躲闪，将路边一陶瓷瓶碰翻，价值 1400 元，老太太被猪撞翻在地，摔断右腿，医药费、住院费共 2000 元。[3]

问：你认为本案中存在哪些需要解决的问题，如何处理？

训练目的

通过对具体案件的分析，让学生对所学到的归责原则进行实践，检验学习的成效，做到学以致用。

训练方法

请同学们根据学习情境中的案例进行分组讨论，设计问题形成答案，以组为单位展开问答。

---

[1] 2011 年司法考试真题。

[2] 2008 年司法考试真题。

[3] 案例来自 https://www.yulucn.com/question/4445909212，2020 年 10 月 20 日访问。

实训步骤

1. 根据座位远近或自由组合，将学生分为若干小组。

2. 以小组为单位，让学生合理细化案件细节，查阅相关法律法规，内部讨论设计自己小组的问题，并形成共识性答案。

3. 各小组选定一名发言代表，互相问答，其他小组成员可以补充。

4. 由任课教师对各小组的问题和答案予以点评，并阐明自己的观点和理由。

任务三　公平责任原则

案例引入

原告李某、龚某因与被告某某花饮食有限公司发生人身伤害赔偿纠纷，向广东省珠海市中级人民法院提起诉讼。

原告诉称：二原告带领 8 岁的儿子龚某皓前去被告经营的某某花餐厅就餐，由被告的礼仪小姐安排在一间包房的外边就座。这间包房内发生爆炸，包房的墙壁被炸倒下，造成龚某皓死亡、李某残疾的后果。被告面向社会经营餐饮，其职责不仅包括应向顾客提供美味可口的饭菜，还应负责提供愉悦放心的消费环境，保证顾客的人身安全。被告对顾客自带酒水进入餐厅不予禁止，又在餐厅装修中使用了不符合安全标准的木板隔墙，以致埋下安全隐患。正是由于被告的经营管理不善，使餐厅发生了不该发生的爆炸，造成顾客人身伤亡。被告违反了《中华人民共和国消费者权益保护法》（以下简称《消费者权益保护法》）第 11、41、42 条的规定，应承担全部损害赔偿责任。请求判令被告：①给原告赔偿医疗费、营养费、护理费、交通费、假肢安装费、残疾生活补助费、后期继续治疗费、残疾赔偿金、丧失生育能力赔偿金以及丧葬费、死亡赔偿金和精神损害赔偿金等共计 403 万元；②负担本案全部诉讼费。

被告辩称：此次爆炸事件是犯罪分子所为。不知情的顾客把犯罪分子伪装成酒送给他的爆炸物带进了餐厅，他根本没有预见到会发生爆炸，餐厅当然更不可能预见。对被告和顾客来说，发生爆炸纯属意外事件。对此次爆炸，被告既在主观上没有过错，也在客观上没有实施侵权行为。况且爆炸还造成被告的一名服务员身亡，餐厅装修、设备受到严重破坏，各种直接、间接损失近 100 万元，被告本身也是受害者。原告只能向真正的加害人主张权利，不能要求被告承担赔偿责任。原告现在的起诉缺乏事实根据和法律依据，诉讼主体也不合格，其请求应当驳回。

珠海市中级人民法院经审理查明：1999 年 10 月 24 日傍晚 6 时左右，原告李某、龚某夫妇二人带着 8 岁的儿子龚某皓，与朋友到被告某某花公司经营的某某花餐厅就餐，由餐厅礼仪小姐安排在二楼就座，座位旁是名为"福特"的餐厅包房。福特包房的东、南两墙是砖墙，西、北两墙是木板隔墙，龚某皓靠近该房木板隔墙的外侧就座。6 时 30 分左右，"福特"包房内突然发生爆炸，李某和龚某皓随即倒下不省人事，龚某忍着伤痛拖开被炸倒下的包房木板隔墙，立即将龚某皓送往医院抢救，李某也被送往医院。龚某皓因双肺受损严重，呼吸衰竭，经抢救无效死亡。李某的左上肢神经血管损伤，腹部闭合性损伤，失血性休克，后进行了左上肢截肢技术及脾切除术，伤愈后被评定为二级残疾。龚某右外耳轻度擦伤，右背部少许擦伤。餐厅的这次爆炸，发生在餐厅服务员为顾客开启"五粮液酒"盒盖时。伪装成酒盒的爆炸物是当时在"福特"包房内就餐的一名医生收受的礼物，已经在家中放置了一段时间。10月24日晚，该医生将这个"酒盒"带入"福特"包房内就餐，服务员开启时发生爆炸。现在，制造这个爆炸物并将它送给医生的犯罪嫌疑人已被公安机关抓获，正在审理之中。上述事实，有双方当事人的陈述、证人证言、医疗诊断证书、死亡证书等证据证明。证据经庭审质证，可以作为认定本案事实的根据。[1]

问：基于以上事实，本案能否适用公平责任原则，对原告的损失双方如何承担？

基本理论

一、公平责任原则的概念

公平责任原则，也称衡平责任原则，是指当事人双方对损害的发生均无过错，法律又无明确规定适用无过错责任原则予以归责的前提下，让一方当事人承担损失有违公平时，出于平衡双方利益的考量让其合理分担损失，由行为人对受害人的损失给予适当补偿的归责原则。《民法典》第1186条规定，受害人和行为人对损害的发生都没有过错的，依照法律的规定由双方分担损失。

二、公平责任原则的意义

（一）有利于社会和谐

公平责任原则是一种利益平衡器，有助于舒缓紧张的社会关系，促进社会和谐。公平责任原则适用于双方当事人都不存在过错，也无法律规定适用无过错责任的情况。在适用公平责任原则的场合，不存在任何一方当事人的过错，也不存在无过错责任所针对的特定风险，但是损害依然发生了。此时，如果让任一方当事人单独承担损失，都与民法的公平原则相悖，也会导致社会关系紧张。公平责任原则将损失合理分担到双方当事人身上，使得利益实现了平衡、紧张的社会关系得到舒缓。

公平责任原则使得法律具有了人情味。在中国传统法律思想中，民事案件的处理，要综合考虑天理、国法和人情。而公平责任原则属于天理、国法和人情中的人情部分。事故无情，但公平责任原则的存在，使得无情的事故处理结果具有了人情味。[2]

---

〔1〕 案例来自（2000）粤高法民终字第265号判决。
〔2〕 参见王成：《侵权责任法》，北京大学出版社2014年版，第58页。

（二）分散了社会成员的风险

公平责任原则提供了一种过错归责原则、无过错归责原则无法替代的损害（或者是风险）分配方案。当前，虽然有商业保险、社会保险、众筹基金等新兴的社会风险分担工具，但面对不可归责的情形，普通公民的首选仍是向法律寻求救济，同时其他风险转移工具的评估责任也需要依靠归责原则，从而确认彼此的责任分担。[1] 此时公平责任原则就将个人（尤其是本身正孤立无援的弱者）无端受到的损失分配到社会的其他成员当中，以分散其受到的损失。而我们每一个人都有可能成为无端受损的一方，也可能是分担损失的一方，因为我们都是社会整体的一员。

三、公平责任原则的适用

（一）适用的条件

公平责任原则要得以适用，需要同时满足三个条件。

1. 公平责任原则只能适用于双方当事人均无过错的情况。若当事人一方或者双方都存在过错的情况下，则应当适用过错责任原则。只有在当事人双方都没有过错的前提下，才有适用公平责任的可能性。

2. 公平责任原则适用于法律未特别规定要适用无过错责任的情况下。若相关案件属于法律规定适用无过错归责原则的情形，则即便当事人双方对损害的发生都无过错，依然要适用无过错责任原则，由行为人一方承担侵权责任。

3. 适用公平责任原则要有法律依据，《民法典》第 1186 条，受害人和行为人对损害的发生都没有过错的，依照法律的规定由双方分担损失。此条文修改了以往的"可以根据实际情况"的适用条件，进一步明确要有法律依据才能得以适用。

（二）主要的适用范围

根据《民法典》总则编的相关规定和现阶段大部分的司法实践，适用公平责任原则的案件类型主要有：①根据《民法典》第 182 条第 1 款和第 2 款，因紧急避险造成损害的，由引起险情发生的人承担民事责任。危险由自然原因引起的，紧急避险人不承担民事责任，可以给予适当补偿。②根据《民法典》第 183 条，因保护他人民事权益使自己受到损害的，由侵权人承担民事责任，受益人可以给予适当补偿。没有侵权人、侵权人逃逸或者无力承担民事责任，受害人请求补偿的，受益人应当给予适当补偿。③无行为能力人或限制行为能力人致人损害、完全民事行为能力人暂时没有意识或者失去控制致人损害，监护人已尽到监护职责（《民法典》生效后，此种情形中的归责适用无过错责任原则，责任的分担仍可参照公平责任原则）。④高空抛物致人损害，

---

〔1〕 参见杨立楠："侵权责任编中的公平责任客观化解释路径探析"，载《北京政法职业学院学报》2020 年第 1 期。

未明确具体侵权人（归责方式适用过错推定，具体的责任分配适用公平责任原则）。

需要指出的是，由于法律没有明确规定适用公平原则的具体案件类型，在司法实践中滥用公平责任原则而草率结案的情况也时有发生。如在机动车交通事故、缺陷产品致人损害、动物致人损害、安全保障义务人等案件中过于宽泛地适用公平责任原则。违背了公平责任原则作为兜底条款、调剂正义的制定初衷，这是所有法律职业共同体应当警惕的。

（三）杜绝平均主义

公平责任原则并非"一刀切"地要求双方平均分担责任，在有法律依据可以适用公平责任原则的前提下，当事人如何分担损失，要考虑行为方式、案件情节、损失大小、影响程度、当事人的经济能力等实际因素。在此基础上法官凭借其职业道德和法律素养所形成的内心确信的公平观念，根据各方面的实际情况来综合判定，确定各自应承担的责任。绝不可在适用公平责任原则时搞绝对平均主义，导致双方实际上责任分担不公。

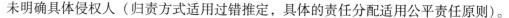 引例解析

原告与被告形成了消费与服务关系，被告有义务保障李某、龚某的人身安全。被告是否尽了此项义务，应当根据餐饮行业的性质、特点、要求以及对象等综合因素去判断。本案中，李某、龚某的人身伤害和龚某皓的死亡，是某某花餐厅发生的爆炸造成的。

但此次爆炸是第三人的违法犯罪行为所致，与被告本身的服务行为没有直接的因果关系。在当时的环境下，被告通过合理注意，无法预见此次爆炸，其已经尽了保障顾客人身安全的义务。爆炸是使原告李某、龚某受到人身伤害、造成龚某皓死亡的必然原因。

此外，作为服务提供者，被告只对自己提供的商品负有保证质量的义务，对顾客带进餐厅的商品不负有此项义务。此次爆炸，是顾客将伪装成酒的爆炸物带进餐厅造成的，与被告提供的商品或者服务无关。被告没有禁止顾客带"酒"进入餐厅，其行为并无过错。

根据《民法典》的最新规定，本案有明显的加害人存在，不能适用无人因过错承担责任时才适用的公平责任原则，因此只能按一般侵权损害适用过错责任原则。被告在此次爆炸事件中，已经尽到了应当尽到的注意义务，被告对李某、龚某、龚某皓的伤亡没有过错，故不构成侵权。李某、龚某应当向有过错的第三人请求赔偿。[1]

但本案在当时的法律体系下，法院经过二审最终还是选择了适用公平责任原则。这说明在现实的案件当中适用如何的归责原则并非泾渭分明，让人一看就清楚地知道

---

〔1〕 本解析来源于当时案件的一审判决。

该如何适用。需要根据当时的法律规范，就实际情况加以具体分析，结合法律规定与社会效益综合地适用，这也是我们学习公平责任原则的初衷。

相关法律法规

《中华人民共和国民法通则》（以下简称《民法通则》，已失效）第 132 条，《侵权责任法》（已失效）第 24 条，《民法典》第 182、183、1186 条。

思考与练习

不定项选择题

1. 有关公平责任原则的说法正确的是（　　　）。

A. 公平责任在个案中应当优先适用

B. 公平责任适用于双方都没有过错的情况

C. 公平责任下，推定行为人有过错

D. 公平责任下，双方平均承担损失

2. 甲、乙各牵一头牛于一桥头相遇。甲见状即对乙叫道："让我先过，我的牛性子暴，牵你的牛躲一躲。"乙说"不怕"，继续牵牛过桥，甲也牵牛上桥。结果二牛在桥上打架，乙的牛跌入桥下摔死。乙的损失应由谁承担？（　　　）

A. 甲应负全部赔偿责任

B. 应由乙自负责任

C. 双方按各自的过错程度承担责任

D. 双方均无过错，按公平责任处理

学习情境：对归责原则的具体适用

情境案例

2006 年 11 月 20 日 9 时 30 分左右，64 岁的退休职工徐某兰在南京水西门广场公交站跑向一辆乘客较少的公交车，不知何原因摔倒在地。彭某将摔倒在地的徐某兰扶起，并与后来赶到的徐某兰家人一起将她送往医院治疗，期间还垫付了 200 元医药费。

徐某兰指认撞人者是彭某。徐某兰告到法院索赔 13 万多元。

彭某表示无辜。他说，当天早晨 3 辆公交车同时靠站，徐某兰要去赶第 3 辆车，而自己从第 2 辆车的后门下来。"一下车，我就看到一位老太跌倒在地，赶忙去扶她了，不一会儿，另一位中年男子也看到了，也主动过来扶徐某兰。徐某兰不停地说谢谢，后来大家一起将她送到医院。"彭某继续说，接下来，事情就来了个 180 度大转弯，徐某兰及其家属一口就咬定自己是"肇事者"。

2007 年 9 月 4 日下午 4 点半，南京市鼓楼区法院一审宣判。法院认为，本案主要存在两个争议焦点：

1. 彭某与徐某兰是否相撞。

2. 应赔偿的损失数额问题。

法院认为本次事故双方均无过错。按照公平原则，当事人对受害人的损失应当给予适当补偿。因此，判决彭某给付受害人损失的 40%，共 45 876.6 元。

当天，徐某兰的代理律师表示：对判决事实感到满意，但 40%的赔偿比预期要少。而彭某则表示不服此判决。

在南京中院二审即将开庭之际，彭某与徐某兰达成庭前和解协议，其主要内容是：彭某一次性补偿徐某兰 1 万元；双方均不得在媒体（电视、电台、报纸、刊物、网络等）上就本案披露相关信息和发表相关言论；双方撤诉后不再执行鼓楼区法院的一审民事判决。

此案由于具体细节未予披露，在法院公布的判决书当中，一审法院又画蛇添足地载明了经不起推敲的"生活经验推理"（即人不是你撞的，你就不会扶）。最终发酵成为著名的"南京彭某案"，在公众舆论中成了"好人被冤枉""司法不公"的典型案例，并被斥之为社会"道德滑坡"的标靶。[1]

问：你认为本案应适用何种归责原则，如何承担责任？

训练目的

通过对具体案件的分析，让学生对所学到的归责原则进行实践，检验学习的成效，做到学以致用。

训练方法

请同学们根据学习情境中的案例进行分组讨论，探讨本案应适用何种归责原则，如何承担责任，并以组为单位展开辩论。

实训步骤

1. 根据学生的个人观点不同，将持有近似或相同观点的学生分为一个小组。

2. 以小组为单位，让学生合理细化案件细节，查阅相关法律法规，分析本案应适用何种归责原则，双方的责任如何承担。

3. 每个小组形成自己内部的一致结论和理由，并选定一名发言代表。

4. 各小组发言人发表自己小组的结论和理由，并展开辩论，其他小组成员可以补充。

5. 由任课教师对各小组的观点和理由予以点评，并阐明自己的观点和理由。

拓展阅读

［1］张新宝：《侵权责任法》，中国人民大学出版社 2020 年版。

［2］杨立新：《侵权责任法》，北京大学出版社 2017 年版。

---

〔1〕 案例来自 https：//baike.baidu.com/item/%E5%BD%AD%E5%AE%87%E6%A1%88/10702516？fromtitle=%E5%8D%97%E4%BA%AC%E5%BD%AD%E5%AE%87%E6%A1%88&fromid=6439916&fr=aladdin，2020 年 10 月 21 日访问。

［3］覃冬琴："论《民法典》侵权责任编中违法性与过错"，载《法制与社会》2020 年第 27 期。

［4］杜子晗："浅析侵权责任法中无过错责任原则"，载《法制博览》2020 年第 2 期。

［5］杨立楠："侵权责任编中的公平责任客观化解释路径探析"，载《北京政法职业学院学报》2020 年第 1 期。

项目三　多人侵权

 知识目标

了解多人侵权的类型、各国对多人侵权的法律规定以及多人侵权的法律理论的演化过程，掌握不同类型多人侵权承担责任的方式。

能力目标

能够准确识别多人侵权行为，能够判断多人侵权属于何种类型以及应适用的承担责任的方式，能够判断多人侵权案件中，不同侵权人承担责任的形式。

任务一　共同侵权

案例引入

张三和李四共同承租位于某市家具城内的一间仓库，用于储存床垫。为了便于使用，二人在仓库内安装货架。2019 年 5 月 4 日 7 时许，两人在焊接货架时，火星飞溅引燃周边可燃物并引起火灾，火灾导致旁边张某房屋燃烧，张三、李四立即报警，消防车赶来将火势扑灭，但张某存放在房屋内的物品已经大部分被烧毁。[1]

问：

1. 对张某的损害后果，张三和李四是否属于共同侵权的侵权人？

2. 对张某的损害后果，张三与李四承担侵权责任的方式是什么，如何承担？

3. 张三、李四对所租赁仓库造成的损害，仓库业主应当如何主张权利？

基本理论

一、共同侵权行为的概念

共同侵权，是指数人共同不法侵害他人权益造成损害的行为。《民法典》第 1168 条规定："二人以上共同实施侵权行为，造成他人损害的，应当承担连带责任。"

---

［1］　改编自 https：//wenshu. court. gov. cn/website/wenshu/181107ANFZ0BXSK4/index. html？docId = 6f7d33cb5c5d49aab37bac8000bb5739，2021 年 5 月 28 日访问。

传统民法学说以行为人之间存在共同的意思联络为构成共同侵权的基础，认为"共同"意味着共同的过错，包括共同的故意和共同的过失，此所谓意思共同说。

《侵权责任法》（已失效）第 12 条规定："二人以上分别实施侵权行为造成同一损害，能够确定责任大小的，各自承担相应的责任；难以确定责任大小的，平均承担赔偿责任。"这一规定将数人侵害行为直接结合的情况从共同侵权中剥离了出来，各行为人分别承担责任，而非连带承担责任。

《民法典》第 1172 条作出了与《侵权责任法》（已失效）第 12 条完全一样的规定，即认为共同侵权行为的各行为人之间应当存在共同的意思联络。

二、共同侵权行为的法律特征

（一）共同侵权行为主体的复数性

共同侵权行为的主体须为二人或二人以上，侵权主体为一人的，不构成共同侵权行为。共同侵权人不仅限于自然人，也包括法人，可以是数个自然人，可以是数个法人，也可以是自然人和法人的集合。

（二）共同实施了侵权行为

共同侵权行为的数个行为人实施了数个加害行为，这些行为具有密切的关联性，结合在一起形成有机整体，共同造成损害后果。

（三）行为人的共同行为造成了损害，且损害具有不可分割性

此处的共同分为三种情况：①共同故意实施的行为。②共同过失实施的行为，此处的"过失"是疏忽大意的过失和过于自信的过失。③部分行为人为故意，其他行为人为过失，但实施的行为共同指向侵权对象，其行为是造成损害的共同原因，造成同一个损害不可分割。

（四）共同行为人的行为与损害结果之间具有因果关系

在共同侵权行为中，各个行为人的行为尽管对共同的损害结果发生的原因力不尽相同，但必须都与损害结果之间存在因果关系，否则不应与其他行为人构成共同侵权。

三、共同侵权行为的责任承担规则

对于共同侵权行为，其责任承担分为外部责任和内部责任。外部责任是指共同侵权人作为整体对被侵权人应承担的责任。《民法典》第 1168 条规定，二人以上共同实施侵权行为，造成他人损害的，应当承担连带责任。《民法典》第 178 条第 1 款规定，二人以上依法承担连带责任的，权利人有权请求部分或者全部连带责任人承担责任。

关于连带责任人全部或部分承担责任之后，连带责任人内部如何确定责任份额的问题，《民法典》第 178 条第 2 款予以了明确："连带责任人的责任份额根据各自责任

大小确定；难以确定责任大小的，平均承担责任。实际承担责任超过自己责任份额的连带责任人，有权向其他连带责任人追偿。"

引例解析

引例中，张三和李四导致张某的财产受到损失的行为符合共同侵权的构成要件，二人的行为属于共同侵权行为。

首先，侵害人为张三和李四，符合侵权人是复数的要件。其次，张三和李四两人焊接货架的行为引发了火灾，焊接货架的行为为二人共同实施，其行为是同一而不可分割的，火灾是因二人焊接原因引发，并造成了实际损失，符合受害人具有损害，且损害具有不可分割性的特点，无法区分火灾中哪一部分是张三造成的，哪一部分是李四造成的。这一点符合侵权人共同实施侵权行为的要件。再次，张三、李四对于火灾的发生存在共同的过失，二人在焊接点旁边放置可燃物，或者说在堆放可燃物的仓库中做出较为危险的焊接行为，对应当预见的危险没有预见，属于疏忽大意的过失。最后，两人的行为与火灾之间有因果关系，火灾形成的直接原因是二人的焊接行为，符合侵权行为与损害后果之间具有因果关系的要件。因此，张三、李四的侵权行为符合共同侵权的构成要件，共同侵权人是张三和李四。

侵权人承担责任的方式有多种。《民法典》第1167条规定："侵权行为危及他人人身、财产安全的，被侵权人有权请求侵权人承担停止侵害、排除妨碍、消除危险等侵权责任。"《侵权责任法》（已失效）第15条规定："承担侵权责任的方式主要有：①停止侵害；②排除妨碍；③消除危险；④返还财产；⑤恢复原状；⑥赔偿损失；⑦赔礼道歉；⑧消除影响、恢复名誉。以上承担侵权责任的方式，可以单独适用，也可以合并适用。"结合本案来看，张三和李四承担责任的方式只能是赔偿损失。根据《民法典》第1168条，张三和李四属于共同侵权，应对张某的损失承担连带责任。所以，张三、李四承担责任的方式是，张三、李四对张某的损失承担连带赔偿责任。

仓库业主所受之损害同样是张三、李四共同侵权所致，仓库业主可以向张三、李四提起侵权之诉。除了侵权诉讼之外，仓库业主也可依据双方签订的合同向张三、李四主张违约赔偿。但侵权之诉与合同之诉只能择一主张，不可以同时主张，这属于侵权纠纷与合同纠纷的竞合。

相关法律法规

《侵权责任法》（已失效）第12条，《民法典》第1168、1172条，最高人民法院《关于审理人身损害赔偿案件适用法律若干问题的解释》第2条。

思考与练习

一、选择题

1. 某日，甲驾车搭载乙回家，乙坐在汽车的副驾驶位置。两人途中发生口角，继而厮打在一起，导致甲无法操控车辆，车辆撞伤了行人丙，丙因住院治疗花费了20万

元。关于丙的损害责任承担，下列哪一种说法是正确的？（　　）

A. 甲应承担全部责任　　　　　　B. 乙应承担全部责任

C. 甲乙应承担按份责任　　　　　D. 甲乙应承担连带责任

2. 甲乙之间素有间隙。某日，甲骑着摩托车在路上遇到乙，直接向乙撞了过去，导致乙身体多处骨折，路人将其送医院抢救。由于乙患有先天性心脏病，在遭受甲的撞击后，心脏病发，经医院抢救无效，当日死亡。关于乙的损害责任承担，下列哪一种说法是正确的？（　　）

A. 甲承担全部责任

B. 乙承担全部责任

C. 甲与医院承担连带责任

D. 甲与医院就部分责任承担连带责任

二、简答题

1. 简述共同侵权行为的概念。

2. 简述共同侵权行为的法律特征。

3. 简述共同侵权人责任承担的规则。

学习情境：共同侵权构成要件的识别和应用

情境案例

某日，张三驾驶套牌货车在高速公路上行驶，经过某路段时，与李四驾驶的同向行驶的客车相撞，致客车内乘客冯某受伤。后经各方共同委托的司法鉴定机构鉴定，冯某的伤残等级为三级伤残。事故经交警部门认定，货车司机张三负主要责任，客车司机李四负次要责任，冯某不负事故责任。

套牌的货车（肇事货车）实际所有人为武某，张三系武某雇佣的司机。发生事故的客车所有人系某客运公司，李四是该客运公司聘用的司机，但事发时李四并非履行职务。

训练目的

通过实训，使学生进一步理解共同侵权的构成要件，掌握共同侵权的识别及责任承担方式的确定。

训练方法

1. 案例讨论。通过典型案例的分析、讨论，学生之间可以对争议的事实和法律适用展开辩论，老师进行点评。

2. 阅读相关书籍，深度掌握。

实训步骤

1. 根据案例需要对学生进行分组。

2. 以组为单位，让学生开展讨论，探讨案例中的情况是否构成共同侵权，共同侵权人承担法律责任的法律依据，以及共同侵权人的责任承担方式、责任的分配方案。对以上问题的结论形成书面意见。

3. 各小组派代表发言，阐释本组讨论的意见。如各组意见出现分歧，组织展开辩论。

4. 学生自我评价训练效果。

5. 教师点评、总结训练情况。

任务二　教唆、帮助实施侵权

案例引入

案例一： 2017 年 5 月 1 日，张三殴打了武某，并造成武某轻微伤，武某入院治疗。2017 年 10 月 1 日，武某将张三诉至法院，要求张三向其赔偿医疗费等费用合计 2 万元。法院经审理后判决张三赔偿武某 2 万元。2018 年 9 月 2 日，张三履行判决义务，向武某赔偿了 2 万元。2018 年 11 月 1 日，张三在和李四、王五吃饭时说，因自己殴打武某，被武某讹诈了 2 万元，并告知李四、王五武某车辆的特征和停放地点，希望二人为其出气。2018 年 11 月 2 日晚上，李四、王五骑摩托车到武某车辆停放处，用随身携带的钢管将武某车辆的玻璃、反光镜砸坏。武某发现车辆损坏后报警，经公安机关侦查，发现是李四、王五所为，据李四、王五供认，其二人是受张三指示。[1]

问：

1. 张三、李四、王五中，哪几位是共同侵权的侵权人？法律依据是什么？

2. 各侵权人应当以何种方式承担责任？

3. 如果李四是无民事行为能力人，三个人的责任该如何承担？

案例二： 张三为某小学三年级学生（不满 10 岁），与武某是同学。2015 年 6 月 9 日晚放学路上，张三遇到镇上社会人员李四（成年人）。李四告知张三，称其知道武某家里有钱，而且武某每天都会带钱上学，怂恿张三一起去抢武某的钱。张三表示同意。当天，两人便在武某回家的路上蹲守。两人见到武某后，将其带到偏僻的地方，恐吓武某给钱，武某见状，被迫将身上的 50 块钱给了二人。二人得钱后放武某离开。武某离开没多远，张三觉得平时武某对他态度不好，便想报复武某，自行追上去殴打武某。张三在殴打武某时，让李四帮忙找一根木棍，张三用李四找来的木棍继续殴打武某。武某回家后，其父母发现武某受伤，询问得知情况后，家长遂报警处理。

问：

1. 张三与李四的抢钱的行为属于哪种类型的多人侵权？

---

〔1〕 改编自 https：//alphalawyer.cn/#/app/tool/result/%7B%5B%5D，%7D/detail/E86D52489A7250796BD9E0E6EAFBF795?focus=1&relation=50383621&queryId=34b1362dbed611eba5610c42a1474cae，2021 年 5 月 28 日访问。

2. 武某被殴打的侵害事件中，张三与李四的行为属于什么形式的侵权行为？

3. 武某被殴打的侵害事件中，张三、李四应当承担什么责任？

基本理论

一、教唆、帮助实施侵权的概念

教唆、帮助实施侵权是指故意教唆或帮助让人实施侵害他人的行为。

我国《民法通则》（已失效）仅规定了共同侵权制度，没有对教唆、帮助侵权作出具体规定。最高人民法院通过的《关于贯彻执行〈中华人民共和国民法通则〉若干问题的意见（试行）》（已失效）第 148 条规定："教唆、帮助他人实施侵权行为的人，为共同侵权人，应当承担连带民事责任。教唆、帮助无民事行为能力人实施侵权行为的人，为侵权人，应当承担民事责任。教唆、帮助限制民事行为能力人实施侵权行为的人，为共同侵权人，应当承担主要民事责任。"《侵权责任法》（已失效）第 9 条规定："教唆、帮助他人实施侵权行为的，应当与行为人承担连带责任。教唆、帮助无民事行为能力人、限制民事行为能力人实施侵权行为的，应当承担侵权责任；该无民事行为能力人、限制民事行为能力人的监护人未尽到监护责任的，应当承担相应责任。"《民法典》第 1169 条对《侵权责任法》（已失效）该条规定的内容加以吸收，只是将第 2 款中的"未尽到监护责任"改为"未尽到监护职责"。

二、教唆、帮助实施侵权的法律特征

（一）教唆人、帮助人实施了教唆、帮助行为

教唆行为是指利用语言对他人进行开导、说服或通过刺激、利诱、怂恿等行为，最终促使被教唆人接受教唆人的意图，进而实施某种加害行为。[1] 教唆行为只能以积极作为的方式作出，消极的不作为不能成立教唆行为。教唆行为可以通过口头、书面或其他方式加以表达，可以公开进行也可以秘密进行，可以直接教唆也可以通过别人间接教唆。

帮助行为是指给他人以帮助，如提供工具或指导方法，以便使他人易于实施侵权行为。帮助行为通常是以积极的作为方式作出，但具有作为义务的人故意不作为时也可能构成帮助行为。

教唆行为与帮助行为的区别在于：教唆行为的特点是教唆人本人不亲自实施侵权行为，而唆使他人产生侵权意图并实施侵权行为或危险行为；而帮助行为可能并不对加害行为起决定性作用，只是对加害行为起促进作用。教唆行为是使没有实施加害意图的被教唆人产生加害意图，从而实施加害行为；而在帮助行为中，被帮助人本来已

---

〔1〕 张铁薇：《共同侵权制度研究》，法律出版社 2007 年版，第 193 页。

有加害他人意图，帮助人的帮助行为只是促使加害结果的出现。

（二）教唆人、帮助人具有教唆、帮助的主观意图

一般来说，教唆行为与帮助行为都是教唆人、帮助人故意作出的，教唆人、帮助人能够意识到其作出的教唆、帮助行为所可能造成的损害后果。在帮助侵权中，如果被帮助人不知道存在帮助行为，也并不影响帮助行为的成立。

（三）被教唆人、被帮助人实施了相应的侵权行为

这一要件要求教唆行为、帮助行为与被教唆人、被帮助人实施的侵权行为之间具有内在的联系。如果被教唆人、被帮助人实施的侵权行为与教唆行为、帮助行为没有任何联系，教唆人、帮助人欲教唆、帮助侵权行为人实施 A 行为，但侵权行为人实际上并未实施教唆、帮助的行为，而是实施了教唆人、帮助人未实施教唆、帮助的 B 行为，那么，侵权行为所造的损害不应要求教唆人、帮助人承担侵权责任。

（四）被教唆人、被帮助人实施的加害行为与被侵权人的损害后果之间存在因果关系

教唆行为、帮助行为是造成被侵权人损害后果的原因之一。

三、被教唆、被帮助者为无民事行为能力人或限制民事行为能力人的特殊情况

被教唆、被帮助者为无民事行为能力人或限制民事行为能力人的，侵权责任的承担与被教唆、被帮助者为完全民事行为能力人者的情况有所不同。

教唆人、帮助人明知被教唆人、被帮助人为无民事行为能力人或者限制民事行为能力人，仍然实施教唆、帮助行为的，教唆人、帮助人应当承担侵权责任，被教唆、被帮助者不承担侵权责任。

如果被教唆、被帮助的无民事行为能力人或者限制民事行为能力人的监护人未尽到监护责任的，应当承担相应的责任。此处"相应的责任"并未明确是何种责任，但主流意见认为，该责任应结合监护人的过错等情况确定应承担责任的份额，并非连带责任，而是按份责任，在监护人份额责任之外的剩余责任，由其他共同侵权人承担连带责任。

▰▰▰▰ 引例解析

案例一： 本案中，张三、李四、王五对武某实施了加害行为，但张三与李四、王五侵权的方式不同，承担责任的法律依据亦不同。

李四和王五的行为是共同侵权行为，《民法典》第 1168 条规定："二人以上共同实施侵权行为，造成他人损害的，应当承担连带责任。"张三在本案中属于教唆人，教唆他人实施侵权行为，根据《民法典》第 1169 条，应当与行为人承担连带责任。所以，张三、李四、王五对武某的损失后果承担连带责任。

如果李四是无民事行为能力人，李四的监护人已尽到监护职责，李四的监护人不

承担责任，由张三和王五就武某的全部损失承担连带责任；如果李四的监护人未尽到监护职责，李四的监护人应当承担相应的责任，张三和王五就责任的剩余部分承担连带责任。

案例二：本案中，张三、李四强抢武某财物的行为属于侵权行为，由于该侵权行为是张三和李四共同实施的，所以属于共同侵权行为。根据《民法典》第 1168 条的规定，二人应对武某的损害后果承担连带责任。

李四是否构成《民法典》第 1169 条规定的教唆人呢？本案中李四不属于教唆人。教唆行为的法律特征是教唆人不实际实施侵权行为，而本案中，李四亲自参与实施了抢钱行为，显然不符合教唆行为的特征。李四虽然有怂恿、教唆张三的行为，但李四并没有让张三单独实施侵权行为，而是两人共同实施了侵权行为，所以李四不属于教唆他人实施侵权行为，而是共同侵权，张三与李四的前期商量，属于共同侵权的意思联络。

张三殴打武某的行为属于侵权行为。由于张三殴打武某的行为超过了张三和李四意思联络范围，是张三临时起意，两人并未对此有共同故意。张三殴打武某时，李四虽然未参与殴打，但其为张三提供了木棍，为张三的侵权行为提供了帮助，李四应为帮助人。但由于张三为限制民事行为能力人，根据《民法典》第 1169 条第 2 款之规定，李四帮助限制民事行为能力人实施侵权行为，应当承担侵权责任。张三作为限制民事行为能力人，其监护人未尽到监护职责应当承担相应责任。

相关法律法规

最高人民法院《关于贯彻执行〈中华人民共和国民法通则〉若干问题的意见（试行）》（已失效）第 148 条、《侵权责任法》（已失效）第 9 条、《民法典》第 1169 条。

思考与练习

一、选择题

1. 教唆、帮助他人实施侵权行为，教唆人、帮助人应承担（   ）。

A. 相应责任   B. 补充责任

C. 按份责任   D. 连带责任

2. 陈某（成年人）对张某（7 岁）说，你敢去把李某的汽车玻璃砸碎吗，张某听后就上去把李某的汽车玻璃砸碎。对于李某的损失，应当如何承担（   ）。

A. 张某实施的侵权行为，应当由张某承担

B. 陈某教唆张某砸碎李某汽车玻璃，应当由陈某承担

C. 张某的监护人承担责任

D. 陈某承担责任，张某的监护人未尽到监护责任，应当承担相应的责任

二、简答题

1. 简述教唆、帮助他人实施侵权行为的概念。

2. 简述教唆、帮助他人实施侵权行为的法律特征。

3. 简述教唆他人实施侵权行为与帮助他人实施侵权行为的区别。

4. 简述教唆、帮助他人实施侵权行为的责任承担方式。

学习情境：教唆、帮助实施侵权构成要件的识别和应用

情境案例

B 公司开办了一家大型的眼镜市场，眼镜市场内的店铺对外出租给其他公司用于销售眼镜。C 公司向 B 公司租赁了一个档口经营眼镜生意。2015 年 7 月 15 日下午 3 点半左右，国外某知名眼镜品牌公司（A 公司）人员刘某发现 C 公司在档口对外销售假冒 A 公司品牌的眼镜，于是刘某通过公证方式购买了 10 副 C 公司出售的假冒眼镜，随后向法院提起了诉讼。[1]

训练目的

通过实训，使学生进一步理解教唆、帮助实施侵权与共同侵权的区别，掌握教唆人、帮助人的认定标准及责任承担方式。

训练方法

案例讨论。通过典型案例的分析、讨论，学生之间可以对争议的事实和法律适用问题、对教唆行为及帮助行为的认定标准等展开辩论，老师进行点评。

实训步骤

1. 根据案例需要对学生进行分组。

2. 以组为单位，让学生围绕以下几个问题开展讨论，分析案件涉及的法律法规：①确认侵权人及教唆人或帮助人；②B 公司是否属于侵权行为的帮助人；③如果你是 A 公司的诉讼代理人，应当如何提出诉讼请求，如何证明侵权人适格、侵权行为存在以及损害结果大小。对以上问题的结论形成书面意见。

3. 各小组派代表发言，阐释本组讨论的意见。如各组意见出现分歧，组织展开辩论。

4. 学生自我评价训练效果。

5. 教师点评、总结训练情况。

任务三　共同危险行为

案例引入

张某与李某是朋友。某日上午张某外出办事，向李某借车使用，李某将其自有的

---

〔1〕 改编自 https：//wenshu. court. gov. cn/website/wenshu/181107ANFZ0BXSK4/index. html？docId = 0c333f6fa af448c9bf97abde004704a9，2021 年 5 月 30 日访问。

轿车借给张某。张某开车外出办完事情后，中午在外饮酒，酒后驾车回家，途中与对面王某逆行开来的摩托车相撞，撞击后的轿车和摩托车冲向路边，溅起飞石，石头砸伤了路人陈某，摩托车驾驶员王某受伤。经交警部门调查，陈某在此次事故中无责任，无法认定飞石的溅起是张某的轿车还是王某的摩托车所致，也难以确认交通事故中二人的责任比例。

问：

1. 本案属于共同侵权还是共同危险行为？

2. 侵权人分别是谁？

3. 张某与王某如何承担责任？

基本理论

一、共同危险行为的概念

共同危险行为又称为准共同侵权行为，是指二人或二人以上共同实施侵害他人权利的危险行为，并且已造成损害结果，但无法查明是危险行为中的何人所为。法律为保护被侵权人的利益，数个行为人均视为侵权行为人。《民法典》第 1170 条规定："二人以上实施危及他人人身、财产安全的行为，其中一人或者数人的行为造成他人损害，能够确定具体侵权人的，由侵权人承担责任；不能确定具体侵权人的，行为人承担连带责任。"

二、共同危险行为的构成要件

（一）行为是由数人实施的

共同危险行为的行为主体必须是二人或二人以上。一个人实施的行为即使造成他人损害，也只是单独侵权行为，不是共同危险行为。

（二）数人的行为均具有危险性

共同危险行为的危险性，指的是侵害他人人身权利、财产权利的可能性。危险行为人实施的共同危险行为，必须是每个人的行为都具有危险性，而且是积极作为，即主动作为，是相对于消极作为来讲的，消极作为即被动作为或不作为。

（三）具有危险性的共同行为是致人损害的原因

在共同危险行为中，就行为而言，共同危险行为的危险性虽然是一种可能性，但就共同危险行为的构成而言，这种危险性已经转化为现实的、客观的损害结果，具有危险性的共同行为与损害事实之间具有客观的因果关系。共同危险行为与损害结果没有因果关系的，不构成共同危险行为。

（四）损害结果不是共同危险行为人全体所致，但不能判明谁是加害人

在共同危险行为中，损害结果的发生不是全体共同危险行为人的行为所致，如果

是全体共同危险行为人所致，即为共同侵权行为。但是在全体共同危险行为人之中，不能判明谁是真正的加害人，如果已经判明谁是加害人，应由已经判明的加害人来承担赔偿责任。只有损害结果不是全部共同危险行为人所致，又不能判明谁是加害人，才能构成共同危险行为，且"共同"的含义主要是要求数个行为人的行为必须在同一时间、同一场所的行为，即"时空上的共同性"。如果数人行为在时间和空间上跨度太大，从日常经验法则出发，基本可以排除其中数人对具体损害的危险性，则不能认定为共同危险行为。例如，某天早晨9点，小明从1号楼9楼窗户扔下一块砖头，同一时间，小刚从小明楼下的5楼窗户扔下一块砖头。陈某从1号楼楼下经过时，被一块砖头砸伤。由于无法确定砸伤陈某的砖头是谁扔的，小明与小刚在同一时间同一地点实施了危险行为，其中之一造成了损害结果，但无法区分责任，二人构成共同危险行为。如果小明在某天早晨9点从1号楼9楼窗户扔了一块砖头，小刚在同天早晨10点从5号楼3楼窗户扔了一块砖头。1号楼与5号楼相距500米。同天，陈某早晨9点从1号楼楼下经过时，被一块砖头砸中头部，造成颅脑骨折。由于小明和小刚实施危险行为的时间、地点均不相同，完全可以从日常经验法则出发判断二者责任，因此不能认定小明和小刚的行为为共同危险行为。

三、共同危险行为理论在我国的发展情况

中华人民共和国成立以来，在民事审判实践中，对于共同危险行为学说基本上持否定态度。《民法通则》（已失效）只对共同侵权行为作了规定而没有规定共同危险行为。直到2003年12月出台的最高人民法院《关于审理人身损害赔偿案件适用法律若干问题的解释》，规定了共同危险行为的处理规则；《侵权责任法》（已失效）第10条对共同危险行为作出了正式规定。《民法典》侵权责任编在第1170条中完全保留了《侵权责任法》（已失效）第10条规定，对共同危险行为理论予以了法律认可。

四、共同危险行为与共同侵权行为的区别与联系

（一）二者的举证规则不同

共同危险行为责任的归责原则，是过错责任原则，这与共同侵权行为是一致的，不同之处在于共同危险行为实行过错责任推定原则，共同侵权行为实行一般过错责任原则。在共同危险行为致人损害的情形下，受害人不清楚谁是加害人，出于保护被侵权人的权益的需要，实行过错推定原则，即共同危险行为人只有在能够举证证明实际侵权人的情况下才能够免除自己的责任，否则推定共同危险行为人对损害存在过错，对侵权损害后果承担责任。

（二）共同危险行为的表现形式更为紧密

共同危险行为的责任与共同侵权行为一样是一个完整的整体，但它的表现形式更

为紧密，不可分割。这个完整性表现为：①对于损害结果来说，这个责任只有一个；②责任的主体是一个紧密关联的团体，如果不属于这个团体，就不是共同危险行为人；③这个责任不能分割。共同危险行为人中的一个人或一部分人只能证明自己没有过错，仍还不能免除这个人或这些人的赔偿责任，只有证明谁是加害人时，才能免除非加害人的赔偿责任，这时就成立单独侵权而非共同危险行为了。

（三）共同危险行为人与共同侵权行为人一样须承担连带责任

共同危险行为人与共同侵权行为人一样须承担连带责任，但是，在责任人之间的份额确定上却不尽相同。共同侵权行为人的个人责任，可以按照各自过错的程度确定，因而共同加害人所实际分担的责任份额可能并不平均。但是，由于共同危险行为人在实施共同危险行为中，致人损害的概率相等，过失相当，无法判断各自过错大小，而且由于共同危险行为的责任的不可分割性，所以在共同危险行为人的责任划分上，一般是推定平均分担的，个人以相等的份额对损害结果负责，在等额的基础上实行连带责任。

引例解析

本案属于共同危险行为而非共同侵权行为，侵权人是张某与王某，张某与王某应当对被害人陈某遭受的损害承担连带责任。张某与王某承担连带责任之后，由于无法判定各自过错大小，故两人之间的责任分配应该是各自承担50%。

本案应先行确认张某与王某的侵权类型属于共同危险行为。根据共同危险行为的构成要件来看，首先，行为人为张某和王某，符合行为人为数人的要件；其次，张某酒后驾车，王某逆向行驶，其二人行为都具有危险性，符合数人行为均具有危险性的要件；再次，陈某的受伤是由于张某和王某二人共同行为导致的，符合具有危险性的共同行为是致人损害原因的要件；最后，本案无法判定击伤陈某的石头是由张某行为溅飞还是由王某行为溅飞，符合损害结果不是共同危险行为人全体所致，但不能判明谁是加害人的特征。故此判断本案的侵权类型为共同危险行为。

关于对本案侵权人的认定上，李某作为车辆所有人是否为侵权人，显然不是，因为李某将车出借给张某时，并不清楚张某会饮酒驾车，李某出借车辆的行为本身没有过错，且李某借车的行为与陈某受伤之间没有因果关系，并非侵权行为，所以李某并非侵权人。

关于张某与王某的责任承担问题，《民法典》1170条规定："二人以上实施危及他人人身、财产安全的行为，其中一人或者数人的行为造成他人损害，能够确定具体侵权人的，由侵权人承担责任；不能确定具体侵权人的，行为人承担连带责任"，由于无法确定溅飞的石块是张某还是王某行为所致，无法确定具体侵权人，二人应当承担连带责任。二人承担连带责任后，双方之间的责任比例如何划分，根据《民法典》第178条第2款："连带责任人的责任份额根据各自责任大小确定；难以确定责任大小的，平均承担责任。实际承担责任超过自己责任份额的连带责任人，有权向其他连带责任人追偿"，由于本案中，交警部门无法认定张某与王某的事故责任，所以，二人应当平均承担责任，即每人承担50%的责任。

相关法律法规

《民法典》第1170条、最高人民法院《关于审理道路交通事故损害赔偿案件适用法律若干问题的解释》第10条。

思考与练习

一、选择题

1. 构成共同危险行为，需要（　　）。

A. 行为是由数人实施的

B. 数人的行为均具有危险性

C. 具有危险性的共同行为是致人损害的原因

D. 损害结果不是共同危险行为人全体所致但不能判明谁是加害人

2. 关于共同危险行为，下列说法错误的是（　　）。

A. 共同危险行为需要侵权人有意思联络

B. 对于损害后果无法确定是哪一个侵权人导致的

C. 对损害结果不要求时空上的共同性

D. 共同危险行为的侵权人承担按份责任

二、简答题

1. 简述共同危险行为的概念。

2. 简述共同危险行为的法律特征。

3. 简述共同危险行为与共同侵权行为的区别。

4. 简述共同危险行为的责任承担方式。

学习情境：共同危险行为的识别和应用

情境案例

某日，四位小学同学聚会。张三、李四、王五与钱六（均已成年）相约到某商场楼顶踢球。四人到了楼顶后发现，楼顶散落有碎石块妨碍踢球，他们便将碎石块捡起往楼下丢。陈某刚好骑车路过商场楼下，被楼顶丢下的一块石块击中头部，导致当场死亡。公安调查后，确定陈某死因是受石块击伤头部，导致颅脑受伤致死，但无法查明陈某被四名学生中哪名学生扔出的石块击伤。[1]

---

〔1〕 杨立新编著：《民法案例分析教程》，中国人民大学出版社2018年版，第274页。

▨▨ **训练目的**

通过实训，使学生进一步理解共同危险行为的法律特征，掌握共同危险行为和共同侵权行为的区别，掌握侵权责任承担的类型及免责事由。

▨▨ **训练方法**

1. 案例讨论。通过典型案例的分析、讨论，学生之间可以对争议的事实和法律适用展开辩论，老师进行点评。

2. 阅读相关文献，掌握共同危险行为理论。

▨▨ **实训步骤**

1. 根据案例需要对学生进行分组。

2. 以组为单位，让学生围绕以下几个问题开展讨论，分析案件涉及的法律法规：①辨明共同危险行为，以及共同危险行为侵权人，运用共同危险行为的构成要件逐一分析；②本案中，适格的原告是谁；③共同危险行为侵权人所承担责任的形式。对以上问题的结论形成书面意见。

3. 各小组派代表发言，阐释本组讨论的意见。如各组意见出现分歧，组织展开辩论。

4. 学生自我评价训练效果。

5. 教师点评、总结训练情况。

任务四　分别实施充足原因侵权

▨▨ **案例引入**

易某与东村村民签订河湾承包合同，约定由易某在某段河水流经水域经营饲养鱼。某日，突降暴雨，易某养殖水域内的鱼大量死亡。后经县环保局调查后认定，在养殖点上游有 A 养殖场和 B 养殖场，两处养鸡场的污水直接排入河中，易某在河湾的养殖点两岸均有大量鱼死亡。易某遂将 A 养殖场经营者以及 B 养殖场经营者起诉至法院，要求两个养殖场经营者对其损失承担连带责任。庭审时，两个养殖场经营者均未举证其污染行为与损害后果无关，也未举证其排污行为不足以导致全部损害发生。[1]

问：

1. A 养殖场和 B 养殖场排污的行为属于共同侵权、共同危险行为还是分别实施充足原因的侵权？

2. A 养殖场和 B 养殖场应当如何承担侵权责任？

---

〔1〕 改编自 https：//wenshu. court. gov. cn/website/wenshu/181217BMTKHNT2W0/index. html？s8 = 03&pageId = 0. 5594145518335389，2021 年 5 月 28 日访问。

基本理论

一、分别实施充足原因侵权的概念

分别实施充足原因侵权，也称为无意思联络的数人侵权，是指数个行为人事先既没有共同的意思联络，也没有共同过失，只是由于行为的客观上的联系，而共同造成同一个损害结果，且每个行为人的行为均足以造成全部损害。

二、分别实施充足原因侵权的构成要件

（一）须是二人以上分别实施侵权行为

行为主体须是二人以上，每个人的行为都必须符合一般侵权的构成要件，构成侵权行为。相比于共同侵权，分别实施充足原因侵权要求数个侵权行为之间相互独立，实施侵权行为的数个行为人之间不具有主观上的关联性，各个侵权行为都是相互独立的。每个行为人在实施侵权行为之前以及实施侵权行为的过程中，与其他行为人没有意思联络，也没有认识到还有其他人在实施类似的侵权行为。如果行为人主观具有关联性，存在共同故意或者共同过失，应当适用共同侵权的规定。

（二）造成同一损害后果

"同一损害"指数个侵权行为所造成的损害的性质是相同的，都是同一身体部位或者同一财产损失，且难以区分，否则就不构成"同一损害"。如果不是同一损害就可以区分各自所造成的损害，每个侵权人就其个人所造成之损害承担责任。如甲的侵权行为造成了丙的左腿受伤，乙的侵权行为也造成了丙左腿受伤，则构成"同一损害"。如果甲的侵权行为造成了丙的左腿受伤，乙的侵权行为造成了丙的手机损毁，那么，甲、乙两人的侵权行为造成的就不是同一损害，而是不同损害，应当按照侵权行为与损害后果的因果关系以及各自过错大小来承担责任。

相比于共同侵权，分别实施充足原因侵权强调损害的同一性、充分性，而共同侵权制度中，即便每个侵权行为所造成的损害后果不同，只要数个行为人主观上具有关联性，同样构成共同侵权，由数个行为人对受害人的全部损失承担连带责任。

（三）每个人的侵权行为都足以造成全部损害

分别实施充足原因侵权中的"足以"并不是指每个侵权行为都实际上造成了全部损害，而是指无论是否有其他侵权行为的存在，独立的单个侵权行为也有可能造成全部损害。对"全部损害"的理解是对受侵害对象某种功能而言的，并不追求完全相同的后果。如甲、乙两个人分别从不同方向向同一房屋放火，将该房屋烧毁，根据两个方向的火势判断，如果不存在另一把火，每把火都有可能将整栋房屋烧毁，但事实上两把火共同作用烧毁了该房屋，所以只能说每把火都"足以"烧毁整栋房屋。对侵害对象而言，一把火与两把火对整栋房屋的使用功能损害的程度是相同的，在评价火灾

对房屋使用功能或价值功能的影响上，其每个单独的行为都足以造成全部损害，但如果只有一把火，造成房屋烧毁的客观现状不会与两把火共同造成的现状一模一样。再如，甲、乙二人分别开枪射杀丁某，甲开枪击中了丁某头部，乙开枪击中了丁某的心脏，从被侵害客体功能来看，每个人单独的行为对剥夺丁某生命都足以构成全部损害。但从丁某的遗体来看，一个人开枪只会对其身体局部造成伤害，无法同时造成两处枪伤，其损害结果显然不同，所以在判断"同一损害"时，要结合被侵害对象的特定功能来予以考量。

引例解析

本案中，易某已经提供 A 养殖场和 B 养殖场存在污染行为、自己的养殖场存在损害后果、污染行为与损害后果之间可能存在因果关系的初步证据。按照举证责任的分配规则，A 养殖场和 B 养殖场应当就法律规定的不承担责任或者减轻责任的情形，以及行为与损害之间不存在因果关系承担举证责任。由于 A 养殖场和 B 养殖场均未能提供充分有效的证据，证明其污染行为与损害之间不存在因果关系且具有法律规定的不承担责任的情形，因此，应当依法认定 A 养殖场和 B 养殖场分别实施了污染行为，且分别实施的污染行为都足以造成易某财产的损害，A 养殖场和 B 养殖场对于易某的财产损失应当依法承担连带赔偿责任。所以，A 养殖场和 B 养殖场属于分别实施充足原因的侵权，应当承担连带责任。

相关法律法规

《民法典》第 1171 条、最高人民法院《关于审理环境侵权责任纠纷案件适用法律若干问题的解释》第 3 条。

思考与练习

一、选择题

1. 二人以上分别实施侵权行为造成同一损害，每个人的侵权行为都足以造成全部损害的，行为人承担（   ）。

A. 主要责任

B. 连带责任

C. 按份的责任

D. 平均赔偿责任

2. 关于分别实施充足原因的侵权构成要件，下列说法正确的是（   ）。

A. 二人以上分别实施侵权行为

B. 侵权人之间需有意思联络

C. 每个侵权行为都足以造成全部损害

D. 造成同一损害后果

二、简答题

1. 简述分别实施充足原因的侵权的概念。

2. 简述分别实施充足原因的侵权的构成要件。

学习情境：分别实施充足原因侵权的识别和应用

情境案例

易某与东村村民签订池塘承包合同，约定由易某承包东村的 A 池塘和 B 池塘经营饲养鱼。A 池塘和 B 池塘相邻但不相连。某日刮台风，引起暴雨，易某饲养在 A 池塘和 B 池塘的鱼大量死亡。经县环保局和电力部门调查认定：在 A 池塘和 B 池塘上游有陈某经营的养鸡场，养鸡场污水未做处理，由于暴雨引起污水流入两个池塘；丁某在 B 池塘边私搭电线，由于台风将电线杆刮倒，电线掉进 B 池塘内。由于易某两池塘的饲养鱼大量死亡，易某遂将陈某和丁某起诉至法院，要求两人承担连带责任。庭审时，陈某和丁某均未举证证明污染及漏电与损害后果无关，也未举证证明污水或漏电不足以导致全部损害发生。[1]

训练目的

通过实训，使学生进一步理解分别实施充足原因侵权的构成要件，掌握分别实施充足原因的侵权行为的认定，以及区分共同侵权与分别实施充足原因侵权。

训练方法

1. 选取经典案例，采用模拟法庭的形式进行实践，各方从各自角色出发充分说理、辩论；

2. 老师对模拟法庭各方表现进行总结，对模拟庭审进行复盘，学生之间可以对争议的事实和法律适用再次展开辩论，直至理解分别实施充足原因侵权的理论和实践运用。

3. 阅读相关书籍，深度掌握。

实训步骤

1. 根据案例需要对学生进行分组。

2. 以组为单位，让学生围绕以下几个问题开展讨论，分析案件涉及的法律法规：①对陈某和丁某是否构成侵权进行分析；如果构成侵权，是什么类型的侵权，结合分别实施充足原因的侵权的构成要件分析是否属于分别实施充足原因的侵权。②分别实施充足原因的侵权所承担责任的形式。对以上问题的结论形成书面意见。

3. 各小组派代表发言，阐释本组讨论的意见。如各组意见出现分歧，组织展开

---

〔1〕 改编自 https：//wenshu. court. gov. cn/website/wenshu/181217BMTKHNT2W0/index. html？s8＝03&pageId＝0. 5594145518335389，2021 年 5 月 28 日访问。

辩论。

4. 学生自我评价训练效果。

5. 教师点评、总结训练情况。

任务五　分别实施非充足原因侵权

案例引入

2008 年 8 月 6 日，赵某与 A 公司签订《商品房买卖合同》，约定赵某购买 A 公司开发建设的某大厦中的一套公寓。合同签订后，赵某用首付加按揭的方式向 A 公司支付购房款。2008 年 10 月 8 日，A 公司向赵某交楼。2008 年 12 月 30 日晚上 8 点，该大厦发生火灾，赵某屋内物品被烧毁。消防局调查后认定起火原因为：武某燃放的烟花落在该大厦 11 层室外平台上，引燃铺设在平台上的塑料草坪，造成墙体外表面装饰保温材料燃烧。由于该大厦外墙保温采用了可燃材料，起火后火势迅速蔓延，消防局据此出具了《火灾事故认定书》。事后，消防局委托了专业检测机构对大厦材料进行鉴定，鉴定结果为：该大厦使用的绝热材料以及塑料草坪均不合格。[1]

问：

1. 本案的侵权人有哪些?

2. 各侵权人应当如何承担侵权责任?

基本理论

一、分别实施非充足原因侵权的含义及法律规定

分别实施非充足原因侵权，指二人以上分别实施侵权行为造成同一损害，且每个侵权行为都不能单独的造成被侵权人的损失，而必须是这些行为共同作用才能造成最终的结果。

我国在《民法通则》（已失效）中并没有分别侵权的相关规定，最高人民法院《关于审理人身损害赔偿案件适用法律若干问题的解释》（已被修改）中对此作了明确规定。该解释第 3 条第 2 款（已失效）规定："二人以上没有共同故意或者共同过失，但其分别实施的数个行为间接结合发生同一损害后果的，应当根据过失大小或者原因力比例各自承担相应的赔偿责任。"《侵权责任法》（已失效）在立法时吸纳了分别实施非充足原因侵权的规定，在第 12 条规定："二人以上分别实施侵权行为造成同一损害，能够确定责任大小的，各自承担相应的责任；难以确定责任大小的，平均承担赔偿责任。"《民法典》第 1172 条基本沿用了《侵权责任法》（已失效）的该条规定，只是将其"平均承担赔偿责任"修改为了"平均承担责任"。

---

〔1〕 改编自 https://wenshu.court.gov.cn/website/wenshu/181107ANFZ0BXSK4/index.html? docId = 4bee20bc71b7445aae50a9b50111ea1c，2021 年 5 月 28 日访问。

二、分别实施非充足原因侵权的构成要件

（一）须是二人以上分别实施侵权行为

这一要件与分别实施充足原因侵权中"二人以上分别实施侵权行为"的含义相同，要求数个侵权行为相互之间是独立的，不存在应当适用《民法典》第 1168 条共同侵权规定的情形。

（二）造成同一损害后果

这一要件与分别实施充足原因侵权中"造成同一损害"的含义也是一样的，如果数个侵权行为造成的损害后果不同，可以明显区分，则应当适用单独侵权或共同侵权的规定。

（三）每个侵权行为都符合独立的侵权责任构成要件

每个侵权行为都满足独立的侵权责任构成，都与损害后果具有关联，但每个侵权行为都不足以造成全部损害后果。

（四）每个单独的行为都不足以导致全部损害结果发生

每个侵权行为都不能单独的造成被侵权人的损失，而必须是这些行为共同作用才能造成最终的结果。

三、承担责任的形式

分别实施非充足原因侵权承担责任的形式是按份承担责任，份额确定的方式为：能够确定责任大小的，各自承担相应责任；难以确定责任大小的，平均承担责任。

所以该侵权类型承担责任的形式有两种：

1. 能够确定责任大小。虽然数个侵权行为结合造成了同一损害，如果能在案件中判断出各个侵权行为对损害后果的形成所占原因力的比例，就可以确定责任份额的比例。原因力是指侵权行为对损害结果的发生所起的作用力。判断原因力，要综合各个行为人的过错程度、各个侵权行为对损害后果作用力大小和因果关系的紧密程度以及公平原则等因素来判定。

2. 难以确定责任大小。对不能判定原因力大小的案件，就无法确定每个侵权行为应承担的责任份额的比例，在此种情况下，推定所有人的责任相同。

▓ 引例解析

本案中，消防局针对大厦火灾作出的《火灾事故认定书》显示："该大厦起火原因为武某燃放的烟花落至 11 层室外平台上，引燃铺设在平台上的塑料草坪，造成墙体外表面装饰保温材料燃烧。火灾成因为：由于该大厦外墙保温采用了可燃材料，起火后火势迅速蔓延，形成立体燃烧。"火灾发生后，经检测机构检测，大厦的隔热材料及塑

料草坪不合格。A 公司为塑料草坪的铺设者和外墙保温材料的建造安装者，上述两种非阻燃材料的使用系起火点在该大厦引燃、蔓延并最终酿成重大火灾事故的主要原因。

结合上述事实，可判定 A 公司对此次火灾应当承担责任。

1. A 公司存在过错。

（1）该大厦邻近居民区，节日期间经常有居民燃放烟花，A 公司铺设的易燃塑料草坪明显存在消防安全隐患。按一般人认知的生活常识，应当预见遵从民俗的居民燃放烟花爆竹可能会引燃易燃塑料草坪，但 A 公司未对上述易燃物采取相应的消除隐患措施，直接导致火灾发生，显然主观上具有过错。

（2）A 公司作为塑料草坪的铺设者和外墙保温材料的建造安装者，确保建筑物消防安全是建设单位的法定义务，消防验收合格，并不意味着免除因消防安全事故致损所产生的民事侵权责任。

2. A 公司的行为与赵某损害后果之间有因果关系。赵某作为购房人正常使用所购房产，并无过错，卖房人 A 公司因该大厦建筑材料防火缺陷和不当铺设引燃物等过错，直接导致火势蔓延成灾，造成赵某财产损失，A 公司过错与赵某损失之间存在因果关系。

3. 赵某的损害后果已经产生。赵某的屋内物品已经被烧毁，其财产受到损害是客观事实。

综上，侵权人 A 公司、武某没有共同故意或者共同过失，而是各方在不同时期的数个行为密切结合致使火灾发生，进而造成赵某的损失。《民法典》第 1172 条规定："二人以上分别实施侵权行为造成同一损害，能够确定责任大小的，各自承担相应的责任；难以确定责任大小的，平均承担责任。"现可以确认 A 公司使用不合格材料是造成火灾的主要原因，而武某燃放烟火的行为是次要原因，所以 A 公司应对赵某损失承担主要责任，武某对赵某损失承担次要责任。

相关法律法规

《侵权责任法》（已失效）第 12 条、《民法典》第 1172 条。

思考与练习

一、选择题

1. 二人以上分别实施侵权行为造成同一损害，能够确定责任大小的，如何承担责任（   ）。

A. 各自承担相应责任

B. 平均承担责任

C. 连带责任

D. 单独责任

2. 关于分别实施非充足原因的侵权构成要件下列说法正确的是（   ）。

A. 二人以上分别实施侵权行为

B. 侵权人之间需有意思联络

C. 每个侵权行为都足以造成全部损害

D. 造成同一损害后果

二、简答题

1. 简述分别实施非充足原因的侵权的概念。

2. 简述分别实施非充足原因的侵权的构成要件。

学习情境：分别实施非充足原因侵权构成要件的识别和应用

情境案例

A 房地产公司于 2006 年 8 月份开始开发建设某楼盘。A 房地产公司与 B 电梯公司于 2006 年 11 月份签订《电梯采购合同》，由 A 房地产公司向 B 电梯公司购买电梯，并由 B 电梯公司负责安装。2009 年 3 月 14 日，经省特种设备监督检验所验收检验，电梯运行噪声值符合要求。该楼盘于 2009 年 1 月 21 日通过竣工验收，于 2009 年 9 月 7 日通过竣工环保验收。刘某某于 2009 年 11 月份向 A 房地产公司购买涉案房屋，于 2012 年年底入住。A 房地产公司与 C 物业公司于 2010 年 9 月 16 日签订《前期物业服务合同》，由 C 物业公司对涉案房屋所在小区提供前期物业服务，该服务包括对电梯的对外维保人员进行跟踪监理、确保电梯正常运行、按规定时间进行电梯年检等。省特种设备检验研究院受 C 物业公司的委托分别于 2015 年 1 月 14 日、2016 年 1 月 18 日、2016 年 12 月 21 日对涉案电梯进行定期检验，检验结论均为合格。C 物业公司与 B 电梯公司签订《电梯保养服务合同》，约定自 2017 年 1 月 1 日至 2019 年 12 月 31 日止，C 物业公司委托 B 电梯公司对涉案电梯进行定期的维护、保养以及维修。

刘某某入住后认为涉案电梯在运行时会产生噪声污染，严重影响其正常生活和工作，为此曾向 A 房地产公司及 C 物业公司反映。C 物业公司于 2016 年 11 月委托 B 电梯公司对涉案电梯更换接触器，并支付了更换费用 847 元，于 2017 年 10 月委托第三方施工单位对涉案电梯进行改造，产生施工费用 2200 元，但未见成效。案件起诉到法院后，法院指定鉴定机构对涉案电梯噪音进行鉴定，并出具《司法鉴定意见书》，结论是在刘某某房间内测试的电梯噪音超过标准要求。[1]

训练目的

通过实训，使学生进一步理解分别实施非充足原因的侵权行为的构成要件，掌握分别实施非充足原因的侵权行为的认定。

---

〔1〕 改编自 https://wenshu.court.gov.cn/website/wenshu/181107ANFZ0BXSK4/index.html? docId = 4d2f4598 2aea413fbca0ab03008ffd6e，2021 年 5 月 28 日访问。

▨▨▨ **训练方法**

1. 案例讨论。通过典型案例的分析、讨论,学生之间可以对争议的事实和法律适用展开辩论,老师进行点评。

2. 阅读相关书籍,深度掌握分别实施非充足原因侵权的理论和构成要件。

▨▨▨ **实训步骤**

1. 根据案例需要对学生进行分组。

2. 以组为单位,让学生围绕以下几个问题开展讨论,分析案件涉及的法律法规:①对 A 房地产公司、B 电梯公司、C 物业公司是否构成侵权进行分析;②如果构成侵权,属于什么类型的侵权;③结合分别实施非充足原因的侵权的构成要件分析本案是否属于分别实施非充足原因的侵权;④分别实施非充足原因的侵权所承担责任的形式。对以上问题的结论形成书面意见。

3. 各小组派代表发言,阐释本组讨论的意见。如各组意见出现分歧,组织展开辩论。

4. 学生自我评价训练效果。

5. 教师点评、总结训练情况。

▨▨▨ **拓展阅读**

[1] [罗马] 查士丁尼:《法学总论——法学阶梯》,张企泰译,商务印书馆 1989 年版。

[2] 罗结珍译:《法国民法典》,法律出版社 2005 年版。

[3] 杨会:《数人侵权责任研究》,北京大学出版社 2014 年版。

[4] 王家福主编:《中国民法学·民法债权》,法律出版社 1991 年版。

[5] 程啸:"论意思联络作为共同侵权行为构成要件的意义",载《法学家》2003 年第 4 期。

项目四　侵权责任免除、减轻的情形及惩罚性赔偿的特殊规定

▨▨▨ **知识目标**

1. 理解并掌握侵权责任免除、减轻的情形。

2. 理解并掌握惩罚性赔偿的适用。

▨▨▨ **能力目标**

1. 能够准确判定何种情形可以免除、减轻侵权人的侵权责任;

2. 能够掌握判断适用惩罚性赔偿的情形。

任务一　侵权责任免除、减轻的情形

案例引入

案例一： A工厂实行封闭式管理，四周围墙高2米，员工平日休息时间不得私自外出，如有急事外出，需要向领导书面申请。某天，李某上班时间接到女朋友电话约其中午见面吃饭。邻近中午时，李某向车间主管谎称上厕所，借机翻墙出去见女友，打算吃完午饭后，再偷偷回去公司上班。李某饭后翻墙偷回公司的时候，双手没有抓牢墙头，从高空摔落地面，导致左胳膊骨折。

问：

1. A工厂是否承担侵权责任？为什么？

2. 李某遭受的损害如何处理？

案例二： 2018年，A公司与李某签订《玉石加工劳务外包合同》，将三个车间的玉石加工任务交由李某承包，并安排李某在A公司车间工作，双方约定，李某聘用的人员进入公司，必须严格遵守公司的规章制度。A公司按照合同规定的标准和支付方式及时支付李某劳务费用，结算时有权要求李某开具增值税普通发票；李某负责选招身体健康、遵纪守法的员工，负责员工的安全培训教育工作，负责给员工购买人身意外保险，李某的员工在A公司工作时出现任何事故与A公司无关。合同签订后，李某组织员工进行生产。2018年11月14日22时许，李某雇佣的张某与一起干活的王某发生争执，在王某对张某殴打过程中致张某倒地右手骨折。伤愈后，张某以A公司、李某、王某侵权为由诉至法院。[1]

问：

1. A公司是否需要承担侵权责任？

2. 李某是否要承担侵权责任责任？

案例三： 张三是某职业足球队的职业球员，在参加职业联赛的一场比赛时，为了阻挡对方球员李四的进攻，奋起铲球，铲断球的同时导致李四左腿骨折，通过观看比赛录像判断，张三并非故意将李四铲伤。

问：

1. 张三是否应当对李四的受伤承担侵权责任？

2. 如果张三借铲球机会，故意铲伤李四，张三是否应当承担责任？

案例四： 张三与李四系邻居，双方曾因李四家建房产生矛盾，后经调解解决。2017年8月6日晚8时许，李四的女婿王五驾车与赵某来到张三家北门口，准备质问张三。下车后，王五与赵某敲张三家北门，张三因不认识王五和赵某，遂询问二人有

---

〔1〕 改编自 https：//wenshu. court. gov. cn/website/wenshu/181107ANFZ0BXSK4/index. html？docId＝cf877f9a48694bcfa9deabe801833dee，2021年5月28日访问。

什么事，但王五等始终未表明身份，张三拒绝开门。王五、赵某踹开纱门，闯入张三家过道屋。张三被突然开启的纱门打伤右脸，从过道屋西侧橱柜上拿起一铁质摩托车减震器，与王五、赵某厮打。张三用摩托车减震器先后将王五和赵某头部打伤，致赵某轻伤一级、王五轻微伤。其间，张三的妻子电话报警。[1]

问：

1. 张三对赵某、王五造成的人身损害后果是否承担责任？

2. 赵某、王五对张三财产（纱门）造成的损害是否承担责任？

3. 如果赵某、王五被张三赶出门外，停止打架，自行准备离开时，张三再次用减震器对其二人殴打，并造成进一步损害，张三是否属于自助行为？

案例五： 张三和李四是好友，某日两人饮酒过多发生争吵，继而互殴，最终导致李四受伤，李四治伤住院期间共计花费人民币 10 000 元，并未造成伤残，为此，李四将张三诉至法院，要求张三支付医疗费 10 000 元。

问：

1. 张三与李四互殴导致李四受伤，是否应当对李四受伤承担侵权责任？

2. 张三应当如何承担责任？

3. 如果张三也被李四打伤，产生治疗费 5000 元，张三应当如何主张？

案例六： 2019 年 9 月 5 日，邓某在县城东边沟钓鱼时，因鱼竿触及上方高压电缆导致其触电受伤，后经入院抢救，治愈出院后，邓某将某电力局起诉至法院，要求电力局赔偿。庭审中，邓某与电力局共同指定某司法鉴定机构对邓某进行伤残鉴定，鉴定结果为五级伤残。

问：

1. 电力局是否应当承担侵权赔偿责任？

2. 电力局对邓某的侵权诉讼有无抗辩理由？

基本理论

侵权责任的免除或减轻是指如果行为人能够证明有依法律规定不应承担责任或者可以减轻责任的特定事由，应当免除行为人的侵权责任或者减轻其侵权责任，主要包括以下侵权责任免除或减轻的情形：

一、受害人故意

《民法典》第 1174 条规定："损害是因受害人故意造成的，行为人不承担责任。"受害人故意造成损害，是指受害人明知自己的行为会发生损害自己的后果，而希望或者放任此种结果的发生。如果受害人故意造成自己损害而让他人承担责任，有违公平。

受害人故意导致损害发生有两种情形，一种是受害人之损害完全由其故意行为导

---

[1] 自编案例。

致，即受害人故意的行为是其损害发生的唯一原因，这种情况下行为人免除责任。例如：乙偷偷到甲的鱼塘用电捕鱼，他清楚这种行为对自己生命健康具有危险性，乙在偷鱼时被电死，甲作为鱼塘老板无需承担责任。另一种是，受害人之损害是由受害人故意和加害人故意共同导致的，加害人不能免除责任，但可以减轻责任。例如：乙偷偷到甲的鱼塘用电捕鱼，他清楚这种行为对自己生命健康具有危险性，甲发现乙偷偷电鱼便用竹竿打受害人，受害人反抗时导致电瓶漏电被电死，此时甲只能减轻责任而不能免责。

二、第三人过错

《民法典》第 1175 条规定："损害是因第三人造成的，第三人应当承担侵权责任。"第三人的过错包括故意和过失。第三人的过错分为两种类型：第一类为损害发生完全由第三人的过错导致，此时责任由第三人全部承担；第二类为对于损害的发生，第三人的过错是部分原因，此时行为人可以减轻责任。第二类又分为两种情况，第一种情况是与行为人构成分别实施充足原因侵权，第二种情况是与行为人构成分别实施非充足原因侵权，这两种情况下行为人与第三人承担责任的方式也有所不同，详见本书之前内容。

第三人侵权的法律特征如下：

1. 责任主体是一般侵权关系的侵权人和被侵权人之外的人。第三人是过错的主体，造成损害的过错不属于加害人和受害人的任何一方。

2. 第三人的行为与侵权人的侵权行为不构成共同侵权。

3. 在责任后果上是免除或者减轻加害人责任。

例如，某公交车司机在驾驶公交车时，车上一乘客丁某突然上前抢夺其方向盘，致使车辆翻入河中，导致车上两名乘客受伤，丁某应当就其过错行为承担责任，公交车公司可以免除责任。

再如，甲驾驶摩托车在路上行驶，乙超速驾驶汽车与甲相向而行。甲在路的拐弯处突然发现丙违规停放在路边的汽车，为了躲避路边停放的汽车，甲急忙向左避让转到了对面车道，与乙驾驶的汽车迎面相撞，导致甲受伤。乙超速驾驶车辆的行为与丙违规停放车辆的行为共同导致了甲的受伤，由于第三人丙有过错，乙对甲的损害责任的承担可以减轻。

三、自甘风险

自甘风险是指"被害人原可以预见损害之发生而又自愿冒损害发生之危险，而损害结果真不幸发生"。[1]

---

〔1〕 曾世雄：《损害赔偿法原理》，中国政法大学出版社 2001 年版，第 261 页。

此前《民法通则》（已失效）、《侵权责任法》（已失效）均未对自甘风险制度加以规定，《民法典》第 1176 条增加了自甘风险的法律规定，明确了："自愿参加具有一定风险的文体活动，因其他参加者的行为受到损害的，受害人不得请求其他参加者承担侵权责任；但是，其他参加者对损害的发生有故意或者重大过失的除外。活动组织者的责任适用本法第 1198 条至第 1201 条的规定。"

首先，自甘风险仅适用于文体活动，而非所有活动；其次，该类文体活动具有普通人可以意识到的潜在风险；最后，参加人意识到此类文体活动的潜在风险，受害人的行为表明其自愿参加该文体活动。

自甘风险构成要件为：

1. 受害人参加的是具有一定风险的文体活动。受害人需是在参加文体活动中受到伤害，而非所有社会活动。

2. 受害人明知或可以预见其所参加的文体活动有一定风险。受害人参加文体活动前是知晓该活动的风险的。如果参加者不知道或不能预见该活动的风险，就无从谈论甘愿承担风险的问题，所以也就不构成自甘风险。此处对可以预见的判断标准应当结合每个参加人的个人认知，不能机械地要求达到一般人的普遍认知，例如参加足球比赛，参加者都是职业运动员，根据其认知，完全可以预见该项体育活动存在一定的身体损害的风险。

3. 受害人自愿参加。受害人出于自己的意愿参加，而不是被强迫、胁迫、欺骗而参加，也对潜在的风险自愿承受。

4. 不存在《民法典》第 1176 条所规定的例外情形。如果其他参加人对损害的发生有故意或者重大过失，不适用自甘风险之规定，侵害人此时需要承担侵权责任。

自甘风险免除的是其他参加者的责任，不免除活动组织者的责任，这里要予以说明。

四、自助行为

自助行为是指权利人为保护自己的权利，在情势紧迫而又不能及时请求国家机关予以救助的情形下，对他人的财产或人身施加扣押、约束或其他措施，而为法律或社会公德所认可的行为。[1]

根据《民法典》第 1177 条规定，构成自助行为需要满足以下条件：

1. 须是自身合法权益遭受不法侵害。遭受侵害的须是合法权益，而非非法权益。例如，甲在乙开设的赌场里面赌钱，输钱后甲方无钱支付，乙便扣留甲的手机和身份证。这时甲的行为就不是自助行为，因为赌债并非合法债务，属于非法权益。

2. 遭受不法侵害具备情事紧迫且无法及时请求国家机关保护，不立即采取措施将

---

[1] 王利明、杨立新编著：《侵权行为法》，法律出版社 1996 年版，第 85 页。

使其合法权益受到难以弥补的损害的条件。

首先，须满足公权力无法及时救济的条件。公权力救济是原则，自助行为属于自力救济，是公权力救济缺位的补充，因此应当有严格的适用条件，防止自力救济的滥用，避免以暴制暴的行为成为普遍现象。其次，被害人应对不法行为的发生具有紧迫性，若不采取自助行为会导致自己的合法权益受到难以弥补的损害。例如，甲到乙的饭店内吃饭，甲吃完饭后未付款便想离开，乙扣留其钱包不让其离开，此时乙的行为符合自助行为的紧迫性要件，因为甲一旦离开，乙很难再找到甲，并要求其支付餐费。

3. 不得超过必要限度。是否属于必要限度应当结合自助行为的目的来理解，如果是扣押他人财产，应足以保护债权人的权益为限。如果超出必要限度，行为人应当承担责任。如在承揽加工纠纷中，甲为乙加工 10 张桌子，乙方没有按约定支付剩余的 5% 款项，甲以此为由扣留了全部桌子不交付给乙，导致乙的饭店没有按时开张，给乙造成很大损失，此情况下，甲的行为就超出了必要限度，应当承担相应的责任。

五、正当防卫

正当防卫是指行为人为了保护社会公共利益、自身或者他人的合法权益免受正在进行的紧迫侵害，针对这一非法侵害采取必要措施，在必要限度内采取的防卫措施。

《民法通则》（已失效）第 128 条规定："因正当防卫造成损害的，不承担民事责任。正当防卫超过必要的限度，造成不应有的损害的，应当承担适当的民事责任。"《侵权责任法》（已失效）第 30 条规定："因正当防卫造成损害的，不承担责任。正当防卫超过必要的限度，造成不应有的损害的，正当防卫人应当承担适当的责任。"《民法典》综合各方意见后，沿用了《民法总则》的规定，《民法典》第 181 条规定："因正当防卫造成损害的，不承担民事责任。正当防卫超过必要的限度，造成不应有的损害的，正当防卫人应当承担适当的民事责任。"

通常而言，正当防卫的构成要件有：

1. 必须有侵害事实存在。防卫的前提是有侵害存在，侵害在先，防卫在后。

2. 侵害正在进行且有紧迫性。正当防卫要求防卫的是正在发生的侵害，如果侵害尚未发生或者侵害已经结束，此时就不符合正当防卫的要求，而且该侵害需要有紧迫性，如果不及时实施防卫行为，就会造成更大损害。

3. 防卫不能超过必要的限度。必要限度是指防卫的行为达到足以有效制止侵害的程度即可，如果超出该必要限度，就构成防卫过当，行为人就应承担民事责任。

六、紧急避险

紧急避险是指为了社会公共利益、自身或者他人的合法利益免受更大的损害，在不得已的情况下采取的造成他人少量损失的紧急措施。

《民法通则》（已失效）第 129 条规定："因紧急避险造成损害的，由引起险情发生的人承担民事责任。如果危险是由自然原因引起的，紧急避险人不承担民事责任或者承担适当的民事责任。因紧急避险采取措施不当或者超过必要的限度，造成不应有的损害的，紧急避险人应当承担适当的民事责任。"《侵权责任法》（已失效）第 31 条规定："因紧急避险造成损害的，由引起险情发生的人承担责任。如果危险是由自然原因引起的，紧急避险人不承担责任或者给予适当补偿。紧急避险采取措施不当或者超过必要的限度，造成不应有的损害的，紧急避险人应当承担适当的责任。"《民法典》第182 条规定："因紧急避险造成损害的，由引起险情发生的人承担民事责任。危险由自然原因引起的，紧急避险人不承担民事责任，可以给予适当补偿。紧急避险采取措施不当或者超过必要的限度，造成不应有的损害的，紧急避险人应当承担适当的民事责任。"

通常而言，紧急避险的构成要件有：

1. 须是为了保护社会公共利益、自身或者他人的合法权益免受损害。

2. 须是针对正在发生的危险而采取的紧急避险行为。如果损害尚未发生或者已经结束，则不能采取紧急避险行为。

3. 到来的危险必须有紧急性。如果到来的危险没有紧急性，可以通过其他方式来解决，就不能采取紧急避险行为。

4. 不能超过必要限度。实施紧急避险的行为人应当尽可能地减少损害，保全更大的合法利益。

例如，一个身高 1 米的小孩掉到一个 1.5 米高盛满水的瓷缸里面，旁边的小伙伴无法将其拉出瓷缸，便用石头将瓷缸砸碎救出小伙伴，这便属于紧急避险，因为小孩的生命受到紧迫威胁，不采取砸缸的办法，小孩随时可能溺死。但如果一个 1.5 米的小孩掉到 1 米高盛满水的瓷缸里面，旁边的小伙伴将缸砸碎，这便不属于紧急避险，因为小孩的生命没有受到紧迫的威胁，施救的人有充足的时间采取其他办法将其救出，而无需砸坏瓷缸。

七、过失相抵

过失相抵也称为与有过失，是指由于被侵权人有过失存在，而减轻加害人的赔偿责任。《民法典》第 1173 条规定："被侵权人对同一损害的发生或者扩大有过错的，可以减轻侵权人的责任。"相关法律规定还有第 1175 条和第 1178 条。

被侵权人对于损害的发生或扩大也有过错的，让侵权人承担全部赔偿责任，显然不妥，而应当按照侵权人与被侵权人的过失程度，将损失赔偿责任在双方当事人之间分配，从而减少侵权人的赔偿数额。

1. 过失相抵规则的法律特征。

（1）被侵权人的行为是同一损害发生的原因之一。被侵权人的行为与侵权人的行为共同作用产生了一个损害后果，产生的损害后果及程度，受害人的行为是共同原因之一，如果没有受害人的行为，就不会出现损害后果或者出现的损害后果小于现状。

（2）被侵权人的行为须为不当行为。被侵权人的行为对损害结果的产生或加大起到了积极作用，而非阻止损害结果的产生或者对损害后果的减小起到积极作用。例如：甲侵入乙家中，欲杀害乙，乙发现后用家中物品与之搏斗，最终将甲赶走，在搏斗中，损坏了家中财物，乙是为了避免更大损失的产生而采取的行为，属于紧急避险，并非不当行为，甲就不可以以过失相抵的抗辩理由，减轻自己对乙的人身和财产的侵权责任。

（3）被侵权人的过错必须对于同一损害结果有因果关系。同一损害是指损害结果不可分割，属于一个整体；如果可以分割，与被侵害人过错没有因果关系的损害后果或扩大的损害后果，就不适用过失相抵原则。例如：甲与乙素有间隙。甲的仓库内分开存放 A、B 两堆布匹，乙分别向两堆布匹纵火，当甲发现时，A 堆布匹已经燃烧殆尽，B 堆布匹尚有一大半未被烧毁。甲知道是乙纵火后，故意不将未燃烧的布匹移走，待在现场看所有布匹都烧毁，那么甲的行为对 A 堆布匹损害后果是没有过错的，乙不能对 A 堆布匹的损害以过失相抵理由进行抗辩。但甲没有积极挪开 B 堆尚未燃烧部分的布匹，导致损失扩大，甲的该行为对损失扩大具有过错，乙可以以过失相抵理由进行抗辩。

2. 过失相抵的适用规则。过失相抵在本质上就是被侵权人对于损害的发生或者扩大也有过错，其也应当对损害后果承担相应责任，从而减轻侵权人的责任。

如何确定被侵权人承担的责任比例，应当从被侵权人的过错行为与侵权人的侵权行为对于损害后果的原因力比例大小来判断。原因力大小要综合各个行为人的过错程度、各个侵权行为对损害后果的作用力大小和因果关系的紧密程度以及公平原则等因素来判定。

3. 过失相抵在无过错责任案件中的适用。过失相抵规则适用于过错责任案件，也适用于无过错责任案件。但在无过错责任案件中适用过失相抵规则，应当有法律明确规定。如《民法典》第 1240 条关于高度危险活动致害责任的规定，明确了被侵权人对损害的发生有重大过失的，可以减轻经营者的责任；《民法典》第 1245 条关于饲养动物损害责任的规定，明确了被侵权人故意或者重大过失造成损害，动物饲养人或者管理人可以不承担或者减轻责任。但《民法典》第 1247 条关于禁止饲养的危险动物损害责任，则并未规定免责事由，不可适用过失相抵规则。

引例解析

案例一： 1. 本案中，A 工厂不需要承担侵权责任。李某受伤与 A 工厂的管理、安全生产等义务无关，李某受伤是其自己造成的。A 工厂作为管理人，虽负有厂区内安全注意责任以及安全生产责任，但义务的确定应限于其管理和控制能力范围之内。A 工厂已经明确了工人外出的流程，李某作为具有完全民事行为能力的成年人，应当充分预见攀爬高墙的危险性，其在明知或应知翻越高墙有可能受伤的情况下，仍然私自攀爬导致了损害后果的发生，A 工厂根据《民法典》第 1174 条规定，无需承担责任。

2. 李某受伤是由李某自己行为导致的，所以李某受伤的损害后果应由李某自己承担。

案例二：本案中，A 公司与李某签订《玉石加工劳务外包合同》，将玉石加工工作承包给李某，双方之间形成了承揽合同关系。李某雇佣张某从事玉石加工工作，双方之间形成了雇佣关系。张某与 A 公司之间既无法认定为形成了劳动关系，也无法认定为形成了雇佣关系。本案中，张某的受伤是由王某行为所致，并非因劳务活动形成的伤害，与其所从事的劳务没有因果关系。作为接受劳务一方的李某，无法预见王某对张某的伤害行为的发生，李某对张某的受伤没有过错，不应对张某的损害后果承担赔偿责任。张某与 A 公司没有任何法律意义上的利害关系，A 公司对张某的受伤也不应承担赔偿责任。因此，张某要求 A 公司和李某承担侵权赔偿责任没有事实和法律依据。

案例三：1. 张三不需要承担侵权责任。李四作为一名职业足球运动员，应当清楚足球运动具有群体性、对抗性和人身危险性，出现人身受伤事件属于正常现象，每个参与人都是危险的潜在制造者，也处于危险当中。行为人张三不违反运动规则，不存在过失，根据《民法典》第 1176 条不属于侵权行为，不需要承担侵权责任。

2. 若张三故意踢伤李四就应当承担侵权责任。张三作为参与人，违反足球运动规则，故意铲伤李四，对李四造成身体损害的后果，其对损害后果的产生有过错，根据《民法典》第 1176 条的规定，张三应当承担侵权责任。

案例四：1. 张三不需要承担侵权责任，张三的行为属于正当防卫。被害人王五、赵某于天黑时，未经允许强行踹开纱门闯入张三家过道屋。在本人和家人的人身、财产安全受到不法侵害威胁的情况下，张三为制止不法侵害，将王五、赵某打伤，致一人轻伤一级、一人轻微伤的行为属于正当防卫。从正当防卫的构成要件分析，首先，王五、赵某已经闯进张三家中进行施暴，符合不法侵害正在发生的要件；其次，张三如果不进行正当防卫，其财产将遭受严重损害，且该损害难以弥补，符合紧迫性的要件；第三，张三只是将王五和张某赶出家门，并没有实施进一步伤害，其阻止自己合法权益被侵害的目的实现，且未超出实现该目的的限度，符合未超过必要限度的要件。综上可知，张三的行为构成正当防卫。

2. 赵某、王五毁坏张三财产（纱门），应当承担侵权赔偿责任，赵某、王五二人实施损坏纱门的行为，具有过错，且已经造成纱门毁坏，二人的侵权行为与纱门毁坏的结果之间存在因果关系，所以二人构成共同侵权。

3. 如果赵某、王五被张三赶出外，停止打架，自行准备离开时，张三再次用减震器对其二人殴打，并造成进一步损害，张三的后续行为便不属于正当防卫，因为张三后续的行为已经超出了必要限度。正当防卫的本意是保护社会公共利益、自身或者他人的合法权益免受侵害，张三将二人赶出家门，已经达到目的，张三继续殴打二人的行为超过了必要限度。

案例五：1. 李四的受伤是由张三的加害行为造成的，以侵权行为的构成要件分析，张三实施了加害行为；张三故意实施加害行为，具有过错；李四的身体受伤，产生了损害后果；李四遭受的损害后果与张三的行为具有因果关系，李四的受伤是由张三的行为造成的，所以张三对李四的受伤构成侵权。

2. 张三应当承担侵权责任，但李四的受伤是与张三互殴导致的，李四对于互殴行为也有过错，根据《民法典》第1173条："被侵权人对同一损害的发生或者扩大有过错的，可以减轻侵权人的责任"，所以，由于李四也有过错，张三对李四的侵权责任可以适当减轻。

3. 如果张三同时被李四打伤，产生治疗费5000元，张三可以向李四提起诉讼，李四承担侵权责任。由于张三自身也有过错，李四对张三的侵权责任可以适当减轻。

案例六：公民的身体权、健康权、生命权受法律保护不受侵害，从事高压活动造成他人损害的，经营者应当承担侵权责任。根据《民法典》第1240条规定"从事高空、高压、地下挖掘活动或者使用高速轨道运输工具造成他人损害的，经营者应当承担侵权责任；但是，能够证明损害是因受害人故意或者不可抗力造成的，不承担责任。被侵权人对损害的发生有重大过失的，可以减轻经营者的责任"。本案中，受害人邓某作为成年人，擅自在高压线下钓鱼，且未尽到自身安全保护义务，导致自身触电受伤，存在重大过失，其行为是损害后果发生的主要原因，故其应承担主要责任，而供电局没有在高压线周围设置警示标志和围蔽设施，未能尽到经营者的管理责任，应承担次要责任。

相关法律法规

《民法典》第1173、1174、1175、1176、1177、1178、1239、1240条。

思考与练习

一、选择题

1. 甲在乙经营的酒店进餐时饮酒过度，离去时拒付餐费。乙不知甲的身份和去向。甲酒醒后回酒店欲取回遗忘的外衣，乙以甲未付餐费为由拒绝交还。对乙的行为应如何定性？（　　）

　　A. 是行使同时履行抗辩权

　　B. 是行使不安抗辩权

　　C. 是自助行为

　　D. 是侵权行为

2. 侵权民事责任中，被告针对原告的诉讼请求有可能提出的事由有（　　）。

　　A. 受害人过错

　　B. 自助行为

C. 紧急避险

D. 正当防卫

3. 甲驾驶机动车正常行驶，路上遇到乙和丙吵架，乙见有车过来，故意将丙推到路中，甲反应不及，将丙撞伤，对丙的侵权责任承担方式，下列说法正确的是（　　）。

A. 甲单独承担责任

B. 甲和乙承担连带责任

C. 乙单独承担责任

D. 甲和乙承担按份责任

4. 小王是一名舞蹈演员，受广州某文化公司的邀请参加该公司举办的跨年晚会。上台跳舞时，舞台倒塌导致小王受伤，经查，舞台是由广州某文化公司委托广州某会展公司搭建的。对小王损害后果的侵权责任承担方式，下列说法正确的是（　　）。

A. 小王属于自甘风险，应自行承担责任

B. 舞台是广州某会展公司搭建的，应由广州某会展公司承担责任

C. 广州某文化公司是活动组织者，未尽到安全注意义务，应由广州某文化公司承担责任

D. 应由广州某会展公司与广州某文化公司承担连带责任

5. 甲是专门以"碰瓷"为业的混混，通过故意引发与车辆相撞来骗取赔偿金。某日，甲见对面来车，便突然跳到路中央，由于车辆驾驶员武某躲避不及，将甲撞成重伤。关于甲的损害应当如何承担责任（　　）。

A. 由武某承担全部责任

B. 由甲与武某按照过错程度按份承担责任

C. 武某不承担责任

D. 武某承担补充责任

6. 下列情况表述正确的是（　　）。

A. 被侵权人对同一损害的发生有过错的，可以免除侵权人责任

B. 被侵权人对同一损害的发生有过错的，可以减轻侵权人责任

C. 被侵权人对同一损害的扩大有过错的，可以减轻侵权人责任

D. 被侵权人有多个损害，被侵权人对其中一个损害的发生有过错的，可以就全部损害减轻侵权人的赔偿责任

7. 武某入住某养老院。2016年9月1日下午3点，武某午休起床，由于养老院房间地板有水，武某滑倒。养老院将武某送至医院抢救，经检查武某右腿骨折，医院告知武某需要做手术，武某拒绝，并私自离开医院，自行回家养伤，致自己病情恶化，再次送医院抢救时，医院只能对其进行截肢。下列选项中哪一项是对本案正确的分析（　　）。

A. 武某对自身损害的发生负有全部责任

B. 养老院应当对武某损害的发生承担全部责任，但对损失扩大的部分不负责任

C. 养老院与李某平均承担责任

D. 养老院应对损害发生负赔偿责任，但因为武某有过错，根据过错相抵原则，可以适当减轻养老院责任

二、简答题

1. 简述自甘风险的法律特征。

2. 简述自甘风险的责任承担方式。

3. 简述第三人过错的构成要件。

4. 简述自助行为的构成要件。

5. 简述过失相抵的法律特征。

6. 简述过失相抵的适用规则。

学习情境：掌握侵权责任免除的情形和应用

情境案例

案例一： 2018 年 6 月 1 日上午 9 时，张三驾驶私家轿车搭载李四由南向北行驶，行驶到事发路段，为避让由东往西从施工出口上路左转弯的被告王五驾驶的重型自卸货车，向右猛拐而致轿车撞到路边树木，并致其与李四受伤，轿车受损，王五驾车驶离现场。此事故经公安局交警大队调查，无法查明事故成因，事发路段施工标段是由某工程公司承接，施工现场未提供在事故当天交叉路口设置有警示标志的现场照片或影像资料，该公司请王五用他自己车辆拉土方。[1]

案例二： 2018 年 6 月 16 日，A 公司向 B 公司购进高度危险物甲醇 30 吨，并要求 B 公司送货上门。2018 年 7 月 10 日，B 公司委托 C 公司运输甲醇到 A 公司厂区。由于天气过热，A 公司采购经理陈某要求 B 公司押运员武某等气温稍低时再卸料，遂后陈某离开现场。但武某未听从安排，自行连接管道向 A 公司储料罐卸料，武某在卸料开始后，就离开现场。一小时后，陈某散步路过，看到运输甲醇的车辆正在卸料，将甲醇错卸至了甲苯储罐内，随即要求武某停止卸料。后经过鉴定，A 公司遭受的损失达到 10 万元。经调查发现，A 公司在事件过程中，存在错误，违反了《建设项目安全设施"三同时"监督管理办法》（国家安全生产监督管理总局 36 号令公布，2015 年第 77 号令修正）的规定，未对甲醇和甲苯储罐区进行建设项目安全设施"三同时"（同时设计、同时施工、同时投入生产和使用）和安全评价；未对本单位生产工作进行经常性检查，未及时消除生产安全事故隐患，未制定外来承运商的管理制度，缺乏对于承运商资质、运输人员的资质、入厂安全教育等方面的管理的情况。对于 A 公司的损失，A

---

〔1〕 改编自 https://wenshu.court.gov.cn/website/wenshu/181107ANFZ0BXSK4/index.html? docId = 6a2a6328 dcc144a485e419b386adf5b3，2021 年 5 月 28 日访问。

公司应当如何主张，B 公司与 C 公司有没有责任及抗辩理由。[1]

▎ 训练目的

通过实训，使学生进一步理解侵权免责、减轻的类型，掌握侵权免责、减轻的认定及责任承担方式。能够结合实际案例，准确运用相应侵权免责、减轻理由进行抗辩。

▎ 训练方法

1. 案例讨论。通过典型案例的分析、讨论，学生之间可以对争议的事实和法律适用展开辩论，老师进行点评。

2. 阅读相关书籍，深度掌握。

▎ 实训步骤

1. 根据案例需要对学生进行分组。

2. 以组为单位，让学生开展讨论，分析案件涉及的法律法规，对案件是否涉及免责、减轻事由，以及涉及何种免责、减轻事由进行深度思考。以上问题的结论形成书面意见。

3. 各小组派代表发言，阐释本组讨论的意见。如各组意见出现分歧，组织展开辩论。

4. 学生自我评价训练效果。

5. 教师点评、总结训练情况。

任务二　惩罚性赔偿的特殊规定

▎ 案例引入

2013 年 6 月 17 日，殷某向某超市有限公司（以下简称超市）支付 251 元，购买某品牌阿胶糕一盒，食品外包装载明的生产日期为 2012 年 8 月 7 日，保质期为 10 个月。购买后殷某发现食品已过保质期，即向该超市要求退货无果，遂向法院起诉，请求该超市退还货款 251 元，10 倍赔偿货款 2510 元，支付交通费 3000 元、精神抚慰金 3000 元。[2]

问：

1. 如何证明殷某是向超市购买的案涉产品？

2. 超市是否应当支付 10 倍赔偿款？

---

〔1〕　改编自 https：//wenshu. court. gov. cn/website/wenshu/181107ANFZ0BXSK4/index. html？docId = c7b05d1a158c49178adeabd10185eb7b，2021 年 5 月 28 日访问。

〔2〕　改编自 https：//wenshu. court. gov. cn/website/wenshu/181107ANFZ0BXSK4/index. html？docId = 5354a71894934230959aa5c52b35c8e1，2021 年 5 月 28 日访问。

基本理论

一、惩罚性赔偿概述

惩罚性赔偿是指侵权人所要承担的损害赔偿数额超过其造成被侵权人实际损害数额，在损失填补后，再加罚一定数额的赔偿金，主要体现对侵权人的惩罚性。

惩罚性赔偿具有多重作用。首先，惩罚性赔偿包含损失填补的作用，对受害人的损失进行补偿性赔偿，但损失填补对维护权益产生的律师费、误工费、名誉损失等并不能"完全"填补，惩罚性赔偿却可以支持受害人的此类主张。其次，惩罚性赔偿具有阻却功能。不法行为人实施不法行为的动机往往在于追求高额回报，如果违法的成本远远高于不法行为带来的获益，不法行为人便不会产生实施不法行为的动机，从而达到阻却不法行为的目的。实践中，通过判处高额的惩罚性赔偿，确实可以阻却侵权人与第三人实施可以触发惩罚性赔偿的不法行为。最后，惩罚性赔偿具有惩罚的功能，惩罚性是相对于侵权人而言的，对于法定的损害行为，通过惩罚性赔偿的方式，对行为进行负面评价，主要目的是对侵权人惩罚，其并非侧重于对受害人损失的救济。

二、惩罚性赔偿在我国的适用

我国的惩罚性赔偿制度起初出现在消费者权益保护领域。1993 年《消费者权益保护法》第 49 条（2013 年《消费者权益保护法》第 55 条）明确规定："经营者提供商品或者服务有欺诈行为的，应当按照消费者的要求增加赔偿其受到的损失，增加赔偿的金额为消费者购买商品的价款或者接受服务的费用的 3 倍；增加赔偿的金额不足 500 元的，为 500 元。法律另有规定的，依照其规定。经营者明知商品或者服务存在缺陷，仍然向消费者提供，造成消费者或者其他受害人死亡或者健康严重损害的，受害人有权要求经营者依照本法第 49 条、第 51 条等法律规定赔偿损失，并有权要求所受损失 2 倍以下的惩罚性赔偿。"《食品安全法》在第 148 条第 2 款规定："生产不符合食品安全标准的食品或者经营明知是不符合食品安全标准的食品，消费者除要求赔偿损失外，还可以向生产者或者经营者要求支付价款 10 倍或者损失 3 倍的赔偿金；增加赔偿的金额不足 1000 元的，为 1000 元。但是，食品的标签、说明书存在不影响食品安全且不会对消费者造成误导的瑕疵的除外。"《侵权责任法》（已失效）第 47 条规定："明知产品存在缺陷仍然生产、销售，造成他人死亡或者健康严重损害的，被侵权人有权请求相应的惩罚性赔偿。"《民法典》第 1185 条规定："故意侵害他人知识产权，情节严重的，被侵权人有权请求相应的惩罚性赔偿。"《民法典》第 1207 条规定："明知产品存在缺陷仍然生产、销售，或者没有依据前条规定采取有效补救措施，造成他人死亡或者健康严重损害的，被侵权人有权请求相应的惩罚性赔偿。"《民法典》第 1232 条规定："侵权人违反法律规定故意污染环境、破坏生态造成严重后果的，被侵权人有权请求相应的惩罚性赔偿。"

通过上述我国的立法发展可以看出，惩罚性赔偿的适用范围逐渐扩大，在更多领域加大对故意侵权行为的惩罚力度。

引例解析

殷某在超市购买的阿胶糕已经过了保质期，超市作为阿胶糕的销售者，其应当清楚其销售商品是否在保质期内，也应确保所售商品在保质期，这是销售者的义务。根据《食品安全法》第 148 条第 2 款的规定，殷某有权要求超市退还货款 251 元，10 倍赔偿货款 2510 元，支付交通费 3000 元、精神抚慰金 3000 元。

相关法律法规

《民法典》第 1185 条、《中华人民共和国著作权法》第 54 条、《中华人民共和国专利法》第 71 条、《消费者权益保护法》第 55 条、最高人民法院《关于审理专利纠纷案件适用法律问题的若干规定》第 15 条、《食品安全法》第 148 条、《中华人民共和国商标法》第 63 条

思考与练习

一、选择题

1. 以下何种情况下，适用惩罚性赔偿（　　　）。

A. 经营者提供商品或者服务有欺诈行为，给消费者造成损害的

B. 经营者明知商品存在缺陷，仍然向消费者提供，造成消费者或者其他受害人损害的

C. 经营者明知服务存在缺陷，仍然向消费者提供，造成消费者或者其他受害人损害的

D. 生产不符合食品安全标准的食品，给消费者造成损害的

2. 甲公司是某大型电热水器生产厂家，其生产的某型号热水器在投入市场后出现很多关于漏电的质量投诉，经自查发现其使用的某个批次配件不合格，但没有启动产品召回程序。乙购买了甲公司该型号的热水器，在洗澡时因热水器漏电，被电身亡。下列说法正确的是（　　　）。

A. 乙有权请求甲公司赔偿实际损失

B. 乙有权请求惩罚性赔偿责任

C. 乙疏于检查家里电线漏电问题，本身有过错，应当减轻甲公司的赔偿责任

D. 甲的责任属于过错推定责任

二、简答题

1. 简述惩罚性赔偿的适用情形。

2. 简述惩罚性赔偿的概念。

学习情境：惩罚性赔偿制度的理解和应用

情境案例

2014 年 4 月 17 日，范某在某文物总店（以下简称文物总店）花费 17 100 元购买了一只手镯，该商店向其开具了发票，发票载明的商品为"yqgda-0765 玉镯"，金额为 17 100 元。同月 24 日，范某又到该商店要求换开发票，该商店遂收回原来开的发票，重新为范某开具一张发票，发票载明的商品为"yqgda-0765 翡翠手镯"，该手镯附有经某地质科学研究所鉴定的鉴定证书，证书显示该手镯为"水钙铝榴石手镯"。范某购买后认为该手镯并非翡翠手镯，遂向该商店提出异议。双方协商不成，应该商店要求，双方当事人共同委托某珠宝玉石及贵金属检测中心对手镯进行重新鉴定，鉴定结果为"石榴石质玉手镯"。范某认为文物总店将普通的石榴石手镯冒充翡翠手镯出售，以假充真，对其构成欺诈，遂向法院起诉，请求文物总店向其退还货款 17 100 元，并依法 3 倍赔偿其 51 300 元。[1]

训练目的

通过实训，使学生进一步掌握惩罚性赔偿的立法目的，掌握惩罚性赔偿的构成要件。

训练方法

1. 案例讨论。通过典型案例的分析、讨论，学生之间可以对争议的事实和法律适用展开辩论，老师进行点评。

2. 阅读相关书籍，深度掌握。

实训步骤

1. 根据案例需要对学生进行分组。

2. 以组为单位，让学生开展讨论，分析案件涉及的法律法规，探讨案件是否应当适用惩罚性赔偿，如何适用。对以上问题的结论形成书面意见。

3. 小组派代表对本组意见进行总结发言。如有不同观点，可组织辩论。

4. 学生自我评价训练效果。

5. 教师点评、总结训练情况。

拓展阅读

[1] 陈聪富：《侵权归责原则与损害赔偿》，北京大学出版社 2005 年版。

[2] 王利明："论我国民法典中侵害知识产权惩罚性赔偿的规则"，载《政治与法律》2019 年第 8 期。

---

〔1〕 改编自 https：//wenshu. court. gov. cn/website/wenshu/181107ANFZ0BXSK4/index. html？docId＝b6795a58e89c45f79e87ac3d7e4300c6，2021 年 5 月 28 日访问。

[3] 袁秀挺："知识产权惩罚性赔偿制度的司法适用"，载《知识产权》2015 年第 7 期。

[4] 张鹏："知识产权惩罚性赔偿制度的正当性及基本建构"，载《知识产权》2016 年第 4 期。

[5] 杨立新：《侵权行为法专论》，高等教育出版社 2005 年版。

[6] 王泽鉴：《民法学说与判例研究》（第二册），中国政法大学出版社 1998 年版。

[7] 梅仲协：《民法要义》，中国政法大学出版社 2004 年版。

[8] 程啸："论侵权行为法上的过失相抵制度"，载《清华法学》2005 年第 2 期。

[9] 张新宝：《侵权责任构成要件研究》，法律出版社 2007 年版。

[10] 曾世雄：《损害赔偿法原理》，中国政法大学出版社 2001 年版。

[11] 杨立新：《侵权法论》，人民法院出版社 2013 年版。

[12] 王利明："惩罚性赔偿研究"，载《中国社会科学》2000 年第 4 期。

项目五　侵权责任方式与损害赔偿

知识目标

了解我国侵权责任方式体系，熟悉损害赔偿的适用范围及计算方式。

能力目标

学会正确适用各种侵权责任方式，识别侵权责任请求权人，掌握损害赔偿的适用及计算。

任务一　侵权责任方式

案例引入

案例一：李某于 2007 年 4 月 7 日购买了位于肇庆市某坑某道某号 206 房。黄某于 2007 年 5 月 20 日购买了其楼上的 306 房。黄某装修时对房屋的结构进行了改变，把入门处的房间间墙向客厅移动了 1 米左右，并将原来的卫生间改为两个卫生间，加装了一个蹲厕。黄某于 2007 年 12 月 15 日向物业管理处出具书面的保证，表示如果装修后 3 年内楼下房屋的客厅楼板在其移动的房间间墙范围内出现裂纹的，由其负责维修。2016 年 6 月 8 日，李某发现其房屋的客厅、卫生间的天花板渗水，且在黄某移动的墙体附近的客厅天花板出现较长的裂缝，于是要求黄某修复。黄某于 2016 年 7 月中下旬对其卫生间进行了维修，但李某认为其没有维修好，要求再次进行维修。而黄某认为其卫生间已维修好，现李某卫生间漏水与其无关，因此拒绝再作维修。

李某向法院提起诉讼，要求黄某对其卫生间漏水、客厅楼板出现裂缝造成的损失承担侵权责任。[1]

问：黄某应以何种形式承担侵权责任？

案例二：2018 年 4 月 6 日下午 7 点左右，王某给陈某修完四轮车，陈某邀请王某及吴某等 6 人去食堂吃饭，7 个人喝了 2 瓶白酒，1 箱啤酒。席间，王某称自己有病，医生不让喝酒。陈某为感谢王某帮忙修车，酒宴上有劝酒行为，吴某、张某在酒宴上也有劝酒行为。最终王某喝了不到 1 两白酒、3 碗啤酒。当晚 9 点左右，王某回家睡觉。10 点左右，王某妻子听见王某出气很粗，忙将王某扶起，并喊来公婆及王某的哥哥一起将王某送往医院抢救，到院后值班医生称王某已死亡。[2]

问：如王某的亲属向法院提起诉讼，要求共饮人承担王某死亡的赔偿责任，谁是请求权人？

基本理论

一、侵权责任方式的概念

侵权责任方式，是指侵权人一方依法应当对被侵权人受到的损害承担的不利法律后果的形式。侵权责任方式应当与侵权人所造成的侵害结果或侵害危险相对应，以弥补侵权行为导致的损害结果、消除损害风险为主要目的。

侵权责任方式是由一国法律明确规定的，当事人不得通过协商创设侵权责任方式。即规定侵权责任方式的法律法规为强制性规定。如甲开车时不慎撞伤乙，导致乙伤残，双方协商由乙打残甲一条腿了事，这种解决问题的方式是法律所禁止的。

二、我国侵权责任方式体系

《民法典》第 179 条第 1 款规定："承担民事责任的方式主要有：①停止侵害；②排除妨碍；③消除危险；④返还财产；⑤恢复原状；⑥修理、重作、更换；⑦继续履行；⑧赔偿损失；⑨支付违约金；⑩消除影响、恢复名誉；⑪赔礼道歉。"其中，适用于侵权责任承担的方式有：停止侵害、排除妨碍、消除危险、返还财产、恢复原状、修理、重作、更换、赔偿损失、消除影响、恢复名誉和赔礼道歉。

根据侵权责任方式社会功能的不同，我国的侵权责任方式可以分为两大类：第一类是对被撕裂的社会关系予以修复的方式，即损害发生后对已发生的损失进行弥补的方式，包括返还财产、恢复原状、修理、重作、更换、赔偿损失、消除影响、恢复名誉和赔礼道歉；第二类是对即将发生的损害或有可能扩大的损害进行预防的方式，包括停止侵害、排除妨碍、消除危险。

---

〔1〕 改编自 http：//blog. sina. com. cn/s/blog_ 62629f3c0102zjfm. html，2020 年 8 月 20 日访问。

〔2〕 改编自 https：//www. 360kuai. com/pc/925f28c1f0eddfe49？cota＝4&kuai_ so＝1&tj_ url＝so_ rec&sign＝360_ 57c3bbd1&refer_scene＝so_1，2020 年 8 月 20 日访问。

在侵权责任的范畴理解侵权责任方式：停止侵害是指依被侵权人的请求，判令侵权人停止正在实施的侵权行为；排除妨碍是指依被侵权人的请求，判令侵权人以一定的积极行为，排除对被侵权人正常行使合法权益造成妨碍的侵权行为；消除危险是指依被侵权人的请求，判令侵权人消除对被侵权人造成的危及人身、财产安全的现实威胁；返还财产是指依被侵权人的请求，判令无权占有人无条件返还占有物；恢复原状是指依被侵权人的请求，判令毁损他人财物的侵权人通过修理等手段，使被损坏的财物恢复到被损坏之前的状态；消除影响、恢复名誉是指依被侵权人的请求，判令侵权人在一定范围内消除对被侵权人名誉的不利影响，使其名誉得到恢复；赔礼道歉是指依被侵权人的请求，判令侵权人通过口头或者书面方式向被侵权人道歉，以取得其谅解。[1]

三、侵权责任方式的适用方法

《民法典》第 179 条第 3 款规定："……承担民事责任的方式，可以单独适用，也可以合并适用。"

一般情况下，承担民事责任的方式是单独适用的。如造成人身损害或财产损失，通常以赔偿损失的方式承担侵权责任；非法占有他人财物的，则通常适用返还财产的方式。

特殊情况下，单独适用一种侵权责任方式，不足以救济被侵权人，可以合并适用两种以上的侵权责任方式。如无权占有他人财产并导致财产减损，则应当合并适用返还财产与赔偿损失；辐射性物品未妥善管理造成他人人身损害的，除赔偿损失外，还应当适用消除危险的方式。停止侵害是为了避免造成更大的损害，对于已造成的损失，停止侵害这一侵权责任方式是无法弥补的，因此在实践中，停止侵害经常与其他侵权责任方式合并适用。

四、侵权责任请求权人

《民法典》第 1181 条规定："被侵权人死亡的，其近亲属有权请求侵权人承担侵权责任。被侵权人为组织，该组织分立、合并的，承继权利的组织有权请求侵权人承担侵权责任。被侵权人死亡的，支付被侵权人医疗费、丧葬费等合理费用的人有权请求侵权人赔偿费用，但是侵权人已经支付该费用的除外。"

被侵权人是侵权责任请求权人。当被侵权人死亡时，其近亲属有权请求侵权人承担侵权责任。根据《民法典》第 1045 条第 2 款的规定，配偶、父母、子女、兄弟姐妹、祖父母、外祖父母、孙子女、外孙子女为近亲属。

被侵权人为组织的，被侵权组织为侵权责任请求权人。该组织在侵权结果发生后，

---

〔1〕 张新宝：《侵权责任法》，中国人民大学出版社 2020 年版，第 85~89 页。

侵权责任请求前发生分立、合并的，承继权利的组织为侵权责任请求权人。

被侵权人死亡，支付被侵权人医疗费、丧葬费等合理费用的人有权就自己支付的合理费用请求侵权人赔偿。支付被侵权人医疗费、丧葬费的人可能是被侵权人的近亲属，也可能是近亲属之外的人。如果侵权人已经向死亡被侵权人的亲属支付包含医疗费、丧葬费等在内的人身损害赔偿费用，则支付医疗费、丧葬费等合理费用的人不得再向侵权人要求赔偿自己支付的该笔费用。如张三高空抛物，砸中楼下经过的李四，王五经过现场送李四就医，并垫付医疗费。后李四死亡，李四的配偶向张三要求人身损害赔偿。如张三未向李四配偶支付医疗费，则王五有权向张三要求支付自己垫付的医疗费；如张三已向李四配偶支付全部含医疗费、丧葬费在内人身损害赔偿费用，则王五不得向张三要求支付垫付的医疗费，可以要求李四配偶返还不当得利。

▓ 引例解析

案例一：李某房屋的客厅天花板出现裂缝，卫生间的天花板出现漏水，并导致天花板、洗手盆、洗手台污损，财产受到损害。其客厅天花板的裂缝出现在黄某改建的墙体附近，且黄某在装修时出具保证书，承诺如3年内改建的墙体范围内出现裂缝由其负责修复，证明其承认改建墙体可能造成楼板出现裂缝。因此，应认定李某客厅天花板出现裂缝与黄某改建墙体存在因果关系。李某卫生间的漏水是在黄某卫生间的位置出现，且双方是楼上楼下关系，依常识判断可认定黄某卫生间的水渗漏到李某卫生间的天花板，而黄某亦对其卫生间进行过改建，因此，应认定漏水与黄某的改建行为存在关联。如黄某认为不存在因果关系，应对不存在因果关系进行举证，否则承担无法举证的不利后果。

黄某改建墙体造成了李某客厅出现裂缝，其改建卫生间导致李某卫生间的天花板漏水，并污损天花板、洗手盆、洗手台。《民法典》物权编第236条规定："妨害物权或者可能妨害物权的，权利人可以请求排除妨害或者消除危险。"第237条规定："造成不动产或者动产毁损的，权利人可以依法请求修理、重作、更换或者恢复原状。"第238条规定："侵害物权，造成权利人损害的，权利人可以依法请求损害赔偿，也可以依法请求承担其他民事责任。"第239条规定："本章规定的物权保护方式，可以单独适用，也可以根据权利被侵害的情形合并适用。"因此，李某可以请求黄某消除妨碍，拆除其改建的墙体，恢复至收楼时的状况，并对206房的墙体裂缝、污损的天花板、洗手盆、洗手台修理、重作、更换或者恢复原状。除此之外，如果还有其他经济损失，可以请求黄某予以赔偿。

案例二：死者王某作为成年人，应当预见到过量饮酒的危害，特别是明知自己患有高血压病不能喝酒却仍然喝酒，对于自己酒后猝死的后果，其本人应承担主要责任。6个共饮人与王某同桌喝酒，在明确知道王某有病不能喝酒的情况下却未尽到注意义务。共饮人的倒酒、劝酒行为与王某死亡之间具有相当的因果关系。共饮人应当对自己的过失行为承担相应的民事责任。其中，陈某作为酒宴召集人，应对参与酒宴的每个人的健康安全尽到较大的注意义务，并且陈某作为修车的受益人，酒宴上具有劝酒行为，应承担较大责任；吴某、张某在酒宴上也有劝酒行为，应承担次要责任，其余 3 名共饮人对王某的死亡未尽到注意义务，也应承担一定责任。

《民法典》第 1181 条第 1 款规定："被侵权人死亡的，其近亲属有权请求侵权人承担侵权责任……"《民法典》第 1045 条第 2 款规定："配偶、父母、子女、兄弟姐妹、祖父母、外祖父母、孙子女、外孙子女为近亲属。"因此，王某的配偶、子女、兄弟姐妹、祖父母、外祖父母、孙子女、外孙子女都可以成为侵权责任请求权人。

▦ **相关法律法规**

《民法典》第 179、1181、1045 条。

▦ **思考与练习**

一、选择题

1. 张三驾车撞伤李四，对事故负主要责任。应以何种方式承担侵权责任？（　　）

    A. 损害赔偿　　　　　　　　　　B. 消除危险

    C. 排除妨碍　　　　　　　　　　D. 双方协商让李四撞伤张三报仇

2. 张三在李四房屋旁的道路上施工，造成李四房屋墙体裂缝，应以何种方式承担侵权责任？（　　）

    A. 消除危险　　　　　　　　　　B. 赔偿损失

    C. 修复房屋　　　　　　　　　　D. 赔礼道歉

3. 张三家院墙倒塌，砸死从墙边经过的李四，谁可以成为侵权责任的请求权人？（　　）

    A. 李四的前妻　　　　　　　　　B. 与李四共同生活的继子

    C. 李四的哥哥　　　　　　　　　D. 李四的表姐

二、简答题

1. 简述我国的责任方式体系。

2. 简述被侵权人为单位时，侵权责任请求权的归属。

学习情境：侵权责任构成要件的识别和应用

▦ **情境案例**

A 公司投资建设的华融大厦与 B 日报社相邻。2016 年 4 月，大厦开始施工，1 个月后，施工现场附近地面下沉，即停止施工。同年 6 月 15 日，A 公司及有关单位又论证通过了施工方案后，基础工程继续施工。10 月中旬，B 日报社发现其印刷厂厂房墙壁、地面开裂，三台德国进口的胶印机出现异常，报纸印刷质量明显下降，印刷机严重受损，厂房墙壁损害并危及人身安全。

经 B 日报社委托的某土木建筑学会、国家印刷机械质量监督检验中心以及某省地震局等单位检验认为，B 日报社印刷厂厂房和厂内印刷机受损的直接原因是华融大厦基础工程施工大量抽排地下水。

2017 年 3 月，B 日报社拆分成 C 广告传媒公司与 D 日报社，印刷厂厂房归属于 D 日报社，4 月，D 日报社又与 E 日报社合并为 F 日报社。

训练目的

让学生通过训练学会正确适用侵权责任方式、识别侵权责任请求权人。

训练方法

请同学们根据学习情境中的案例分组模拟侵权责任之诉的诉前准备过程，就侵权责任方式的选择及侵权责任请求权人的确定展开充分讨论。

实训步骤

1. 根据案例需要对学生进行分组。

2. 以组为单位，让学生开展讨论，分析案件涉及的法律法规，选择适合的侵权责任方式，并探讨不同侵权责任方式的优劣；确定侵权责任请求权人。对以上问题的结论形成书面意见。

3. 实施模拟诉前准备的过程，对行为人、损害结果、因果关系、举证责任进行全方位梳理。小组派代表对诉前准备的情况进行总结发言。

4. 学生自我评价训练效果。

5. 教师点评、总结训练情况。

任务二　损害赔偿

案例引入

家住甪直镇甫港村的孙老先生要在小区的婚庆礼堂为女儿办喜酒，聘请李大厨为厨师。李大厨提供餐具、厨具，并负责在小区礼堂厨房烧菜，此外，还有孙老先生安排的人员在厨房门口洗碗、洗菜。2016 年 5 月 14 日先办了 20 桌，次日婚宴，中午办了 36 桌，晚上办了 28 桌。

但婚宴过后，陆续有近 30 名宾客出现恶心、呕吐、腹泻等食物中毒症状。5 月 16 日，区疾控中心对这起食物中毒事件进行了调查。经过对 8 样遗留的婚宴菜品进行检测，在鸦片鱼及鳕鱼菜品中检测出副溶血性弧菌。调查报告显示：首发病例于 5 月 15 日 23 点 30 分，末例病例发病时间为 5 月 16 日 7 点。根据流行曲线，推论出此次事件平均潜伏期约为 8 小时，可疑餐次为 5 月 15 日晚餐。疾控中心认定，这是一起副溶血性弧菌引起的食源性疾病暴发事件，原因为食品加工不当造成副溶血性弧菌污染食品。

女儿的喜酒就这样办砸了，还害得一众亲朋好友上吐下泻，孙老先生一纸诉状将李大厨告至法院，认为李大厨加工海鲜不当，发生宾客食物中毒事件，应承担责任，要求他赔偿其支付给中毒宾客的医疗费、慰问金等 1 万余元。另外，女儿婚宴发生这样不吉利的事情，对自己全家造成了精神创伤，孙老先生的老伴自从中毒事件后每夜失眠，以泪洗面，甚至去看了心理医生，孙老先生要求李大厨赔偿老伴看心理医生的诊金并进行精神损害赔偿。[1]

问：

1. 对于已经发生的人身损害，应当用何种方式进行赔偿？

2. 孙老先生的老伴是否能够获得精神损害赔偿？

3. 孙老先生老伴看心理医生的诊金是否应由李大厨支付？

基本理论

损害赔偿是非常重要的一种侵权责任方式，是几乎所有被侵权人的诉求之一，也是绝大多数侵权人承担侵权责任的方式。《民法典》侵权责任编第二章专章对损害赔偿予以规定。

一、损害赔偿的概念

损害赔偿，是指侵权责任人通过支付一定数额金钱的方式对被侵权人的损害予以救济的侵权责任方式。几乎所有已经发生的损害，都可以通过损害赔偿这一方式予以一定程度的弥补。根据损害客体的不同，可以将损害赔偿分为三类：人身损害赔偿、精神损害赔偿、财产损害赔偿。

二、人身损害赔偿

《民法典》第 1179 条规定："侵害他人造成人身损害的，应当赔偿医疗费、护理费、交通费、营养费、住院伙食补助费等为治疗和康复支出的合理费用，以及因误工减少的收入。造成残疾的，还应当赔偿辅助器具费和残疾赔偿金；造成死亡的，还应当赔偿丧葬费和死亡赔偿金。"

人身损害意味着人的生命权、健康权受到损害，这种损害是无法用金钱衡量的，但是为恢复健康所支出的费用却可以。造成残疾、死亡等不可恢复后果的，残疾赔偿金与死亡赔偿金也并不是对健康和生命的赔偿，而是在充分考虑被侵权人负有抚养、赡养义务的人如何继续生活的前提下，对失去劳动力的家庭的经济赔偿。

最高人民法院《关于审理人身损害赔偿案件适用法律若干问题的解释》第 15 条规定，死亡赔偿金按照受诉法院所在地上一年度城镇居民人均可支配收入或者农村居民人均纯收入标准，按 20 年计算。按照这一计算方式，城镇居民与农村居民的死亡赔偿金之间存在较大差额，虽然赔偿不针对人的生命，而是对家庭损失劳动力的弥补，但

---

〔1〕 改编自http：//rmfyb. chinacourt. org/paper/html/2016－12/08/content_ 119386. htm? div＝－1，2020 年 8 月 24 日访问。

还是引起了社会较大的不满，引发"同命不同价"的争论。《民法典》第 1180 条规定："因同一侵权行为造成多人死亡的，可以以相同数额确定死亡赔偿金。"同一侵权行为致死但赔偿金额差距过大容易引发死者亲属不满，导致社会不稳定因素，本条规定更多的是考虑对死者亲属情绪的安抚。

《民法典》第 1182 条规定："侵害他人人身权益造成财产损失的，按照被侵权人因此受到的损失或者侵权人因此获得的利益赔偿；被侵权人因此受到的损失以及侵权人因此获得的利益难以确定，被侵权人和侵权人就赔偿数额协商不一致，向人民法院提起诉讼的，由人民法院根据实际情况确定赔偿数额。"

侵害人身权益导致财产损失的，一般应按照财产损失数额计算。如财产损失难以确定，可以以侵权人因此获得的利益计算数额，比如侵害他人肖像权，被侵权人的损失难以计算，可以以侵权人利用他人肖像获得的经济利益计算。如果被侵权人的损失与侵权人的利益均无法确定，则由法官进行自由裁量。这种情况往往是人身权益受损导致的可得利益的丧失。比如甲与乙为同一家公司的同事，多次竞争同一个晋升名额，甲捏造事实在公司内部散播诋毁乙名誉的谣言，导致乙落选，甲的获益与乙的损失都很难确定数额，如乙向法院提起诉讼，则由法院根据情况确定赔偿数额。

三、精神损害赔偿

《民法典》第 1183 条规定："侵害自然人人身权益造成严重精神损害的，被侵权人有权请求精神损害赔偿。因故意或者重大过失侵害自然人具有人身意义的特定物造成严重精神损害的，被侵权人有权请求精神损害赔偿。"判断是否适用精神损害赔偿条款，需要注意以下三点：

1. 能够得到损害赔偿的精神损害，是人身权益损害或者具有人身意义的特定物受损的结果。不具有人身意义的财物受损，即使数额特别巨大，也不能请求精神损害赔偿。

2. 能够得到损害赔偿的精神损害，是严重的精神损害，一般的或轻微的精神损害不能请求精神损害赔偿。

3. 人身权益受损所导致的精神损害赔偿与具有人身意义的特定物受损所导致的精神损害赔偿，构成要件存在差异。侵害具有人身意义的特定物导致的精神损害，要求侵权人的主观态度是故意或者重大过失，一般的过失不需要承担精神损害赔偿责任；侵害人身权益导致的精神损害，则对侵权人的主观状态没有此类限制。这一点体现出《民法典》侵权责任编对于人身权益保障有所倾斜，法律主体对于他人人身权益的尊重相较于对他人财产权的尊重负有更多注意义务。

四、财产损失赔偿

《民法典》第 1184 条规定："侵害他人财产的，财产损失按照损失发生时的市场价格或者其他合理方式计算。"这里所说的财产，包括各类财产权益，如物权、知识产权、股权等。侵害的方式包括物理损坏、侵夺占有，影响所有物使用、不法利用他人智力成果等。[1] 财产损失，包括直接损失和间接损失。直接损失指被侵权人已有财产的减少，间接损失指被侵权人可得利益的丧失。对于直接损失的赔偿，我国现行法律和司法解释采用的是完全赔偿的原则。对于间接损失，则采用合理赔偿的原则，即间接损失的计算，必须是合理的，不能无限扩大。比如，陈×将房子借给朋友王某居住，约定 1 年期，期满后，陈某与方某签订房屋租赁合同将该房屋租给方某，但王某迟迟不肯腾房，导致陈某无法履行合同收取租金。陈某因王某不肯腾房导致的租金损失即为间接损失，可以要求王某赔偿。如甲摔坏乙的一个玉镯，当时市价 1000 元，但乙提出有个朋友丙曾经说愿意以 2000 元购买这个玉镯，要求甲赔偿 2000 元，则不能得到支持。

五、损害赔偿金的支付方式

《民法典》第 1187 条规定："损害发生后，当事人可以协商赔偿费用的支付方式。协商不一致的，赔偿费用应当一次性支付；一次性支付确有困难的，可以分期支付，但是被侵权人有权请求提供相应的担保。"损害赔偿金分期支付方式，主要是为了解决"一次性支付确有困难"的问题。当侵权人要支付巨额赔偿金，却没有一次性支付的能力时，要求其一次性支付可能带来负面的社会效应，造成为了救济一方当事人而使另外一方当事人陷入无法维持正常生活之困境的后果。分期支付损害赔偿金一般要求侵权人提供相应的担保，作为对及时足额支付每期赔偿金的保证。

引例解析

1. 《民法典》第 1182 条规定："侵害他人人身权益造成财产损失的，按照被侵权人因此受到的损失或者侵权人因此获得的利益赔偿……"本案中，宾客食物中毒、身体健康受损的结果已经发生，侵权人对于受害人的健康是无法弥补的，只能承担受害人为恢复身体健康、回到正常生活状态所支付的费用，也就是赔偿食物中毒宾客因中毒事件受到的损失。对于已经发生的人身损害，应当用损害赔偿的方式承担责任。

2. 《民法典》第 1183 条第 1 款规定："侵害自然人人身权益造成严重精神损害的，被侵权人有权请求精神损害赔偿。"孙老先生的老伴不是宾客中毒事件的被侵权人，也不是聘请李大厨的主体（不是违约行为的被侵害人），李大厨并没有侵害孙老先生老伴的人身权益。孙老先生的老伴不能获得精神损害赔偿。

3. 孙老先生的老伴每天失眠、以泪洗面，需要进行心理干预治疗，花费了心理治疗的费用。此费用的发生与李大厨对宾客的人身损害行为存在间接的因果关系，但一般认为这一间接损失超出了合理范围，不能获得损害赔偿。

---

〔1〕 张新宝：《侵权责任法》，中国人民大学出版社 2020 年版，第 111 页。

相关法律法规

《民法典》第 1179、1182、1183、1184、1187 条，最高人民法院《关于审理人身损害赔偿案件适用法律若干问题的解释》，最高人民法院《关于确定民事侵权精神损害赔偿责任若干问题的解释》。

思考与练习

一、选择题

1. 下列属于人身损害赔偿项目的有：（　　　）。

A. 医疗费　B. 营养费　C. 交通费　D. 护理费　E. 住院伙食补助费

2. 侵害他人人身权益造成死亡的，应当赔偿的项目包括：（　　　）。

A. 抢救的费用　B. 丧葬费　C. 死亡赔偿金　D. 救治期间的护理费

3. 以下何种情况可以请求精神损害赔偿？（　　　）

A. 小丽最喜欢的一条裙子被小陈刮破，小丽非常伤心

B. 小丽奶奶留给小丽的遗物被小陈故意损坏，导致小丽患上抑郁症

C. 小丽的前男友小陈传播小丽的裸照，导致小丽患上抑郁症

D. 小丽下班路上遇小陈遛狗，狗突然扑向小丽，虽然被小陈及时拉住，但小丽吓了一跳

二、简答题

1. 简述人身损害赔偿的项目。

2. 简述精神损害赔偿的适用条件。

三、论述题

谈谈你对直接财产损失与间接财产损失的理解。

学习情境：损害赔偿方法的应用

情境案例

杜某（88 岁）与陈某（小学学生）系同村村民，2019 年 1 月 4 日在双方住房附近的街道上，陈某将杜某撞倒在地。杜某被送往医院治疗，经医生诊断为：①心房纤颤；②右股骨粗隆间粉碎性骨折。花费医疗费人民币 2121.85 元。半年后，卫生所再次诊断为右下肢骨折，合伴感染。同年 8 月 17 日，杜某去世。杜某亲属要求陈某及其法定代理人赔偿包括死亡赔偿金在内的各项损失。陈某一方称，陈某是要去上学时发现杜某躺在水沟里，主动上前要把她扶起来，根本没有撞倒杜某，其行为完全是助人为乐。法院审理查明，2019 年 1 月 8 日，被告陈某的祖父陈甲出具一张便条交原告收执，该便条载明："经征求某意见，不报警私了，一切后果由我自负。2019 年 1 月 8 日陈甲。"2019 年 1 月 10 日，杜某之子杜乙出具一张收据交陈甲收执，该收据载明："今收到第二监护人陈甲现金壹仟伍佰元整，因其孙撞倒杜某造成骨折。（前收据已由陈甲烧掉，

以本据为准）。收款人：杜乙 2019.1.10"。

杜乙欲向法院起诉，聘请律师王丙。[1]

训练目的

让学生通过训练学会适用损害赔偿这一责任方式，能够对赔偿额进行计算。

训练方法

请同学们根据学习情境中的案例分组模拟杜乙与律师王丙，双方共同商讨人身损害赔偿的项目及计算方式。

实训步骤

1. 根据案例需要对学生进行分组。

2. 以组为单位，让学生合理细化案件细节，查阅相关法律法规，明确本案损害赔偿的项目及计算方式。

3. 让学生模拟律师与当事人沟通的过程，计算赔偿的项目及具体数额，律师针对案件的重点难点问题向当事人释疑。

4. 学生自我评价训练效果。

5. 教师点评、总结训练情况。

拓展阅读

[1] 张新宝：《侵权责任法》，中国人民大学出版社 2020 年版。

[2] 程啸：《侵权责任法教程》，中国人民大学出版社 2020 年版。

项目六　责任主体的特殊规定

知识目标

掌握八种责任主体的特殊规定：监护人及受托人、暂时丧失意思能力的人、用人单位及劳务派遣、个人劳务、承揽人和定作人、网络侵权、违反安全保障义务、教育机构的侵权责任的构成要件及归责原则。

能力目标

学会正确适用八种主体侵权责任的构成要件，识别不同侵权主体的侵权责任，把握不同情况下的责任分担。

在侵权责任承担中，主体差异会导致侵权责任构成要件、责任程度等差异。《民法典》第七编"侵权责任"第 1188 条至 1201 条对 8 种责任主体作了特殊规定，具体包括：监护人及受托人责任、暂时丧失意思能力人的责任、用人单位及劳务派遣责任、个人劳务责任、承揽人和定作人责任、网络侵权责任、违反安全保障义务责任、教育

---

[1] 改编自 http://china.findlaw.cn/shpc/sunhaipeichanganli/shpcal/1264701.html，2020 年 8 月 26 日访问。

机构责任。

任务一　监护人责任及受托人责任

案例引入

小明6岁，其父母长年在外打工，将小明的监护权委托给其爷爷。一日，小明的爷爷带小明外出玩耍时，小明和小华发生口角并动手推了小华，造成小华摔倒致头部受伤，住院花费医疗费2万余元。之后，小华的父母要求小明的爷爷承担全部医疗费、营养费、护理费等费用。在场的人能够证明，小明与小华发生争吵时，小明的爷爷在一旁玩手机，未及时制止。[1]

问：请问对小华造成的损害责任应如何承担？

基本理论

一、监护人责任

监护人责任是指无民事行为能力人或者限制民事行为能力人因自己的行为致人损害，由行为人父母或者其他监护人承担赔偿责任的特殊侵权责任。[2]

我国《民法典》第1188条规定了监护人责任：无民事行为能力人、限制民事行为能力人造成他人损害的，由监护人承担侵权责任。监护人尽到监护职责的，可以减轻其侵权责任。有财产的无民事行为能力人、限制民事行为能力人造成他人损害的，从本人财产中支付赔偿费用；不足部分，由监护人赔偿（《民法典》第1068条规定："……未成年子女造成他人损害的，父母应当依法承担民事责任。"其中的"依法"，就是指本条规定）。

（一）构成要件

1. 违法行为。实施侵权行为的行为人必须是无民事行为能力人或者限制民事行为能力人，包括精神病人和未成年人以及其他丧失或者部分丧失民事行为能力的人。应当注意的是：被监护人实施的侵权行为应当具有违法性，且不能是他人利用被监护人实施侵权行为。

2. 过错。监护人因疏于教养、管理、监护而承担过错责任。值得注意的是，这里的过错只能是过失，而不能是主观上的故意。

3. 因果关系。首先，被监护人的侵权行为与损害事实有因果关系，即引起与被引起的关系。其次，监护人未善尽监护义务的过错与损害结果亦有因果关系，这种关系是间接的因果关系。

---

〔1〕　案例来自平安陕西："你的社会行为规范吗？"，载微信公众号"铜川中院"，上传时间：2020年9月9日。

〔2〕　杨立新：《侵权责任法》，法律出版社2018年版，第184页。

（二）责任承担

1. 监护人承担过错责任，适用过错推定原则。根据《民法典》的规定，我国监护人责任适用过错推定原则，并以公平分担损失责任为补充。[1] 行为人实施了侵权行为，则直接推定监护人有未善尽监护责任的过失，这是其构成侵权责任的过错要件，适用举证责任倒置规则，即监护人对证明自己已善尽监护责任负有举证义务，能够证明自己已经善尽义务没有过错的，可以减轻其侵权责任（注意不得免除），不能证明自己善尽义务无过错的，监护人承担侵权责任。

监护人责任是对实际侵权人的替代责任。实际侵权人是被监护人，而非监护人，监护人因与被监护人的特殊法定关系，而替代被监护人承担相应的侵权责任。

2. 监护人承担补充责任。对于被监护人实施侵权行为后产生的侵权责任，被监护人有财产的，应当先用其个人财产予以赔偿，对于尚不足偿还的部分，由监护人承担补充责任，如果被监护人没有财产的，则监护人承担全部侵权责任。

3. 监护人责任以公平分担损失责任为补充。对于监护人可以证明自己已经善尽监护义务，没有过错的，根据《民法典》规定，可以适当减轻其民事责任，对于被监护人造成的损失，由监护人与受害人共同分担。

二、受托人责任

关于委托监护情况下侵权责任的规定，是对司法解释进行吸收后新增加的条款，最高人民法院《关于审理人身损害赔偿案件适用法律若干问题的解释》（部分内容因与新法规定抵触而失效）第7条第1款：对未成年人依法负有教育、管理、保护义务的学校、幼儿园或者其他教育机构，未尽职责范围内的相关义务致使未成年人遭受人身损害，或者未成年人致他人人身损害的，应承担与其过错相应的赔偿责任。明确了受托人的责任是一种过错责任。

《民法典》第1189条规定了委托监护时监护人的责任：无民事行为能力人、限制民事行为能力人造成他人损害，监护人将监护职责委托给他人的，监护人应当承担侵权责任；受托人有过错的，承担相应的责任。

（一）构成要件

1. 存在确定的委托监护关系。监护人与实际监护人有委托与被委托的民事法律关系，监护人将监护无民事行为能力人、限制民事行为能力人的责任委托给受托人，在委托期间，由受托人暂时代为监管，受托人负有一定的监管职责。

2. 委托期间发生损害事实。无民事行为能力人、限制民事行为能力人的侵害行为须发生在委托监管期间，造成的损害可以是人身损害、精神损害，也可以是财产损害。

---

[1] 杨立新：《侵权责任法》，法律出版社2018年版，第185页。

3. 因果关系。一方面，实际侵害人的侵害行为与损害结果有客观、相应的因果关系；另一方面，委托人的未善尽监管义务也是导致损害结果的间接原因，有间接的因果关系。

（二）责任承担

1. 监护人责任。对被监护人造成的损害，监护人承担全部损失的赔偿责任。

2. 委托人责任。委托人仅在其未善尽被委托的监管义务时，才有监管不力的过错，承担与其过错所造成的损害结果相应的责任，被侵权人只能向委托人主张该部分侵权责任，而不能主张侵权人造成的全部侵权责任。

▦ **引例解析**

小明 6 岁，属于无民事行为能力人，其父母是小明的法定监护人，其父母将监护职责委托给其爷爷，此时，其爷爷为委托人。根据《民法典》第 1189 条的规定，无民事行为能力人、限制民事行为能力人造成他人损害，监护人将监护职责委托给他人的，监护人应当承担侵权责任；受托人有过错的，承担相应的责任。小明对小华造成的侵权责任：治疗费、营养费、护理费等费用，应当由小明的父母赔偿，小明的爷爷在监护过程中玩手机，没有善尽监护职责，对小明造成侵权结果有过错，因此，应当承当与其过错相当的赔偿责任。

▦ **相关法律法规**

《民法典》第 1188、1189 条。

▦ **思考与练习**

一、思考题

1. 监护人责任为自己责任还是替代责任？

2. 监护人承担责任是否要求被监护人存在过错？

二、选择题

1. 高中生钱某于 1980 年 9 月 2 日出生。1998 年 6 月 1 日在校将李某打伤，致其花去医药费 2000 元。钱某毕业后进入一家炼钢厂工作。1999 年 2 月，李某起诉要求钱某赔偿医药费。该民事责任应由谁承担？（　　　）[1]

A. 钱某承担、因钱某诉讼时已满 18 周岁，且有经济能力

B. 钱某之父承担，因钱某在侵权行为发生时未满 18 周岁，没有经济能力

C. 主要由钱某之父承担，钱某适当赔偿

D. 主要由钱某承担，钱某之父适当赔偿

2. 甲的儿子乙（8 岁）因遗嘱继承了祖父遗产 10 万元。某日，乙玩耍时将另一小朋友丙的眼睛划伤。丙的监护人要求甲承担赔偿责任 2 万元。后法院查明，甲已尽到

---

〔1〕 2002 年国家司法考试试题试卷三单选第 5 题。

监护职责。下列哪一说法是正确的？（　　　）[1]

A. 因乙的财产足以赔偿丙，故不需用甲的财产赔偿

B. 甲已尽到监护职责，无须承担侵权责任

C. 用乙的财产向丙赔偿，乙赔偿后可在甲应承担的份额内向甲追偿

D. 应由甲直接赔偿，否则会损害被监护人乙的利益

三、案例分析题

章某、涂某均为未成年人，某日二人潜入原告赵某家盗取原告的金饰品。二人取得饰物后无处隐藏，又怕被人发现，在花园中挖了一个坑，将其埋入地下。破案后，二人引领警察到该地起获赃物，发现埋的金饰品已经被人盗走。其监护人在申诉中主张自己没有疏于监护过失，但无法证明。[2]

根据案情分析：章某、涂某的监护人是否应当承担侵权责任？为什么？

学习情境：监护人责任构成要件的识别和应用

情境案例

符某在人行道行走时，因人行道上有车在卸货，就走到非机动车道上。此时蔺某婵驾驶电动车去福利工厂上班，撞上符某，符某在治疗过程中病情恶化而死亡。

蔺某婵因交通肇事罪被刑事拘留后，经司法鉴定，蔺某婵被认定为自幼患轻度精神发育迟滞，为限制刑事责任能力人。查明：蔺某婵被残疾人联合会批准为智力四级残疾，监护人为刘某（配偶），后蔺某婵与刘某离婚，蔺某婵及其儿子与其父母共同生活。

符某家属向法院起诉，后法院作出民事判决，判决认定蔺某婵向符某法定继承人符某一等3人赔偿35万元。由于蔺某婵无财产可供赔偿。符某一等3人向法院申请蔺某婵为限制民事行为能力人，后判决认定：宣告被申请人蔺某婵为限制民事行为能力人；指定蔺某（蔺某婵父亲）为被申请人蔺某婵的监护人。

符某家属要求蔺某婵的监护人蔺某承担35万元的赔偿责任。蔺某称，交通事故发生前蔺某婵正常工作，具备日常生活能力。蔺某婵在交通事故时的认识和控制能力受损，但并不影响她对民事行为的辨认能力，宣告蔺某婵为限制民事行为能力人的民事判决不具有溯及力，只能从该判决后认定蔺某婵为限制民事行为能力人，此前蔺某婵系完全民事行为能力人。[3]

训练目的

让学生通过训练，掌握监护人责任的构成要件和应用。

训练方法

请同学们根据学习情境中的案例分组模拟法庭辩论过程。

实训步骤

1. 根据案例需要对学生进行分组。

2. 以组为单位，让学生合理细化案件细节，查阅相关法律法规，分析本案中对符某造成的损害责任如何承担。

3. 让学生模拟法庭辩论的过程，双方通过辩论、说理，阐释自己对本案的理解。

4. 学生自我评价训练效果。

5. 教师点评、总结训练情况。

任务二　暂时丧失意思能力损害责任

案例引入

李某驾驶机动车，途中突发心脏病，丧失意思能力，失去对机动车的控制能力，导致交通事故发生，撞死一名行人。受害人向法院起诉，请求李某承担侵权赔偿责任。

问：如果你是法官，将如何判定？为什么？

基本理论

暂时丧失意识后的损害责任，也叫作暂时丧失意思能力的致害责任，[1] 是指完全民事能力人对于心智丧失造成他人损害，应当承担的特殊侵权责任。[2]

《民法典》第 1190 条规定，完全民事行为能力人对自己的行为暂时没有意识或者失去控制造成他人损害有过错的，应当承担侵权责任；没有过错的，根据行为人的经济状况对受害人适当补偿。完全民事行为能力人因醉酒、滥用麻醉药品或者精神药品对自己的行为暂时没有意识或者失去控制造成他人损害的，应当承担侵权责任。

一、构成要件

1. 侵权人是完全民事行为能力人。侵权主体为完全民事行为能力人，这是构成该侵权责任的主体要件，即如果侵权主体是无民事行为能力人、限制民事行为能力人，则无论其有无丧失意识，对丧失意识是否有过错，其所造成的侵权责任均直接适用监护人责任规则。

2. 损害事实。侵权行为给被侵权人造成了现实的人身、精神，或财产上的损害。

3. 侵权时暂时丧失意识。侵权行为发生在丧失意识的过程中，是指行为人由于没有正常的认识能力和控制能力，继而导致了损害结果，例如梦游过程中造成的侵权。

---

〔1〕　王利明：《侵权责任法研究》下，中国人民大学出版社 2011 年版，第 63 页。

〔2〕　杨立新：《侵权责任法》，法律出版社 2018 年版，第 188 页。

4. 对丧失意识的主观状态。侵权人对造成自己意识丧失的结果有主观上的过错，要承担赔偿责任。对丧失意识的过错责任认定适用过错推定责任原则。[1] 被侵权人只负有其他构成要件的举证义务，直接推定侵权人对造成自己丧失意识有过失的过错，侵权人对证明自己没有过错有举证义务。

二、责任承担

1. 有过错的行为人。侵权人对丧失意识有过错的，承担过错责任。侵权人因醉酒、滥用麻醉药品或者精神类药品导致自己暂时丧失意识的，直接视为为其先前行为对造成丧失意识有主观上的严重过错，承担过错责任，因此，无需再证明该过错的成立，不再适用公平分担损失责任（注意区分生理性醉酒与病理性醉酒）。

2. 无过错的行为人。完全民事行为能力人对导致自己丧失意识的结果没有过错的，例如病理性醉酒，则根据公平责任归责原则进行责任分担，根据各自的经济状况进行补偿，而非赔偿。[2]

引例解析

《民法典》第 1190 条第 1 款规定，完全民事行为能力人对自己的行为暂时没有意识或者失去控制造成他人损害有过错的，应当承担侵权责任；没有过错的，根据行为人的经济状况对受害人适当补偿。本案李某造成的车祸侵权行为，是因为突发心脏病导致其在驾驶过程中暂时丧失意识，因此，法院应当认定其属于暂时丧失意识致人损害。其对丧失意识这一事实并没有主观上的过错，因此，应当根据公平责任归责原则，对受害人承担适当的补偿责任。

相关法律法规

《民法典》第 1190 条。

思考与练习

1. 暂时丧失意识侵权责任属于过错责任吗？

2. 暂时丧失意识侵权责任中，对于不能证明自己对丧失意识没有过错的后果，由谁承担？

学习情境：暂时丧失意识侵权责任构成要件的识别和应用

情境案例

2006 年 7 月 24 日 7 时许，新疆喀什地区莎车县发生了一起人身伤害案，被害人受重伤躺在床上，而年仅 19 岁的阿明（化名）满手是血站在院子里惊恐尖叫。警方赶到

---

〔1〕 杨立新:《侵权责任法》，法律出版社 2018 年版，第 189 页。
〔2〕 杨立新:《侵权责任法》，法律出版社 2018 年版，第 190 页。

后将阿明带离现场，通过指纹、毛发等证据比对，确定了他就是凶手。而阿明始终矢口否认，称自己不知道发生了什么，一醒来就看到自己满手是血站在院子里。几天后，阿明哥哥带着乡干部以及诸多村民来到警察局，并称阿明经常梦游，这起杀人案可能是他在梦游时作出的，村民也都为其作证，称之前也曾听说或看到过阿明梦游。

2006 年 7 月 28 日，莎车县公安局向乌鲁木齐第四人民医院司法鉴定科递交了鉴定申请，经鉴定，阿明确实患有梦游症。综合鉴定意见以及实访调查，公安局释放了阿明，要求家属对其严加看管。被害人因受伤住院治疗花去治疗费 10 万元，因受重伤不能工作导致 3 个月来均无工资收入，其妻子为照顾他也辞去了工作。[1]

训练目的

让学生通过训练识别并熟练掌握暂时丧失意识侵权责任的构成要件及应用。

训练方法

请同学们根据学习情境中的案例分组模拟法庭辩论过程。

实训步骤

1. 根据案例需要对学生进行分组。

2. 以组为单位，让学生合理细化案件细节，查阅相关法律法规，分析本案中的阿明是否属于暂时丧失意识，侵权责任如何承担。

3. 让学生模拟法庭辩论的过程，双方通过辩论、说理，阐释自己对本案的理解。

4. 学生自我评价训练效果。

5. 教师点评、总结训练情况。

任务三　用人单位替代责任及劳务派遣责任

案例引入

案例一： 饭店职工陈某将库存的酸桶运往工地，内装 400 克硫酸，未加盖。该饭店的旅客何某外出，在下到三楼时不慎摔倒，恰好撞到陈某手提的硫酸桶上，硫酸洒到何某的头部、面部、臂部，将其烧成重伤。何某起诉该饭店，请求该饭店承担侵权责任。[2]

问：法官应如何判决？

案例二： 张某受其工作单位委托驾车前往某单位运送盐酸，在运送过程中，与抽酸泵出酸口相连的塑料软管接头处发生崩裂，盐酸从崩裂的管道接口处喷溅出来，将张某烧伤。该单位立即追查接管口工作是否符合要求，接管口工作乃该单位王某的责

---

〔1〕 案例来自于园园："完全行为能力人暂时丧失意思能力之侵权责任研究——《侵权责任法》第 33 条为主要分析对象"，暨南大学 2016 年硕士学位论文。

〔2〕 案例来自杨立新《侵权责任法》，法律出版社 2018 年版，第 190 页。

任，经过审查分析，王某的安装程序有问题，导致这起事故的发生。[1]

问：张某除了按照有关规定享受工伤待遇之外，是否可以主张用人单位承担侵权赔偿责任？

案例三：2010 年 7 月 26 日，驾驶员王某（系劳务派遣机构——河南金蓝管理咨询有限公司派到河南移动周口分公司的司机）驾驶达喀尔租赁有限公司的车辆豫 A××××× 行驶至周口市区某路口由南向北左转弯时撞伤正在直行的王某胜（系本案原告，其家住河南，到周口探亲），造成王某胜右腿股骨骨折。经交警鉴定，司机王某负该事故的全部责任。后经查实，河南移动周口分公司是此次车辆的实际使用人，驾驶员王某当日所造成的交通事案件是于执行河南移动周口分公司的工作任务期间发生的。[2]

问：对王某造成的损害应由谁来承担责任？

基本理论

一、用人单位责任

用人单位责任，是指用人单位的工作人员在工作过程中造成他人损害，由用人单位作为赔偿主体，为其工作人员的致害行为承担损害赔偿责任的特殊侵权责任。[3]

《民法典》第 1191 条第 1 款对用人单位责任作了规定：用人单位的工作人员因执行工作任务造成他人损害的，由用人单位承担侵权责任。用人单位承担侵权责任后，可以向有故意或者重大过失的工作人员追偿。

（一）构成要件

1. 执行工作任务时作出违法行为。工作人员应当按照用人单位的指示或者授权进行工作。用人单位承担的侵权责任是一种替代责任，这就要求工作人员的侵权行为必须是执行职务的行为，且其行为须违反法律规定，具有违法性。

但值得注意的是，国家工作人员在履行公职权过程中造成的损害，应当依照《中华人民共和国国家赔偿法》由国家单位承担国家赔偿责任。

2. 损害事实。工作人员的侵权行为造成了被侵权人人身、精神或者财产上的实际损害。

3. 因果关系。工作人员的侵害行为与被侵害人的损害结果有客观、直接相当的引起与被引起的关系。

（二）责任承担

关于用人单位责任的归责原则，部分大陆法系国家如德国、日本等地适用"过错

---

[1]　案例来自 https：//www.66law.cn/laws/123438.aspx，2021 年 5 月 30 日访问。

[2]　案例来自邓岩、熊小琼主编：《民法原理与实务》下，暨南大学出版社 2013 年版，第 213 页。

[3]　杨立新：《侵权责任法》，法律出版社 2018 年版，第 192 页。

推定"原则，实行举证责任倒置，该理论认为，用人单位之所以代替承担工作人员造成的侵权责任，是因为其对员工的指示、监督、管理等方面没有善尽义务，所以，须承担相应的过错责任。

"无过错责任原则"是主流观点，我国法律也同样适用"无过错责任"的归责原则。用人单位与工作人员的法律关系基础是劳动合同，工作人员在执行职务过程中造成的侵权责任，用人单位替代性地承担侵权责任，用人单位是否有过错并不影响其替代责任的承担。

值得一提的是，《民法典》增加了用人单位的追偿权，规定用人单位对故意或者重大过失（而非一般过失）的工作人员享有求偿权，一方面能弥补用人单位的损失，另一方面能督促雇员在工作中谨慎工作，尽量减少损害的发生。

二、劳务派遣责任

劳务派遣责任，是指在劳务派遣期间，被派遣的工作人员因执行工作任务造成他人损害的，由接受劳务派遣的用工单位承担侵权责任，劳务派遣单位承担补充责任的特殊侵权责任。[1]

《民法典》第1191条第2款规定，劳务派遣期间，被派遣的工作人员因执行工作任务造成他人损害的，由接受劳务派遣的用工单位承担侵权责任；劳务派遣单位有过错的，承担相应的责任。

（一）构成要件

1. 有确定的劳务派遣关系。劳务派遣单位与用工单位有劳务派遣合同关系，与被派遣的工作人员有劳动合同关系，三方存在确定的劳务派遣关系是产生劳务派遣责任的前提。

2. 损害事实。损害事实是被派遣的工作人员因执行工作任务造成的，损害事实包括人身、精神和财产损害。值得注意的是，侵权须发生在执行派遣的工作任务过程中，如果是发生在侵权人完成派遣的任务前或后，可能是一般的用人单位责任，即劳务派遣单位承担赔偿责任，用工单位不承担责任。[2]

3. 因果关系。损害事实是因工作人员执行被派遣的工作任务所导致，即存在客观、相当的引起与被引起的关系。

（二）责任承担

1. 接受劳务派遣单位的责任。接受劳务派遣单位对被派遣的工作人员实行直接的支配、指挥、监督，并通过被派遣人员的劳务直接获取利益，对被派遣工作人员因执行工作任务致人损害的后果承担无过错责任。

〔1〕 邓岩、熊小琼主编：《民法原理与实务》下，暨南大学出版社2013年版，第215页。
〔2〕 杨立新：《侵权责任法》，法律出版社2018年版，第195页。

2. 劳务派遣单位的责任。劳务派遣单位虽然基于劳务派遣合同获得一定的利润，但是其通过被派遣人提供劳务获取利益是间接的，关系较远，因此，通常不被认定为直接用人者，对被派遣工作人员因执行工作任务致人损害的后果仅承担与其过错相应的补充责任。只有派遣单位在选派、核查被派遣人等先行为方面，有法定或者约定的过错，才承担责任，如果没有过错则不承担责任。

引例解析

案例一： 该饭店是用人单位，其工作人员因执行工作任务，未尽相当的注意义务，致使危险物品造成了受害人损害，应当承担侵权责任，判决该饭店承担赔偿责任。

案例二： 根据《民法典》第1191条的规定，王某作为用人单位的工作人员因执行工作任务造成张某损害的，由用人单位承担侵权责任，因此张某除了享受工伤待遇之外，还可以要求用人单位承担损害赔偿责任，由于王某安装程序有过错导致事故，王某在本起事件中有过错，因此，用人单位必须为王某过错行为所导致的张某的人身伤害承担赔偿责任。在该起事故中，张某基于与用人单位建立的劳动关系，从而与用人单位之间形成工伤保险关系，因此只要是在工作中发生的工伤事故，张某均可向用人单位主张工伤保险赔偿。

案例三： 本案中，驾驶员王某是在劳务派遣的工作期间，因执行工作任务而造成他人损害，应适用《民法典》第1191条的规定。在赔偿责任方面，首先应当是先由交强险赔付，如果购买了商业保险，再由保险公司赔偿，超出部分由用工单位承担。如果派遣单位存在过错，如驾驶证是伪造的，派遣单位没有严格审查，则派遣单位在过错范围内赔偿。如王某有故意或重大过失，用人单位可向王某追偿。

相关法律法规

《民法典》第1191条；《中华人民共和国劳动合同法》第58、59条。

思考与练习

一、选择题

甲电器销售公司的安装工人李某在为消费者黄某安装空调的过程中，不慎从高处掉落安装工具，将路人王某砸成重伤。李某是乙公司的劳务派遣人员，此前曾多次发生类似小事故，甲公司曾要求乙公司另派他人，但乙公司未予换人。下列哪一选项是正确的？（　　　）[1]

A. 对王某的赔偿责任应由李某承担，黄某承担补充责任

B. 对王某的赔偿责任应由甲公司承担，乙公司承担补充责任

C. 甲公司与乙公司应对王某承担连带赔偿责任

D. 对王某的赔偿责任承担应采用过错责任原则

---

[1] 2014年国家司法考试试题试卷三单选第21题。

二、简答题

1. 简述用人单位责任的归责原则。

2. 简述用人单位责任的构成要件以及具体承担。

学习情境：用人单位替代责任及劳务派遣单位
责任构成要件的识别和应用

情境案例

2017年5月，原告与崔某龙等人被昌图县某某劳务有限公司派遣到某某中心粮库从事粮食发运工作。2017年5月21日12时许，原告郑某某在工作时发现工具绞龙头内缠绕了铁线，原告便用手去清理绞龙头内的铁丝，现场的工作人员刘某按动机器开关，导致绞龙头突然转动，原告的左手被绞伤，被告某某中心粮库将原告送至四平市中心医院住院治疗，住院22天，诊断为：左手1~4指毁损伤，左手第5指掌骨颈骨折，左手小指伸肌腱断裂伴撕脱，左手皮肤撕脱伤。2017年9月20日经铁岭鹿城法医司法鉴定所司法鉴定，原告郑某某左手的损伤构成六级伤残。原告在住院期间花去医疗费：28 008.44元（某某中心粮库垫付20 000元）。原告的其他损失为：误工费10 988.70元（32 876元/年÷365天×122天）、护理费2366.42元（39 261元/年÷365天×22天）、住院伙食补助费2200元（100元/天×22天）、伤残赔偿金328 760元（32 876元×20年×50%）、精神抚慰金30 000元、鉴定费1000元，交通费635.5元，赔偿数额合计：403 959.06元（含垫付医疗费20 000元）。现要求某某劳务有限公司和某某中心粮库连带赔偿原告医疗费、伤残赔偿金等各项经济损失394 069.76元（已扣除某某中心粮库垫付的20 000元）。[1]

训练目的

让学生通过训练识别用人单位替代责任及劳务派遣单位责任，熟练掌握用人单位替代责任及劳务派遣单位责任构成要件及应用。

训练方法

请同学们根据学习情境中的案例分组模拟法庭辩论过程。

实训步骤

1. 根据案例需要对学生进行分组。

2. 以组为单位，让学生合理细化案件细节，查阅相关法律法规，分析本案中用人单位替代责任及劳务派遣单位责任如何承担。

3. 让学生模拟法庭辩论的过程，双方通过辩论、说理，阐释自己对本案的理解。

4. 学生自我评价训练效果。

---

[1] 案例来自 http://www.110.com/ziliao/article-748340.html，2020年10月29日访问。

5. 教师点评、总结训练情况。

任务四　个人劳务损害责任

案例引入

2015 年 10 月 15 日，唐某跟随陆某到某公司，为某公司安装电灯、电箱。某公司的员工黄某操作铲车，将站在货叉上的唐某与陆某抬升至高处，以便安装电灯。操作过程中，货叉突然下降，致唐某摔下受伤。唐某受伤后进行治疗，后经司法鉴定所鉴定，认为"被鉴定人唐某于 2015 年 10 月 15 日因工作中从高处坠落致双侧跟骨粉碎性骨折、双侧舟骨骨折（以右侧为重），目前双足跟不能着地行走，相当于双侧足纵弓丧失功能，足弓结构破坏 1/3 以上，分别评定×××伤残；并构成工伤×××伤残，酌情给予伤后休息 180 日，护理 90 日；择期实施内固定拆除术，酌情给予休息 60 日，护理 30 日。"[1]

问：

1. 唐某的雇主是谁？

2. 某公司是否应对唐某的损害后果承担责任？

基本理论

个人劳务责任，是指在个人之间形成的劳务关系中，提供劳务一方由于执行劳务活动造成他人损害，接受劳务一方应当承担替代赔偿责任的特殊侵权责任。[2]《民法典》第 1192 条规定了个人劳务关系中的侵权责任：个人之间形成劳务关系，提供劳务一方因劳务造成他人损害的，由接受劳务一方承担侵权责任。

一、构成要件

1. 存在个人劳务关系。构成个人劳务侵权责任的基础是：提供劳务一方与接受劳务一方存在个人劳务关系，该劳务关系不同于用人单位与个人间的劳动关系，具有一定的特殊性：首先，要求双方均为自然人，若接受劳务方为单位组织则不属于个人劳务关系范畴；其次，提供劳务的一方提供劳动服务，接受服务一方因获得劳动服务而实现自身的价值的满足，从而给付提供劳务方相应的报酬。

2. 具有一定支配权。依照个人劳务合同的约定，接受劳务方购买了提供劳务方的劳动力，提供劳务方须按照接受劳务方的要求与指示进行劳动服务，接受方对提供方有一定的支配权。

3. 提供劳务服务导致损害发生。个人劳务侵权责任的直接侵权人是提供劳务方，

---

〔1〕　案例来自法航律师团："个人劳务关系损害赔偿责任的认定"，载微信公众号"法窗小语"，上传时间：2017 年 9 月 3 日。

〔2〕　杨立新：《侵权责任法》，法律出版社 2018 年版，第 197 页。

接受劳务方承担的侵权责任是替代责任。接受劳务方仅通过劳动服务获得收益，根据公平责任原则，其仅对该劳动服务造成的侵权责任担责，不承担超出约定的劳动服务范围外产生的侵权责任。因此，这就要求侵权损害必须是提供劳务方因提供劳务造成的。这是对接受劳务一方的保护，防止责任扩大化。

接受劳务方承担替代责任的劳动服务范围是指在其指示授权范围内的活动，超出授权范围、没有明确授权的，如果其行为与授权范围内的劳务行为相一致，则视为合理的劳务行为。超越职权、擅自委托、违反禁止要求、借用机会等行为均不属于合理劳务服务的行为。

二、责任承担

1. 造成第三人损害的侵权责任。《民法典》第 1192 条第 1 款规定，个人之间形成劳务关系，提供劳务一方因劳务造成他人损害的，由接受劳务一方承担侵权责任。接受劳务一方承担侵权责任后，可以向有故意或者重大过失的提供劳务一方追偿。

由此可见，对于提供劳务方因劳务造成的他人损害，适用无过错责任原则，接受劳务方承担替代责任。但同时也规定了接受劳务方的追偿权，在其承担替代责任后，可以向有故意或者重大过失的提供劳务一方追偿。这是对接受劳务一方的保护，对内接受劳务方仅对提供劳务一方一般过失的侵权后果担责，不对其故意或者重大过失的重大过错侵权后果承担责任，在对外履行完侵权责任后，对内享有追偿权。

2. 造成提供劳务方损害的侵权责任。《民法典》第 1192 条第 1 款规定，提供劳务一方因劳务受到损害的，根据双方各自的过错承担相应的责任。在提供劳务一方与接受劳务一方的内部关系上，适用过错责任原则，双方按照自己的过错程度及对后果的作用承担相应的责任。

3. 第三人造成提供劳务方损害的侵权责任。《民法典》第 1192 条第 2 款规定，提供劳务期间，因第三人的行为造成提供劳务一方损害的，提供劳务一方有权请求第三人承担侵权责任，也有权请求接受劳务一方给予补偿。接受劳务一方补偿后，可以向第三人追偿。

对于第三人致害的侵权责任，根据过错责任原则，由侵权人承担侵权责任，接受劳务一方没有过错的，不承担赔偿责任。但是为保护提供劳务一方的权益，赋予其向接受劳务一方请求一定补偿的权利。接受劳务一方在给予补偿后，可以在其补偿数额范围内向实际侵权的第三人追偿。

引例解析

1. 本案唐某是应陆某的安排，从事本案的电灯安装工作，也是从陆某处领取工钱。综上，唐某的雇主为陆某。

2. 根据《民法典》第 1192 条第 2 款规定，提供劳务期间，因第三人的行为造成提供劳务一方损害的，提供劳务一方有权请求第三人承担侵权责任，也有权请求接受劳务一方给予补偿。接受劳务一方补偿后，可以向第三人追偿。唐某的损伤因第三人黄某造成，唐某有权利向用工人某公司或者第三人黄某请求赔偿，但黄某又因为执行工务造成他人损害，因此，黄某的责任由其用人单位某公司替代承担，但是，若可以证明黄某存在故意或者重大过失的，某公司可以向黄某追偿。

相关法律法规

《民法典》第1192条，最高人民法院《关于审理人身损害赔偿案件适用法律若干问题的解释》第4、5条。

思考与练习

一、选择题

甲请乙做家庭保姆，保姆乙在买菜后回家途中，不慎骑车将丙撞伤。下列说法正确的是？（   ）

A. 乙的过错，承担全部责任

B. 甲乙形成了个人劳务关系

C. 乙因提供个人劳务过程中造成他人损害，应当由用人者甲承担替代责任

二、简答题

1. 个人劳务关系中，接受劳务一方承担责任的归责原则是什么？

2. 个人劳务关系中，因第三人造成的损害，责任如何分担？

学习情境：个人劳务关系中侵权责任构成要件的识别和应用

情境案例

2010年10月14日，魏某雇井某拉玉米，在拉玉米回家途中，魏某坐在井某的农用车上，行驶至北京市房山区周口店地区周口村村口时被路上设置的限高杆刮下致伤。魏某被送往北京市房山区中医医院（以下简称房山中医医院）治疗。魏某与井某因赔偿问题未达成一致意见，遂魏某诉至法院。

训练目的

让学生通过训练识别个人劳务关系中的侵权责任，熟练掌握该责任构成要件的应用。

训练方法

请同学们根据学习情境中的案例分组模拟法庭辩论过程。

实训步骤

1. 根据案例需要对学生进行分组。

2. 以组为单位，让学生合理细化案件细节，查阅相关法律法规，分析本案中侵权

责任如何承担。

3. 让学生模拟法庭辩论的过程，双方通过辩论、说理，阐释自己对本案的理解。

4. 学生自我评价训练效果。

5. 教师点评、总结训练情况。

任务五　承揽人、定作人的侵权责任

案例引入

2009 年 7 月，刘某某和张某口头约定，刘某某给张某装修旺旺园 KTV，张某提供材料，刘某某提供工具，张某给刘某某支付装修费 10 000 元。装修时张某未审查刘某某是否具有装修资质。施工中，张某未限定刘某某每天的工作时间，只是约定 20 日内必须完成装修工程。刘某某为了赶工期，每天雇 2~3 人装修，张某每天去装修现场两三次，监督装修质量，由于张某的督促，刘某某有时要加班到晚上 12 点。后来刘某某在装修中被坠落的不锈钢钢板划伤左手掌，被送到医院就诊，住院治疗 17 天，经诊断其左手第 2~5 指屈肌腱断裂，经鉴定为十级伤残。现刘某某诉至法院要求张某赔偿医疗费、伤残赔偿金等共计 3.9 万元。庭审中张某辩称，本案是承揽合同纠纷不是雇员损害赔偿纠纷，故刘某某在承揽作业中造成的损失不应由其赔偿。[1]

问：对于刘某某的损害，张某是否应当承担侵权责任？承担多少？为什么？

基本理论

承揽关系在承揽合同中确定，承揽人与定作人是承揽合同中的双方当事人。承揽人，又称"承揽方"，是指承揽合同中以自己的设备、技术和劳力独立完成约定工作并向对方交付工作成果的当事人。定作人，即与承揽人签订承揽合同的相对方，到期按照合同约定要求承揽人给付工作成果的当事人。

《民法典》第 1193 条规定了承揽关系中的侵权责任：承揽人在完成工作过程中造成第三人损害或者自己损害的，定作人不承担侵权责任。但是，定作人对定作、指示或者选任有过错的，应当承担相应的责任。

一、承揽人的侵权责任

承揽关系不同于雇佣关系，虽然承揽人要依照承揽合同的约定按照定作人的要求完成相应的工作，但是承揽人工作的场地、使用的设备均由承揽人所有，工作人员的配备管理也由承揽人按照自己的意思进行，承揽工作是有独立性的，并不依附于定作人。因此，一般情况下，承揽人在承揽工作过程中造成自己和他人的人身、财产损害，应当适用一般的侵权责任规则，由承揽人独自承担，定作人对侵权结果没有过错的，

---

〔1〕　案例来自"承揽合同纠纷中承揽人受伤定作人不应承担责任"，载微信公众号"合同法律"，上传时间：2017 年 4 月 10 日。

不承担侵权责任。

二、定作人的侵权责任

一般情况下，承揽过程中产生的侵权责任，按照侵权责任编的一般规则，定作人不予承担。但是，定作人对定作、指示或者选任有过错的，承担与其过错相对应的赔偿责任。即定作人在一般情况下不承担侵权责任，在特殊情况下（存在过错时），承担相应的侵权责任。

定作人承担侵权责任的原则是过错责任原则，且对于"过错"的认定应当是基于主观的过失，而非故意。所谓"定作过错"，是指在定作过程中，没有尽到检验、核查的谨慎义务导致项目损失，或者定作内容不合法等情况，在缔约时以及在缔约后，定作人因未善尽相应的定作义务而导致的过错；所谓"指示过错"，是指定作人发出的指示存在错误或者违法、违规情况，例如定作人的指示不符合安全管理法的规定；所谓"选任过错"，是指在承揽人的选择上没有严格按照相关规定核查、筛选，导致承揽人选任不当，例如，选择的承揽人不符合相关资格、资质的要求。[1]

若定作人具有以上的过错，且其过错行为与侵害结果有因果关系，则定作人要对其过错行为承担相应的过错责任，过错责任的大小与其过错的程度、过错所引起的损害结果相一致。

引例解析

承揽合同是指承揽人按照定作人的要求完成工作，交付工作成果，定作人支付报酬的合同。即定作人与承揽人之间不存在控制、支配和从属关系，双方地位平等，承揽人以自己的技术、设备和劳力独立完成一定的工作成果，定作人支付一定报酬。

本案中刘某某与张某之间口头约定：刘某某给张某装修旺旺园 KTV，张某提供材料，刘某某提供工具，张某给刘某某支付装修费 10 000 元。装修中张某没有限定刘某某每天的工作时间，但约定 20 日内必须将旺旺园 KTV 装修好。可见刘某某在本案中提供的不是劳务，而是"将旺旺园 KTV 装修好"这一劳动成果，同时刘某某根据劳动量自己决定人员安排，其不受张某控制、支配，具有人身独立性。故刘某某与张某之间的纠纷属于承揽合同纠纷，并且张某在装修时没有审查刘某某是否有装修资质，就雇佣其装修，所以张某在对承揽人的选任上有过失。故对刘某某在装修过程中受伤要求张某赔偿损失的诉讼请求，法院予以支持。

相关法律法规

《民法典》第 1193 条。

---

[1] 张新宝：《侵权责任法》，中国人民大学出版社 2020 年版，第 175 页。

思考与练习

一、选择题

A 为 B 特向 C 定作一件特制玻璃杯。订货单上，A 指示 C 将玻璃杯交给 B，并将订货情况告知 B。玻璃杯制好后，C 委托 D 将玻璃杯交给 B，D 不慎将玻璃杯摔坏。下列哪一表述是正确的？（　　）

A. B 有权要求 C 承担违约责任

B. B 有权要求 D 承担侵权责任

C. A 有权要求 D 承担侵权责任

D. A 有权要求 C 承担违约责任

二、简答题

1. 在承揽关系中，定作人在什么情况下对承揽人造成的损害承担侵权责任？

2. 承揽关系中，承揽人所承担的侵权责任的归责原则是什么？

学习情境：承揽人、定作人侵权责任构成要件的识别和应用

情境案例

案例一： 2018 年，被告某公司因生产经营需要，计划搭建一座彩钢工棚。因被告王某某以前为被告某公司做过活，某公司遂找到王某某，让王某某找些人搭建彩钢工棚。于是王某某找到原告等五人开始搭建彩钢工棚。2018 年 9 月 15 日 14 时 40 分许，在搭建彩钢工棚过程中，被告王某某用铲车将原告等人往彩钢工棚屋顶运送时，因未及时采取必要的防护措施，致使原告从倾斜的彩钢工棚屋顶滑落，造成原告腰部及双足受伤。

为此，原告提起诉讼并要求：①判令二被告赔偿原告损失 117 352.53 元；②判令被告承担本案涉诉费用。[1]

案例二： 2018 年 9 月，江岸区塔子湖街某小区业主童某将自己的别墅交给王某装修。装修期间，临时雇员徐某在搬运装修材料过程中不慎从别墅二楼尚未安装的电梯口跌入地下一层，经送医抢救治疗 2 个月后，于 2019 年 3 月 6 日不治身亡。各方当事人对事实经过认识基本一致，但在赔偿金额和责任承担问题上产生纠纷。[2]

训练目的

让学生通过训练，掌握承揽关系中侵权责任的构成要件和应用。

---

〔1〕 案例来自山丹县人民法院孟儒海："承揽人在完成工作过程中致第三人损害的，定作人不承担赔偿责任，定作人有过错的，承担相应赔偿责任"，载微信公众号"张掖市中级人民法院"，上传时间：2020 年 7 月 7 日。

〔2〕 案例来自吴甘露："承揽关系是不是定作人逃避侵权责任的无敌盾牌"，载微信公众号"江岸法宣"，上传时间：2019 年 7 月 11 日。

训练方法

请同学们根据学习情境中的案例分组模拟法庭辩论过程。

实训步骤

1. 根据案例需要对学生进行分组。

2. 以组为单位，让学生合理细化案件细节，查阅相关法律法规，分析本案中承揽关系中侵权责任如何承担。

3. 让学生模拟法庭辩论的过程，双方通过辩论、说理，阐释自己对本案的理解。

4. 学生自我评价训练效果。

5. 教师点评、总结训练情况。

任务六　网络侵权责任

案例引入

案例一：2020 年 6 月 10 日，网传"DD 司机性侵直播"引发舆论强烈关注。最后却发现，这是一场营利直播行为。根据警方调查结果，网传视频中车某涛、邰某琦为夫妻关系，二人公开进行色情表演。两人并非 DD 司机，但以"DD 司机、女乘客"为噱头吸引他人观看并牟利。

2020 年 6 月 11 日 19 时 20 分许，公安局 110 指挥中心接到某网约车公司工作人员报警称，在网上看到有网友微博举报疑似"DD 司机性侵直播"事件。公安部门迅速进行核查。经查，犯罪嫌疑人车某涛（男，22 岁，长葛人）邰某琦（女，21 岁，卫辉人）二人系夫妻关系。

2020 年 6 月 10 日凌晨，二人以盈利为目的，在车某涛名下的白色长安车内，通过车某涛手机上安装的某非法直播平台 APP，以网约车司机迷奸女乘客为标题，公开进行色情表演，吸引他人观看，挑战社会公序良俗，突破道德底线，扰乱社会治安秩序。

2020 年 6 月 15 日，DD 出行正式起诉"性侵视频"表演者及其直播平台。[1]

问：DD 出行的诉讼请求是否应当被支持？

案例二：2018 年 2 月 14 日，豆子公司签约主播冯某在豆子公司经营的直播平台进行在线直播，直播平台用户可以购买虚拟币和礼物进行打赏。直播期间冯某播放了歌曲《恋人心》，时长约 1 分 10 秒。直播结束后，主播将直播过程制作成视频并保存在直播平台上，观众可以回放观看和分享。中国音像著作权协会（以下简称音著协）经歌曲《恋人心》的词曲作者授权，可对歌曲《恋人心》行使著作权，它认为豆子公司及其主播的上述行为侵害了其对歌曲享有的信息网络传播权，请求法院判令被告赔偿

---

〔1〕 案例来自"网络直播性侵，平台该担责吗"，载微信公众号"坝上娱乐"，上传时间：2020 年 9 月 27 日。

著作权使用费 3 万元及律师费、公证费等合理开支 12 600 元。[1]

问：法院应当如何判决？

基本理论

网络侵权是指发生在互联网上的各种侵害他人民事权益的行为。我国《民法典》第 1194~1197 条对此作了详尽的规定。

一、网络用户与网络服务提供者的自己责任

《民法典》第 1194 条规定："网络用户、网络服务提供者利用网络侵害他人民事权益的，应当承担侵权责任。法律另有规定的，依照其规定。"《民法典》修改了关于网络侵权的一般规定，拆分原《侵权责任法》第 36 条，将第 1 款的内容作为《民法典》第 1194 条，同时增加了后半段"法律另有规定的，依照其规定"。增加了网络侵权条文数量，同时规定与其他相关法律的连接，其他法律包括《电子商务法》《消费者权益保护法》《食品安全法》等相关法律中涉及网络侵权的相关规定。

这一条文是对网络用户与网络服务提供者自己实施侵权行为的责任规定，属于一般侵权行为，适用过错责任原则。网络侵权中侵犯的权益包括人格权、财产权和知识产权等民事权益。

二、网络服务提供者对网络用户实施侵权行为承担连带责任

（一）通知与反通知规则

1. 通知与取下制度。《民法典》第 1195 条规定："网络用户利用网络服务实施侵权行为的，权利人有权通知网络服务提供者采取删除、屏蔽、断开链接等必要措施。通知应当包括构成侵权的初步证据及权利人的真实身份信息。

网络服务提供者接到通知后，应当及时将该通知转送相关网络用户，并根据构成侵权的初步证据和服务类型采取必要措施；未及时采取必要措施的，对损害的扩大部分与该网络用户承担连带责任。权利人因错误通知造成网络用户或者网络服务提供者损害的，应当承担侵权责任。法律另有规定的，依照其规定。"这一规范，被称为网络侵权责任避风港原则的通知规则。

网络侵权作为互联网时代的产物，其构成要件、归责原则以及责任承担方面也与传统侵权责任类型有所区别。其特点在于互联网的虚拟性和快速性，由此带来的影响就是，行为人一旦实施侵权行为，信息传播时间短、速度快，传播范围广泛，同时行为人身份隐匿性好，给权利人维权带来了极大的挑战。例如，某些娱乐新闻网站常常

---

〔1〕 案例来自史鸣岐："网络直播平台对侵权行为应承担更高的责任和义务"，载搜狐网：https：www. sohu.com/a/379183826_120060011，2020 年 3 月 11 日访问。

贴出内容为某某当红明星的隐私新闻，以此博得网民眼球，获得大量点击率。此类新闻一旦引起一定效应，对该明星的名誉可能产生不可估量的后果。受害人发现此行为后，一般会立即通知该网站，请求立即删除相关信息。如该网站立即删除相关信息，则该网站履行了通知规则的义务；如该网站不及时进行处理，任由网民转发传播，那么该网站应当对危害扩大部分承担责任。网络服务提供者承担该责任须满足以下要件：

（1）被侵权人及时通知。通知，要求被侵权人在得知自身权益遭受侵害时，及时通知网络服务提供者，要求其及时删除相关信息，防止危害结果继续扩张。有效的通知方式应当为提交正式的书面通知，内容应当包含：被侵权人姓名/名称、联系方式/地址、要求删除的信息及相关证明材料。虽然相关法条没有明确通知的方式，笔者认为应当包括可以等同于书面通知的其他通知方式如电子邮件通知，如无法及时提供书面通知，可先采用口头通知方式，之后补充相关书面材料。

（2）未采取必要措施。该构成要件要求，网络服务提供者在接到受害者通知后，应当及时进行删除、撤回、阻止网络使用者访问该信息。反之，如未采取相关措施，则要承担相应的法律后果，例如赔偿损失、赔礼道歉、消除影响等。还应注意的是，如果网络服务提供者及时采取相应措施，仍未能阻止危害的扩大，则不对此承担责任。

2. 反通知制度。《民法典》第 1196 条规定："网络用户接到转送的通知后，可以向网络服务提供者提交不存在侵权行为的声明。声明应当包括不存在侵权行为的初步证据及网络用户的真实身份信息。网络服务提供者接到声明后，应当将该声明转送发出通知的权利人，并告知其可以向有关部门投诉或者向人民法院提起诉讼。网络服务提供者在转送声明到达权利人后的合理期限内，未收到权利人已经投诉或者提起诉讼通知的，应当及时终止所采取的措施。"这一规范，被称为网络侵权责任避风港原则的反通知规则。

《民法典》关于"反通知"规则的规定，使得各方的权利义务更为平衡。

通知规则与反通知规则的区别在于通知主体不同。反通知规则下，侵权人认为自己的行为并未侵犯他人权益，而被侵权人的通知以及网络服务提供者的撤销行为是对自身的权益的侵犯，因而有权要求网络服务提供者进行恢复。

无论是通知规则抑或是反通知规则，均属于网络用户的权利。通知规则是受害人认为自身权益受到损害时的维权依据，通过要求"取下"进行权益的维护，而反通知规则则是通过要求"恢复"进行抗辩。

（二）已知规则

《民法典》第 1197 条规定，网络服务提供者知道或者应当知道网络用户利用其网络服务侵害他人民事权益，未采取必要措施的，与该网络用户承担连带责任。

关于如何认定"知道"，最高人民法院《关于审理利用信息网络侵害人身权益民事纠纷案件适用法律若干问题的规定》第 6 条对构成要素有所规定：

1. 网络服务提供者是否以人工或者自动方式对侵权网络信息以推荐、排名、选择、编辑、整理、修改等方式作出处理；

2. 网络服务提供者应当具备的管理信息的能力，以及所提供服务的性质、方式及其引发侵权的可能性大小；

3. 该网络信息侵害人身权益的类型及明显程度；

4. 该网络信息的社会影响程度或者一定时间内的浏览量；

5. 网络服务提供者采取预防侵权措施的技术可能性及其是否采取了相应的合理措施；

6. 网络服务提供者是否针对同一网络用户的重复侵权行为或者同一侵权信息采取了相应的合理措施；

7. 与本案相关的其他因素。

网络服务提供者知道网络用户的侵权行为时，负有及时采取必要措施、制止侵权行为的义务，未履行相应义务的，是对损害结果的放任。因此，对该侵权结果承担连带责任，承担停止侵害、赔偿损失、赔礼道歉、恢复名誉、消除影响等责任。

引例解析

案例一：《民法典》第1194条规定："网络用户、网络服务提供者利用网络侵害他人民事权益的，应当承担侵权责任。法律另有规定的，依照其规定。"本案中，车某、郗某谎称自己为DD司机与女乘客，并直播色情淫秽表演，该行为严重侵害了DD出行平台的声誉，车某、郗某应当承担侵权责任。《民法典》第1195条第1款规定："网络用户利用网络服务实施侵权行为的，权利人有权通知网络服务提供者采取删除、屏蔽、断开链接等必要措施。通知应当包括构成侵权的初步证据及权利人的真实身份信息。"第1197条规定：网络服务提供者知道或者应当知道网络用户利用其网络服务侵害他人民事权益，未采取必要措施的，与该网络用户承担连带责任。如果直播平台没有在接到"通知"后履行取下义务，则对因没有取下而产生的损失扩大部分与车某、郗某承担连带责任。如果直播平台知道或者应当知道该侵权行为，没有采取必要措施，善尽监督、管理的必要义务，则其与网络用户承担连带责任。

案例二：网络直播平台与签约主播约定，直播产生的音频作品的知识产权归平台所有，同时平台从用户在线观看直播、回放直播视频时对网络主播的虚拟打赏中盈利。所以，豆子公司既是直播平台服务的提供者，也是直播平台上音视频作品的权利人和受益者，对其平台上的侵害著作权行为不应当仅限于承担"通知——删除"义务。豆子公司应当对直播及视频内容的合法性负有更高的注意义务；对平台上直播及视频的制作和传播中发生的侵权行为，除履行"通知——删除"义务外，还应当承担相应的赔偿责任。因此，应当判决被告豆子公司赔偿原告音著协经济损失和合理开支。

相关法律法规

《民法典》第 1194、1195、1196、1197 条，《信息网络传播权保护条例》第 13、14、15、16、17、20、21、22、23、24 条，最高人民法院《关于审理侵害信息网络传播权民事纠纷案件适用法律若干问题的规定》。

思考与练习

一、选择题

1. 甲、乙是同事，因工作争执甲对乙不满，写了一份丑化乙的短文并发布在丙网站，乙发现后要求丙删除，丙不予理会，致使乙受到的损害扩大。关于扩大损害部分的责任承担，下列哪一说法是正确的？（   ）[1]

　　A. 甲承担全部责任

　　B. 丙承担全部责任

　　C. 甲和丙承担连带责任

　　D. 甲和丙承担按份责任

2. 甲到乙医院做隆鼻手术效果很好。乙为了宣传，分别在美容前后对甲的鼻子进行拍照（仅见鼻子和嘴部），未经甲同意将照片发布到丙网站的广告中，介绍该照片时使用甲的真实姓名。丙网站在收到甲的异议后立即作了删除。下列哪一说法是正确的？（   ）[2]

　　A. 乙医院和丙网站侵犯了甲的姓名权，应承担连带赔偿责任

　　B. 乙医院和丙网站侵犯了甲的姓名权，应承担按份赔偿责任

　　C. 乙医院侵犯了甲的姓名权

　　D. 乙医院和丙网站侵犯了甲的姓名权和肖像权，但丙网站可免于承担赔偿责任

二、简答题

1. 试述通知规则以及知道规则下的侵权责任的构成要件及承担。

2. 试述通知规则与知道规则在适用上的关系。

学习情境：网络侵权责任构成要件的识别和应用

情境案例

威海 A 生活家电有限公司诉永康市 B 工贸有限公司、浙江 C 网络有限公司侵害发明专利权纠纷案（最高人民法院指导案例 83 号）：

原告威海 A 生活家电有限公司（以下简称 A 公司）诉称：永康市 B 工贸有限公司（以下简称 B 公司）未经其许可，在 C 商城等网络平台上宣传并销售侵害其 ZL200980000002.8 号专利权的产品，构成专利侵权；浙江 C 网络有限公司（以下简称

---

[1] 2010 年国家司法考试试题卷三单选第 23 题。

[2] 2011 年国家司法考试试题试卷三单选第 24 题。

C 公司）在 A 公司投诉 B 公司侵权行为的情况下，未采取有效措施，应与 B 公司共同承担侵权责任。

请求判令：①B 公司立即停止销售被诉侵权产品；②B 公司立即销毁库存的被诉侵权产品；③C 公司撤销 B 公司在 C 平台上所有的侵权产品链接；④B 公司、C 公司连带赔偿 A 公司 50 万元；⑤本案诉讼费用由 B 公司、C 公司承担。

B 公司答辩称：其只是卖家，并不是生产厂家，A 公司索赔数额过高。

C 公司答辩称：①其作为交易平台，并不是生产销售侵权产品的主要经营方或者销售方；②涉案产品是否侵权不能确定；③涉案产品是否使用在先也不能确定；④在不能证明其为侵权方的情况下，由其连带赔偿 50 万元缺乏事实和法律依据，且其公司业已删除了涉案产品的链接，A 公司关于撤销 B 公司在 C 平台上所有侵权产品链接的诉讼请求亦不能成立。

法院经审理查明：2009 年 1 月 16 日，A 公司及其法定代表人李某共同向国家知识产权局申请了名称为"红外线加热烹调装置"的发明专利，并于 2014 年 11 月 5 日获得授权，专利号为 ZL200980000002.8。该发明专利的权利要求书记载："①一种红外线加热烹调装置，其特征在于，该红外线加热烹调装置包括：托架，在其上部中央设有轴孔，且在其一侧设有控制电源的开关；受红外线照射就会被加热的旋转盘，作为在其上面可以盛食物的圆盘形容器，在其下部中央设有可拆装的插入上述轴孔中的突起；支架，在上述托架的一侧纵向设置；红外线照射部，其设在上述支架的上端，被施加电源就会朝上述旋转盘照射红外线；上述托架上还设有能够从内侧拉出的接油盘；在上述旋转盘的突起上设有轴向的排油孔。"2015 年 1 月 26 日，涉案发明专利的专利权人变更为 A 公司。涉案专利年费缴纳至 2016 年 1 月 15 日。

2015 年 1 月 29 日，A 公司的委托代理机构北京商专律师事务所向北京市海诚公证处申请证据保全公证，其委托代理人王某、时某在公证处的监督下，操作计算机登入 C 网（网址为 http://www.tmall.com），在一家名为"益某康旗舰店"的网上店铺购买了售价为 388 元的 3D 烧烤炉，并拷贝了该网店经营者的营业执照信息。同年 2 月 4 日，时某在公证处的监督下接收了寄件人名称为"益某康旗舰店"的快递包裹一个，内有韩文包装的 3D 烧烤炉及赠品、手写收据联和中文使用说明书、保修卡。公证员对整个证据保全过程进行了公证并制作了（2015）京海诚内民证字第 01494 号公证书。同年 2 月 10 日，A 公司委托案外人张某向 C 网知识产权保护平台上传了包含专利侵权分析报告和技术特征比对表在内的投诉材料，但 C 网最终没有审核通过。同年 5 月 5 日，C 公司向浙江省杭州市钱塘公证处申请证据保全公证，由其代理人刁某在公证处的监督下操作电脑，在 C 网益某康旗舰店搜索"益某康 3D 烧烤炉韩式家用不粘电烤炉无烟烤肉机电烤盘铁板烧烤肉锅"，显示没有搜索到符合条件的商品。公证员对整个证据保全过程进行了公证并制作了（2015）浙杭钱证内字第 10879 号公证书。[1]

训练目的

让学生通过训练识别网络侵权责任，熟练掌握网络侵权责任构成要件的应用。

训练方法

请同学们根据学习情境中的案例分组模拟法庭辩论过程。

实训步骤

1. 根据案例需要对学生进行分组。

2. 以组为单位，让学生合理细化案件细节，查阅相关法律法规，分析本案中网络侵权责任如何承担。

3. 让学生模拟法庭辩论的过程，双方通过辩论、说理，阐释自己对本案的理解。

4. 学生自我评价训练效果。

5. 教师点评、总结训练情况。

任务七　违反安全保障义务的侵权责任

案例引入

案例一：2015 年 11 月 25 日晚 6 时许，毛某因与其前男友感情纠纷，便萌生报复社会的想法，毛某来到某路步步高商场里的步步高超市（归步步高商场所有），拿了 2 把菜刀并放在随身携带的花色提包内，未付款就从超市进口处离开超市，未受步步高商场工作人员的阻拦。随后毛某在商场里持刀砍向被害人胡某头部、背部数下，被害人胡某经抢救无效死亡。经江西某司法鉴定所鉴定，毛某患有精神分裂症，案发时处于发病期。[2]

问：步步高商场是否应当承担侵权责任？为什么？

案例二：马某英在中国工商银行股份有限公司某支行座椅区等候时，未注意到座椅腿，从而被座椅腿绊倒受伤。后经鉴定，顾客未注意到座椅腿，是因为座位间距不符合标准。

问：中国工商银行股份有限公司某支行是否应当承担赔偿责任？

基本理论

安全保障义务是指宾馆、商场、银行、车站、娱乐场所等公共场所的管理人或者群众性活动的组织者对于进入该场所的消费者、活动参与者（被组织者）所承担的保障其人身、财产安全的义务。负有安全保障义务的主体如果没有尽到安全保障义务，

---

〔1〕　案例来自 http：//www.tpflzx.com/a/kehuanli/zhidaoanli/2018/1225/735.html，2020 年 10 月 29 日访问。

〔2〕　案例来自"持刀砍人，菜刀何错之有？丢刀商场被判担责，是没搞清法律上的安全保障义务和侵权纠纷因果关系"，载微信公众号"烟语法明"，上传时间：2018 年 9 月 11 日。

造成他人损害的，应当承担侵权责任。[1]

一、安全保障义务人对自己过失的责任

《民法典》第1198条第1款规定了安全保障义务人对自己过失的责任：宾馆、商场、银行、车站、机场、体育场馆、娱乐场所等经营场所、公共场所的经营者、管理者或者群众性活动的组织者，未尽到安全保障义务，造成他人损害的，应当承担侵权责任。

《民法典》侵权责任编关于此部分内容的规定，相较于《侵权责任法》（已失效），增加了"等经营场所"的经营者作为责任主体。

构成该责任需要具备以下要件：

1. 安全保障义务人的过错。违反安全保障义务人的过错性质，是未尽注意义务的过失，不包括故意。安全保障义务的过错认定应当适用过错推定原则，实行举证责任倒置，即被侵权人只要证明被告的行为违反了安全保障义务，即可直接推定被告具有过错，对于证明自己（被告）没有过错这一事实的证明责任归于安全保障义务人，若能够证明自己无过错，则不承担侵权责任；若不能够证明自己无过错，则承担侵权责任。

2. 安全保障义务人未履行作为义务。安全保障义务人有作为的义务，应当做好事前的保障措施以防止损害发生，损害发生后采取必要措施以防止损害进一步扩大，即安全保障义务人有积极作为的法定义务。

3. 被侵权人的损害。被侵权人遭受了实际的损害，包括人身损害，例如身体受损、生命安全受损，以及因此带来的精神损害，也包括财产的损失。

4. 安全保障义务人不作为与被侵权人的损害之间存在因果关系，如果安全保障义务人履行了安全保障的义务，则损害结果可以避免或者减轻，则认为存在因果关系，反之，则认为不存在因果关系。[2]

二、安全保障义务人对第三人致害的补充责任

《民法典》第1198条第2款规定了安全保障义务人对第三人致害的补充责任：因第三人的行为造成他人损害的，由第三人承担侵权责任；经营者、管理者或者组织者未尽到安全保障义务的，承担相应的补充责任。经营者、管理者或者组织者承担补充责任后，可以向第三人追偿。

相较于《侵权责任法》（已失效），《民法典》第1198条第2款规定了安全保障义务人向造成损害的第三人追偿的权利。这使得关于场所和责任主体的规定更加全面，

---

[1] 邓岩、熊小琼主编：《民法原理与实务》下，暨南大学出版社2013年版，第218页。

[2] 张新宝：《侵权责任法》，中国人民大学出版社2016年版，第178页。

增加追偿权更有利于平衡各方利益和责任。构成该责任需具备以下要件：

1. 损害是由第三人的侵权行为造成。即对被侵权人造成的损害是由安全保障义务人以外的第三人直接造成。

2. 安全保障义务人有过失。安全保障义务人在其负有保障义务的区域，有保障区域活动人员的人身安全与财产安全的义务，其有义务采取必要的措施预防损害的发生，以及在损害发生后采取有效的方式控制损失的扩大。但对于其保障义务，也仅限于其自身能力可以达到的程度和范围。比如，对于"9·11"等恐怖活动带来的突然性暴力事件，就不能要求酒店老板做到防止该暴力事件给顾客带来人身和财产损害。

3. 被害人遭受损害。包括人身损害、精神损害和财产损害。

4. 因果关系。导致被侵权人损害的直接原因是第三人的加害行为，安全保障义务人的安全保障义务履行不到位仅是间接原因，即第三人的加害行为是独立的，给被害人带来的损害也是完全的，安全保障义务人对于因其没有履行好相应的义务、没有有效地防止损害的发生负有相应的责任。

对于第三人造成的损害，安全保障义务人承担相应的补充责任。这是指，在赔偿责任履行的顺位上，第三人及其他应当负责的人（如监护人）先履行赔偿责任，对于不能履行的部分，由安全保障义务人补充履行，而该补充履行的部分，并不是补充履行剩余的全部，而是仅承担与其过错程度相当的那部分补充责任。

引例解析

案例一： 步步高商场疏于管理和防控，对其销售的菜刀（2把）被毛某盗出而未发现，所以未尽到足够谨慎的注意义务，步步高商场这种疏于防范的过失构成了精神病患者毛某杀人结果的先决条件，该不作为行为是前因，与毛某杀人行为作为近因，共同形成了被害人死亡结果的因果关系，步步高商场对损害结果的发生显然存在过错，所以应承担违反安全保障义务的侵权责任。

案例二： 受害人到中国工商银行股份有限公司某支行办理业务时摔倒受伤。受害人在座椅区等候时，未注意到一般客户均注意到的座椅腿的明显妨碍，而摔倒受伤。受害人作为成年人，自身具备一定的危险防范意识及能力，其应对摔倒承担一定的过错责任。另外，因该座椅前后间距标准不适用于中国工商银行股份有限公司某支行，即中国工商银行股份有限公司某支行未尽到安全保障义务，致使受害人的损害后果。该后果与中国工商银行股份有限公司某支行的过失之间存在一定的因果关系，可酌定中国工商银行股份有限公司某支行对受害人承担相应的赔偿责任。

相关法律法规

《民法典》第 1198 条。

思考与练习

一、选择题

1. 梁某与甲旅游公司签订合同，约定梁某参加甲公司组织的旅游团赴某地旅游。出发前15日，梁某通知甲公司，因出差无法旅游而由韩某替代自己跟团旅游。旅游行程进行到一半，甲公司不顾韩某反对，将其旅游业务转给乙公司。乙公司组织游客参观某森林公园，该公园所属观光小火车司机因操作失误致火车脱轨，韩某遭受重大损害。下列哪些表述是正确的？（　　　）[1]

A. 即使甲公司不同意，梁某仍有权将旅游合同转让给韩某

B. 韩某有权请求甲公司和乙公司承担连带责任

C. 韩某有权请求某森林公园承担赔偿责任

D. 韩某有权请求小火车司机承担赔偿责任

2. 小偷甲在某商场窃得乙的钱包后逃跑，乙发现后急追。甲逃跑中撞上欲借用商场厕所的丙，因商场地板湿滑，丙摔成重伤。下列哪些说法是错误的？（　　　）[2]

A. 小偷甲应当赔偿丙的损失

B. 商场须对丙的损失承担补充赔偿责任

C. 乙应适当补偿丙的损失

D. 甲和商场对丙的损失承担连带责任

二、简答题

1. 简述安全保障义务人承担侵权责任的法理依据。

2. 简述安全保障义务人的侵权责任的承担。

三、思考题

1. 如何认识安全保障义务的性质与种类？

2. 如何理解安全保障义务人"相应的补偿责任"？

学习情境：违反安全保障义务责任构成要件的识别和应用

情境案例

20××年××月××日，莫某入住被告酒店××号房间，邀请朱某和朱某男友邓某在房间玩。次日0时10分许，莫某在被告酒店房间与其前男友唐某在通电话过程中发生争吵，随后唐某来到被告酒店房间，用脚将房门踢开后，掏出所携带的刀具朝坐在电脑桌处的邓某捅了一刀，朱某见状马上跑出房间，邓某受伤后也从该房间跑了出去。随后，唐某用刀在莫某胸口捅了两刀，莫某当场死亡。案件发生后，酒店前台服务员打了"110"电话报警并打了"120"急救，酒店值班经理兼保安在见到受伤的邓某跑下来后

---

[1] 2011年国家司法考试试题试卷三多选第60题。

[2] 2012年国家司法考试试题试卷三多选第67题。

打电话告知了酒店负责人，之后将受伤的邓某送往医院救治。唐某逃离现场。

被告酒店在公共区域内均安装了监控设备，在前台处能通过监控设备看见整个酒店的公共区域，房门安装了电子门锁。被告酒店前台服务员陈述莫某被杀案当晚从监控视频中看见唐某踢房门，亦听见了踢门的声音，但没有马上告知酒店值班经理。事发后，某公安局以犯罪嫌疑人唐某已死亡，撤销莫某被杀案。莫某的家属未能从唐某处获得经济赔偿。莫某的家属即本案二原告认为被告未尽到安全保障义务，导致莫某死亡，应当承担侵权责任，遂诉至法院，请求判令被告承担 50% 的赔偿责任即 258 402 元。[1]

训练目的

让学生通过训练识别并熟练掌握违反安全保障义务的侵权责任构成要件的应用。

训练方法

请同学们根据学习情境中的案例分组模拟法庭辩论过程。

实训步骤

1. 根据案例需要对学生进行分组。

2. 以组为单位，让学生合理细化案件细节，查阅相关法律法规，分析本案中违反安全保障义务的侵权责任如何承担。

3. 让学生模拟法庭辩论的过程，双方通过辩论、说理，阐释自己对本案的理解。

4. 学生自我评价训练效果。

5. 教师点评、总结训练情况。

任务八　教育机构的侵权责任

案例引入

案例一： 陆某是某小学三年级学生（9 岁），一日趁体育课自由活动时，独自一人走出学校大门，到附近书店看书，在过马路时被王某驾驶的机动车撞倒，王某逃逸，一直未归案。陆某受重伤被路人送去医院抢救，共花费上万元医疗费。经查，该机动车为肖某所有，是王某于事故发生当日盗取的。后陆某的父母向法院起诉，要求某小学和肖某共同承担侵权责任，赔偿陆某的医疗费并进行精神损害赔偿。[2]

问：

1. 肖某是否需要承担侵权责任？

2. 某小学是否需要承担侵权责任？

3. 原告是否可以要求精神损害赔偿？

---

〔1〕　案例来自"酒店的安全保障义务责任"，载搜狐网：https：//www. sohu. com/a/124483813_603775，2017 年 1 月 17 日访问。

〔2〕　案例来自邓岩、熊小琼主编：《民法原理与实务》下，暨南大学出版社 2013 年版，第 213 页。

案例二：2012 年 4 月初和 4 月中旬，被告开办的幼儿园先后有多名幼儿患有手足口病。因被告在预防和处置措施上不到位，既没有向有关卫生防疫部门进行汇报，也没有向入托的幼儿家长通报，导致原告在其子患手足口病后，错误地认为是患感冒，耽搁了早期治疗时间而死亡。[1]

问：被告开办的幼儿园是否需要承当相应的责任？

案例三：张某诉夏某、王某、顾某、刘某、许某及常熟市某中心小学人身损害赔偿纠纷案：被告夏某、王某、顾某、刘某、许某等 5 名同学（该小学在校学生，10 岁），该小学具有柔道特殊训练作用的教室放有垫子、沙袋等特殊训练设施，教室呈开放状态，允许学生自由进出、玩耍，无教师看管，被告五人进入该教室将原告张某（该小学在校学生，9 岁）摔落于该教室内铺设的垫子上而受伤；事故发生后，校方又未及时送医，仅是通知原告家属，将原告送至门卫，由其家属送医。事件发生在课间。

问：常熟市某中心小学是否需要承担责任？

基本理论

教育机构侵权责任是指幼儿园、学校等教育机构对无民事行为能力人或者限制民事行为能力人在教育机构学习、生活期间受到的人身损害承担的侵权责任。[2]

一、对无民事行为能力人的侵权责任

《民法典》第 1199 条规定，无民事行为能力人在幼儿园、学校或者其他教育机构学习、生活期间受到人身损害的，幼儿园、学校或者其他教育机构应当承担侵权责任；但是，能够证明尽到教育、管理职责的，不承担侵权责任。构成该责任的构成要件如下：

1. 无民事行为能力人受到人身损害。值得注意的是，这里的损害是指无民事行为能力人受到了人身损害，而非财产损失，并且人身受到损害的发生必须是在教育机构内的学习和生活期间，如果在已经放学后回家的路上发生人身伤害便不在本法条的保护范围内。

2. 教育机构有过错。教育机构对无民事行为能力人受到人身损害所承担的侵权责任的归责原则是过错推定，举证责任倒置，即无民事行为能力人在教育机构受到人身损害后，直接推定教育机构没有尽到教育、管理职责，对无民事行为能力人遭受侵害是有过错的，无民事行为能力人及其法定代理人不对证明教育机构未尽责负有举证义务，但是，教育机构能够举证证明自己已经尽到教育、管理职责的，则视为其对无民事行为能力人受到的人身损害没有过错，不承担侵权责任。

3. 教育机构的过错行为与损害结果有因果关系。教育机构未尽到应尽的教育、管

---

[1] 案例来自高地律师事务所："教育机构侵权责任分析"，载微信公众号"高地律师"，上传时间：2019 年 6 月 25 日。

[2] 张新宝：《侵权责任法》，中国人民大学出版社 2016 年版，第 182 页。

理职责，有应为而未为的不作为行为，且教育机构未尽职责导致了无民事行为能力人遭受了人身损害，即教育机构的过错行为与损害结果有因果关系。

二、对限制民事行为能力人的侵权责任

《民法典》第1200条规定，限制民事行为能力人在学校或者其他教育机构学习、生活期间受到人身损害，学校或者其他教育机构未尽到教育、管理职责的，应当承担侵权责任。

教育机构对限制行为能力人的归责原则适用过错责任原则，我国《中华人民共和国教育法》《中华人民共和国未成年人保护法》等相关法律、法规已经对教育机构的职责作了细致的规定，因此，限制民事行为能力人能够证明教育机构没有尽到教育管理职责的，教育机构要对其疏于教育、管理的不作为行为负有过错责任，承担对限制民事行为能力人人身损害的侵权责任。与教育机构对无民事行为能力人人身损害承担的侵权责任相比，两者的区别在于举证责任的分配：对限制民事行为能力人人身损害的侵权责任，举证责任归于被侵权人一方；对无民事行为能力人人身损害承担的侵权责任，举证责任倒置，归于侵权方。

其他构成要件同上。

三、对第三人致害的侵权责任

《民法典》第1201条规定，无民事行为能力人或者限制民事行为能力人在幼儿园、学校或者其他教育机构学习、生活期间，受到幼儿园、学校或者其他教育机构以外的第三人人身损害的，由第三人承担侵权责任；幼儿园、学校或者其他教育机构未尽到管理职责的，承担相应的补充责任。幼儿园、学校或者其他教育机构承担补充责任后，可以向第三人追偿。

1. 被侵害人的人身损害是第三人加害行为造成的。无民事行为能力人、限制民事行为能力人遭受的人身损害是第三人行为造成的，第三人是指学校教学、管理人员等学校内部人员之外的外部人员。且对被侵害人的侵害行为发生在教育机构内的学习、生活期间。

2. 教育机构有过错。对于第三人造成的人身损害结果，过错方是第三人，第三人对其侵权行为独立承担全部责任。当被侵权人能够举证证明教育机构未尽到教育、管理义务，则教育机构对其未尽义务所产生的后果具有过错，应当承担相应的侵权责任，但该责任属于补充责任，对被侵害人的侵权责任首先是由第三人赔偿，在第三人无法确定或者第三人赔偿不足时，教育机构负担补充责任，但其所承担的补充责任的大小受限于其过错程度。

《民法典》该条文在《侵权责任法》（已失效）相应条文的基础上增加了"教育机构的追偿权"规定，使得各方责任分配更为合理。

3. 因果关系。对于被侵害人的人身损害，直接原因是第三人的加害行为，间接原因是教育机构因为未尽到应尽的教育、管理义务使得第三人的加害行为能够实现。

具备以上构成要件的幼儿园、学校、其他教育机构应当承担相应的侵权责任。

▌ 引例解析

案例一： 1. 根据《民法典》第 1215 条的规定，盗窃、抢劫或者抢夺的机动车发生交通事故造成损害的，由盗窃人、抢劫人或者抢夺人承担赔偿责任。保险公司在机动车强制保险责任限额范围内垫付抢救费用的，有权向交通事故责任人追偿。所以该机动车的车主并不承担责任，应由盗窃人王某承担责任。

2. 《民法典》第 1199 条规定，无民事行为能力人在幼儿园、学校或者其他教育机构学习、生活期间受到人身损害的，由侵权人承担侵权责任；幼儿园、学校或者其他教育机构未尽到管理职责的，承担相应的补充责任。在本案中，学校未尽到管理职责，应当承担补充责任。

3. 《民法典》第 1183 条规定，侵害自然人人身权益造成严重精神损害的，被侵权人有权请求精神损害赔偿。本案中，该伤害如果给 9 岁的陆某造成严重精神损害，可以要求精神损害赔偿。

案例二： 被告开办的幼儿园，在办学规模已经达到一定程度的情况下，从业人员中没有从事卫生保健方面的老师，导致幼儿园先后有幼儿患有手足口病，被告在预防和处置措施上不到位。并且使原告在其子患手足口病时产生认识上的误解，未在第一时间送医疗机构治疗，导致其子错过最佳的治疗时机，最终造成其子患危重型手足口病死亡的后果，对此，被告具有一定的过错，依法应当对原告之子的死亡后果承担相应的民事赔偿责任。原告作为监护人应对其子患病死亡的后果负有主要民事责任。

根据《民法典》第 1199 条，教育机构在未尽到教育、管理职责的情况下应承担责任。但实践中教育机构往往不会成为唯一的责任主体，原因在于学校的教育、管理职责并不能替代监护人的监护职责，校方承担的责任比例最终会结合具体案情来认定。

案例三： 该小学对其校内设有垫子、沙袋等特殊训练设施、具有柔道特殊训练作用的教室疏于管理，致教室呈开放状态，允许学生自由进出、玩耍，无教师看管，导致被告五人进入该教室将原告摔落于该教室内铺设的垫子上而受伤；事故发生后，校方又未能及时将原告送医，而仅是通知原告家属，将原告送至门卫，由其家属送医，对事故的发生和损害后果具有一定过错，应承担次要责任。

▌ 相关法律法规

《民法典》第 1199、1200、1201 条，《学生伤害事故处理办法》第 9 条。

▌ 思考与练习

一、选择题

某小学组织春游，队伍行进中某班班主任张某和其他教师闲谈，未跟进照顾本班

学生。该班学生李某私自离队购买食物，与小贩刘某发生争执而被打伤。对李某的人身损害，下列说法是正确的？（　　）[1]

    A. 刘某应承担赔偿责任

    B. 某小学应承担赔偿责任

    C. 某小学应与刘某承担连带赔偿责任

    D. 刘某应承担赔偿责任，某小学应承担相应的补充赔偿责任

二、简答题

1. 如何认定教育机构的过错？

2. 如何理解教育机构对自己不作为的过错责任？

3. 简述教育机构侵权责任的类型以及归责原则。

学习情境：教育机构侵权责任构成要件的识别和应用

▦▦ 情境案例

    郑某诉谈 A、谈 B、罗某、九峰小学侵权责任纠纷一案：2011 年 3 月 22 日下午放学后，约 17 时许原告郑某与同班同学王某某在被告九峰小学学前班台阶上做作业。被告谈 A 见原告郑某坐在台阶上做作业，便想爬到原告郑某身边与其一同做作业。被告谈 A 在跳起爬上台阶时不慎碰到了坐在台阶上做作业的原告郑某，致使原告郑某坠地摔断了二颗门牙。由于当时被告九峰小学无教职人员在场监管，原告郑某的监护人当即将其送往湖北省某医院治疗，用去医疗费 605 元。医院诊断原告郑某由于年龄小，现在口腔没有定型，不能治疗，要到 16~17 岁才能治疗，现在镶牙一次需要八千多块钱，每隔五六年一次，最多十年一次。事后，原告郑某的监护人多次与被告谈 A 的监护人及被告九峰小学协商，二者均不愿意承担相应的赔偿责任。

    为此，原告诉至人民法院，请求：①判令四被告赔偿原告郑某因人身损害发生的医疗费 40 000 元、交通费 300 元（酌定）、精神抚慰金 5000 元，后续治疗费、残疾赔偿金等费用以司法鉴定结果为准。②本案诉讼费用由四被告承担。

    原告郑某为证明其诉讼请求和主张，提交证据如下：

1. 原告郑某及其父母亲的户籍证明、被告谈 A 及其父母亲的户籍证明；

2. 原告郑某在武汉某口腔医院的检查记录、门诊收费发票；

3. 派出所对原告郑某、被告谈 A 及班主任刘某某、同学王某某的询问笔录；

4. 对事发现场补拍的照片。

    被告谈 A、谈 B、罗某辩称：事情发生的时候，没有一个大人在场，现场只有 3 个小孩：王某某、原告郑某和被告谈 A。当时原告郑某是坐在一个 1 米高的台阶上面，她一只脚是悬空的，本身也没有坐稳，是歪着坐在上面的。王某某他说没有看见郑某，

―――――――――――

[1] 2009 年国家司法考试试题试卷三单选第 23 题。

他是听见原告郑某哭的时候回头才看见原告郑某掉到地上了。当时被告谈 A 并没有碰到原告郑某，是原告郑某自己没有坐稳掉到地上的，不是被告谈 A 的原因造成其受伤。对于原告郑某请求赔偿的数额：①医疗费应该以实际已经发生的为准。前期已经发生的 605 元，对真实性没有意见。原告郑某要求赔偿 40 000 元实际上包含后期将会发生的治疗费用。②交通费没有见到票据。③精神抚慰金没有依据，偏高。从原告郑某的陈述看，其中还包括家人的精神损失，不能在本案中起诉。

被告九峰小学辩称：对原告郑某受伤的事实无异议。但是对受伤的原因有异议，学校当时无人在场，具体经过及事发原因，请法院裁决。事发当时是属于学校的放学时间，学校已经没有义务对学生进行监管，也就谈不上一定要派教职员工到现场进行监管。事情发生后，原告郑某当时就被监护人送到医院，学校还不知道这个事情，开始是原告郑某和其他被告之间自行协商。学校知道后，对事情尽力进行了处理，还请派出所进行了调查，但派出所做的笔录中当事人的陈述有矛盾。学校已经在自己最大的责任范围内对该起事故进行了处理。对后期治疗费用待实际发生后另行起诉。

被告谈 A、谈 B、罗某、九峰小学均未向本院提交证据。[1]

 训练目的

让学生通过训练识别教育机构侵权责任，熟练掌握教育机构侵权责任构成要件的应用。

训练方法

请同学们根据学习情境中的案例分组模拟法庭辩论过程。

实训步骤

1. 根据案例需要对学生进行分组。

2. 以组为单位，让学生合理细化案件细节，查阅相关法律法规，分析本案中教育机构侵权责任如何承担。

3. 让学生模拟法庭辩论的过程，双方通过辩论、说理，阐释自己对本案的理解。

4. 学生自我评价训练效果。

5. 教师点评、总结训练情况。

拓展阅读

[1] 张新宝：《侵权责任构成要件研究》，法律出版社 2007 年版。

[2] 张民安："雇主替代责任在我国未来侵权法中的地位"，载《中国法学》2009 年第 3 期。

[3] 张新宝、任鸿雁："互联网上的侵权责任：《侵权责任法》第 36 条解读"，载《中国人民大学学报》2010 年第 4 期。

---

〔1〕 改编自 https://www.110.com/panli/panli_ 47620505.html，2020 年 10 月 27 日访问。

〔4〕 张新宝、唐青林:"经营者对服务场所的安全保障义务",载《法学研究》2003 年第 3 期。

〔5〕 王利明:《侵权责任法研究》下,中国人民大学出版社 2011 年版。

〔6〕 王利明:"论侵权法中的教育机构——从其侵权责任谈起",载《中国法学教育研究》2011 年第 3 期。

特殊侵权责任原理与实务

知识结构图

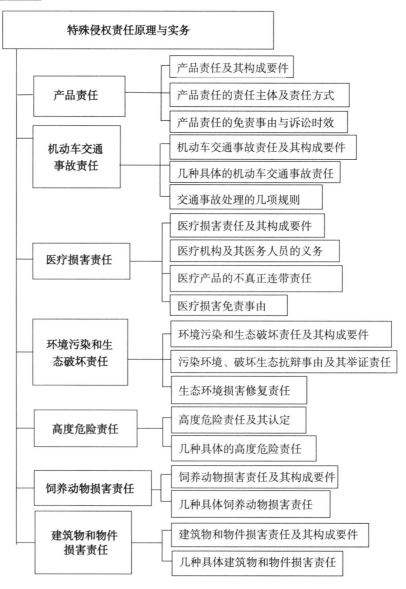

特殊侵权责任原理与实务

产品责任
- 产品责任及其构成要件
- 产品责任的责任主体及责任方式
- 产品责任的免责事由与诉讼时效

机动车交通事故责任
- 机动车交通事故责任及其构成要件
- 几种具体的机动车交通事故责任
- 交通事故处理的几项规则

医疗损害责任
- 医疗损害责任及其构成要件
- 医疗机构及其医务人员的义务
- 医疗产品的不真正连带责任
- 医疗损害免责事由

环境污染和生态破坏责任
- 环境污染和生态破坏责任及其构成要件
- 污染环境、破坏生态抗辩事由及其举证责任
- 生态环境损害修复责任

高度危险责任
- 高度危险责任及其认定
- 几种具体的高度危险责任

饲养动物损害责任
- 饲养动物损害责任及其构成要件
- 几种具体饲养动物损害责任

建筑物和物件损害责任
- 建筑物和物件损害责任及其构成要件
- 几种具体建筑物和物件损害责任

项目一 产品责任

知识目标

掌握产品责任的构成要件、责任主体及承担责任方式，熟悉产品责任的免责事由。

能力目标

学会正确区分是否构成产品责任，识别产品责任的责任主体及责任方式，把握产品责任的诉讼时效。

任务一 产品责任及其构成要件

案例引入

某物流公司从电梯销售公司购买了一套升降机，并在物流公司办公楼内进行了安装使用。一天，张某到物流公司办事，当张某刚进入升降机，尚未触动升降机内的任何按键，升降机却突然发生故障，猛烈坠落到楼下地面。

张某当即被送往医院，经治疗后被鉴定为七级伤残，前后共花费医疗费10万元。后张某要求电梯销售公司赔偿被拒绝，理由是升降机出现事故是质量问题还是操作不当造成已无法认定，无证据证明系升降机质量问题；且电梯销售公司仅仅是升降机的销售者，张某应当追究的是电梯生产厂家的责任。张某索赔无果后，遂将电梯销售公司起诉至法院。[1]

问：张某起诉电梯销售公司的做法是否正确？

基本理论

一、产品责任的概念

产品责任，是指因产品缺陷致使他人受到人身或财产损害的，产品的生产者、销售者应承担他人所受损害的赔偿责任。

《民法典》未定义何为"产品"。《中华人民共和国产品质量法》（以下简称《产品质量法》）第2条规定："在中华人民共和国境内从事产品生产、销售活动，必须遵守本法。本法所称产品是指经过加工、制作，用于销售的产品。建设工程不适用本法规定；但是，建设工程使用的建筑材料、建筑构配件和设备，属于前款规定的产品范围的，适用本法规定。"

由此可见，产品是指经过加工、制作，用于销售的产品。建设工程不属于产品，

---

〔1〕 改编自 https：//wenku.baidu.com/view/fc46a6d96aec0975f46527d3240c844769eaa000.html，2020年9月20日访问。

但建设工程使用的建筑材料、建筑构配件和设备可被视为产品。

二、产品责任的构成要件

（一）生产、销售的产品存在缺陷

《民法典》未对"产品缺陷"作出定义。根据《产品质量法》第46条的规定，缺陷是指产品存在危及人身、他人财产安全的不合理的危险；产品有保障人体健康和人身、财产安全的国家标准、行业标准的，是指不符合该标准。

产品缺陷是导致出现受害人以及导致生产者、销售者需要向受害人承担责任的根源，属于物件（产品）致害而非行为（生产者、销售者）致害。

也就是说，产品责任承担的直接原因是产品存在缺陷导致发生了损害结果，而不是生产者的生产行为或是销售者的销售行为本身引起了损害结果。

（二）存在损害结果或损害风险

根据《民法典》侵权责任编第四章的规定，产品责任包括损害责任与预防性责任。

1. 损害责任的承担要求出现损害结果。产品责任的损害结果包括人身损害、缺陷产品外的财产损害及精神损害。

（1）人身损害包括致人死亡和致人伤残，被侵害的权益为受害人的生命、身体和健康，一般不包括名誉、隐私等其他人身权益。

（2）财产损害指缺陷产品之外产生的其他财物损失，包括直接损失及间接损失。损失的存在及范围，由受害人举证。

需要注意的是，产品责任并不包括对缺陷产品本身损害的赔偿。对于缺陷产品本身毁损所造成的损失，缺陷产品的购买者可基于合同关系向销售者追究产品质量责任。例如，甲购买的某款知名手机因严重瑕疵发生自爆，造成甲身体受伤，甲受到的损害包括购买该知名手机的损失、治疗费的损失以及精神损害。甲可以基于产品责任，要求生产者和销售者承担人身损害及精神损害赔偿责任，也可以同时基于产品质量责任，主张手机毁损的赔偿。

精神损害是指缺陷产品给受害人造成的精神痛苦，其伴随人身损害、具有特殊人身意义的财产损害而发生。所以有必要对受害人遭受的内心创伤给予抚慰补救。

2. 预防性责任的承担要求存在损害风险。《民法典》第1205条规定："因产品缺陷危及他人人身、财产安全的，被侵权人有权请求生产者、销售者承担停止侵害、排除妨碍、消除危险等侵权责任。"结合《民法典》第1167条规定可知，只要出现"危及"的情形，生产者、销售者就应承担侵权责任，并不要求"已经"造成人身损害或财产损失，也不要求缺陷产品的生产者、销售者有过错。

《民法典》第1206条规定："产品投入流通后发现存在缺陷的，生产者、销售者应当及时采取停止销售、警示、召回等补救措施；未及时采取补救措施或者补救措施不力造成损害扩大的，对扩大的损害也应当承担侵权责任。依据前款规定采取召回措施的，生产者、销售者应当负担被侵权人因此支出的必要费用。"本条规定生产者有义务跟踪已投入流通产品的使用情况，尤其是应当及时了解、发现流通产品可能存在的安全隐患。若了解、发现产品有缺陷的，应迅速采取补救措施。

3. 产品缺陷与损害结果、损害风险之间存在因果关系。产品责任中的因果关系，是指产品的缺陷与受害人的损害事实或损害风险之间存在关联。虽然产品责任不以行为人的主观过错为责任成立要件，但仍然要求缺陷产品与受害人的损害之间存在触发与被触发的关联。

考虑到科学技术的日新月异，受害人往往难以对物品自身有无缺陷、缺陷与损害结果之间的关联作出确切证明，因此在例外情形中，也可以采取相当因果关系说及因果关系推定的方式来确定存在因果关系，以减轻受害人的举证负担。

三、产品责任的请求权主体

一般情况下，确定责任承担主体的原则就是"谁致害谁担责"。《民法典》第1202条规定："因产品存在缺陷造成他人损害的，生产者应当承担侵权责任。"因此，生产者作为致使损害结果发生的缺陷产品之制造者，是产品责任请求权主体的最基础性担责主体。

同时，为方便被侵权人维权，《民法典》规定被侵权人可以向缺陷产品的生产者、销售者均提出追偿，而后再由担责后的生产者、销售者，乃至于与负责运输、仓储等的第三人，另行确定各自的"内部"责任分担。

换言之，如果导致缺陷产品出现致害结果的原因，仅局限于缺陷产品本身的话，则生产者是完全的担责主体；如果是由于包含了缺陷产品本身之外的因素导致损害结果发生的，则引发该等因素的主体需与生产者共同担责，比如销售者对销售环节引发的损害负有责任，负责运输、仓储等第三人对运输、仓储环节引发的损害负有责任。

▆▆▆ 引例解析

在本案中，张某因升降机突然发生故障而严重受伤，不应被视为乘坐升降机所应面临的合理危险，因此可以认为该升降机是缺陷产品。

张某作为受害人，他有权起诉电梯销售公司，追究该公司的产品责任。因为只要是缺陷产品的受害人，就具备在产品责任诉讼中充当原告的资格，不受与生产者或销售者有无合同关系的限制。

▆▆▆ 相关法律法规

《民法典》第七编第四章、《产品质量法》第2条。

思考与练习

一、选择题

1. 根据我国法律规定，生产者的责任采用（　　）。

A. 过错责任原则

B. 无过错责任原则

C. 过失责任原则

D. 连带责任

2. 甲隔壁宿舍的乙、丙到甲宿舍，强烈要求甲打开电视观看篮球比赛，甲只好照办。由于质量问题，电视机突然爆炸，甲乙丙三人均受伤。关于三人遭受的损害，下列哪一选项是正确的？（　　）

A. 甲可要求电视机的销售者承担赔偿责任

B. 甲可要求乙、丙承担损害赔偿责任

C. 乙、丙无权要求电视机的销售者承担赔偿责任

D. 乙、丙有权要求甲承担损害赔偿责任

3. 李某用 150 元从甲店购买一只电热壶，使用时因漏电致李某手臂灼伤，花去医药费 600 元。经查该电热壶是乙厂生产的。下列哪一表述是正确的？（　　）

A. 李某可直接起诉乙厂要求其赔偿 600 元损失

B. 根据合同相对性原理，李某只能要求甲店赔偿 600 元损失

C. 如李某起诉甲店，则甲店的赔偿范围以 150 元为限

D. 李某只能要求甲店更换电热壶，600 元损失则只能要求乙厂承担

二、简答题

简述产品责任的构成要件。

学习情境：产品责任构成要件的识别和应用

情境案例

杨先生在某贸易公司购买小轿车一辆。翌年杨先生因发动机故障等原因，先后前往某汽车修理厂进行车辆维修 2 次，该厂为其更换发动机等部件。

不久，因发动机在甲地发生故障，杨先生在某贸易公司的甲地分店更换了发动机。在购车第三年的前 6 个月里，杨先生又因车辆底盘渗油等情况到某汽车维修厂维修 5 次，该厂为其更换滤清器、离合器等部件。

在购车后的 3 年多时间里，涉案车辆行车里程达 12 万公里，共发生 3 次交通事故，杨先生为此对车门、前保险杠等进行了维修。

此后，杨先生以涉案汽车存在缺陷为由，起诉请求某贸易公司、某汽车维修厂，

赔偿损失 6 万余元。[1]

训练目的

让学生通过训练识别产品责任，熟练掌握产品责任构成要件的应用。

训练方法

请同学们根据学习情境中的案例分组模拟法庭辩论过程。

实训步骤

1. 根据案例需要对学生进行分组。

2. 以组为单位，让学生合理细化案件细节，查阅相关法律法规，分析本案中是否存在产品缺陷，如何举证证明产品缺陷与损害结果之间存在因果关系。

3. 让学生模拟法庭辩论的过程，双方通过辩论、说理，阐释自己对本案的理解。

4. 学生自我评价训练效果。

5. 教师点评、总结训练情况。

任务二　产品责任的责任主体及责任方式

案例引入

案例一：张三购买了某品牌的电冰箱一台。某日，张三在正常使用过程中，从电冰箱内取蔬菜时被电冰箱隔层割伤，受伤后张三在医院住院治疗 12 天，产生医疗费若干。后经有关部门鉴定，该品牌电冰箱受检项目结构不符合国家标准的要求，存在质量缺陷。

于是，张三联系销售该冰箱的某商店，要求其赔偿医疗费、误工费等损失。某商店认为责任不在自身，拒绝赔偿。[2]

问：张三的损失该由谁来赔偿？

案例二：某日，张三到从事再生资源回收（废品收购）的个体工商户李四处，从废旧的轮胎中自行挑选一条轮胎，双方以 150 元的价格成交。随后，张三到王五开办的汽车修理部，要求将该轮胎更换到其车上。王五给轮胎充气后，正要测试压力时，轮胎突然爆炸，致使王五受伤。

因抢救及时，王五保住性命，但住院医疗共计花费三十多万元，并且因此次事故致残需继续康复治疗。

王五向法院提起诉讼，要求张三、李四赔偿各项经济损失。[3]

---

〔1〕 改编自"重庆市一中院产品责任纠纷典型案例"，载 http：//cqyzy. chinacourt. gov. cn/article/detail/2018/03/id/3229572. shtml，2020 年 9 月 26 日访问。

〔2〕 改编自"湖南法院发布 2019 年度涉消费者权益保护十大典型案例"，载 http：//news. hexun. com/2020-03-14/200632391. html，2020 年 9 月 26 日访问。

〔3〕 改编自北京市高级人民法院民一庭：《北京民事审判疑难案例与问题解析》（第一卷），法律出版社 2007 年版。

问：张三、李四是否应为王五的损伤承担赔偿责任。

 基本理论

《民法典》侵权责任编第四章规定了产品责任主体及承担责任方式。

一、生产者的无过错最终责任

《民法典》第 1202 条规定："因产品存在缺陷造成他人损害的，生产者应当承担侵权责任。"总的来说，生产者是指实际上或名义上从事了制造、加工产品工作的自然人、法人。包括成品生产者、零部件生产者，以及委托他人以自己的名义代工生产产品，并在产品上标记自己为生产者的准生产者。

我国法律并未作禁止同时将各个环节的"生产者"都列为一个具体案件中的被告，但在实践中往往是不现实的。所以，当"一个"产品是由"多个"零部件组合而成时，从保护被侵权人的利益出发，应考虑以该产品的最终成品制作者为生产者，至于在形成成品前负责提供各种零部件的生产者，一般不属于产品的生产者。其中蕴含的理由在于，成品制作者、合成者对产品拥有决定性的作用。

二、生产者、销售者的缺陷产品责任及追偿权

《民法典》第 1203 条规定："因产品存在缺陷造成他人损害的，被侵权人可以向产品的生产者请求赔偿，也可以向产品的销售者请求赔偿。产品缺陷由生产者造成的，销售者赔偿后，有权向生产者追偿。因销售者的过错使产品存在缺陷的，生产者赔偿后，有权向销售者追偿。"

销售者指从生产者或其他中间环节取得产品后，以经营为目的而将该等产品交易给消费者的主体。相对于被侵权人而言，如果销售者承担了赔偿责任，则生产者就无需承担赔偿责任；反之亦然。

"追偿权"制度确立的目的在于方便被侵权人起诉和及时获得赔偿。但如前所述，"追偿权"对生产者及销售者而言，究其实质，是一方代替另一方承担了赔偿责任，并不是责任的分担或是超出承担责任比例后的追偿。

三、衔接生产与销售之间环节的第三人责任

《民法典》第 1204 条规定："因运输者、仓储者等第三人的过错使产品存在缺陷，造成他人损害的，产品的生产者、销售者赔偿后，有权向第三人追偿。"

本条规定的是在生产者与销售者之外，联结生产与销售两端的运输、仓储等物流环节的第三人的责任承担。虽然运输者、仓储者等第三人无需向被侵权人承担赔偿责任，但是生产者、销售者在向被侵权人赔偿后，有权在具体特定要件的前提下向第三人追偿。

根据《民法典》的规定，因第三人导致的产品缺陷，被侵权人仍应向生产者、销售者追偿，而不能直接要求第三人赔偿。

四、生产者、销售者的预防性除险责任

《民法典》第1205条规定："因产品缺陷危及他人人身、财产安全的，被侵权人有权请求生产者、销售者承担停止侵害、排除妨碍、消除危险等侵权责任。"

结合《民法典》第1167条的规定可知，承担前述侵权责任无需以造成人身损害或财产损失为前提，也不要求证明产品的生产者、销售者存在过错，只需要达到"危及"的状态即可。

五、生产者、销售者的预防性补救责任

《民法典》第1206条规定："产品投入流通后发现存在缺陷的，生产者、销售者应当及时采取停止销售、警示、召回等补救措施；未及时采取补救措施或者补救措施不力造成损害扩大的，对扩大的损害也应当承担侵权责任。依据前款规定采取召回措施的，生产者、销售者应当负担被侵权人因此支出的必要费用。"

本条规定生产者发现产品存在缺陷后应采取的补救措施，具体包括停止销售、警示及召回。随着人民维权意识的增强及新闻报道的增多，"召回制度"越来越为人熟知。

一般来说，召回制度可分为主动召回及被动召回两种。前者是生产者、销售者主动发起的补救行为，后者是监管机构依职权对生产者、销售者提出的强制补救要求。我国对汽车、食品等领域都设立了专项召回制度。

六、生产者、销售者的惩罚性赔偿责任

《民法典》第1207条规定："明知产品存在缺陷仍然生产、销售，或者没有依据前条规定采取有效补救措施，造成他人死亡或者健康严重损害的，被侵权人有权请求相应的惩罚性赔偿。"

本条规定了对存在严重过错的侵权人的加罚原则，即在已满足损害填平原则的情况下，为惩戒侵权人的严重过错行为，要求其再赔付一定金额给被侵权人。不过，本条规定仅是确立了惩罚性原则，并未对赔偿的标准作出具体的规定。

▨▨▨ 引例解析

案例一：《民法典》第1203条规定："因产品存在缺陷造成他人损害的，被侵权人可以向产品的生产者请求赔偿，也可以向产品的销售者请求赔偿。产品缺陷由生产者造成的，销售者赔偿后，有权向生产者追偿。因销售者的过错使产品存在缺陷的，生产者赔偿后，有权向销售者追偿。"因此，因产品质量存在缺陷而致人损害，如消费者

在使用产品过程中没有明显的不当使用行为，产品生产者或销售者承担的是一种完全责任，消费者有权选择向生产者或销售者主张权利。

本案中，案涉冰箱经鉴定存在质量缺陷致使张三受到伤害，张三在使用产品过程中并无明显不当行为，张三有权请求销售产品的某商店进行赔偿。当然，某商店在赔偿后，有权向生产某品牌电冰箱的生产者追偿。

案例二：本案中，张三到李四开办的废品收购站购买废旧轮胎，说明张三清楚知晓其所购买的是废旧物品，因此其对将废旧轮胎安装到运行车辆上使用可能会出现的不安全后果是能够预见到的。由于张三对于这种结果的发生持放任态度，属一般侵权行为，故应根据过错责任原则赔偿王五的各项损失。

李四作为废旧轮胎的销售人，是否应承担产品质量责任呢？由于李四出售给张三的废旧轮胎并未进行翻新，不是经过加工、制作、用于销售的产品，不属于《产品质量法》及《民法典》侵权责任编产品责任中所说的产品。因此李四不承担产品质量责任。但如果李四明知张三购买废旧轮胎的目的是安装到运行车辆上使用，仍然将废旧轮胎出售给张三，则可认为李四对于王五受伤的损害事实存在过错，构成一般侵权，承担与其过错相应的责任。

 相关法律法规

《民法典》第七编第四章。

思考与练习

一、选择题

陈某从某商店买回的跑步机在使用中出现故障并致其受伤。经查询得知，该型号跑步机数年前已被认定为不合格产品，某商店从总经销商乙公司处依正规渠道进货。下列哪些选项是正确的？（　　）

A. 陈某有权向该跑步机生产商索赔

B. 陈某有权向乙公司、某商店索赔

C. 某商店向陈某赔偿后，有权向该跑步机生产商索赔

D. 某商店向陈某赔偿后，有权向乙公司索赔

二、简答题

1. 简述我国法律如何确定产品责任的责任主体。

2. 简述产品缺陷的判断标准。

学习情境：产品责任的责任主体及其责任方式的识别和应用

情境案例

某公司是一家汽车制造商。在购置新的生产设备后，某公司开始使用其经过测试后决定使用比传统材料更便宜、更耐用且总体而言更有效的新材料来生产刹车片。

某公司知道在特别情况（温度、地面湿度、油污等）同时具备时，新刹车片材料可能存在突然失灵的微小风险，但是某公司认为此种风险最终发生很有可能仅仅是非常罕见的，而且比起新材料的一般优点来说，此种风险并不重要。在某公司所有采用了新刹车片的小轿车之产品使用说明书中，都用小字体刹车对失灵的可能性作了说明。

小丽向某公司购买了一辆采用了新刹车片的小轿车，在一次机动车交通事故中，因刹车失灵撞伤了小李。后来小丽又了解到，有人跟她一样在驾驶同款小汽车时，因刹车失灵而发生交通事故受伤。[1]

训练目的

让学生通过训练识别产品责任的责任主体，熟练掌握责任方式的确定原则。

训练方法

请同学们根据学习情境中的案例分组模拟法庭辩论过程。

实训步骤

1. 根据案例需要对学生进行分组。

2. 以组为单位，让学生合理细化案件细节，查阅相关法律法规，分析本案中责任主体及如何承担责任。

3. 让学生模拟法庭辩论的过程，双方通过辩论、说理，阐释自己对本案的理解。

4. 学生自我评价训练效果。

5. 教师点评、总结训练情况。

任务三　产品责任的免责事由与诉讼时效

案例引入

某法院接到消费者陈某的起诉，状告某化妆品不合格，造成她脸部皮肤严重损伤，要求该化妆品厂赔偿其 5 万元损失。在法庭上，某化妆品厂承认陈某使用的化妆品确为该厂生产，但该产品是正在研制过程中的实验品，并没有投入市场，不清楚陈某是如何得到该化妆品的。

陈某向法庭陈述，其使用的化妆品是男朋友刘某送的，刘某是该化妆品厂的产品检验员，并告诉她该化妆品 3 个月后将上市销售。刘某作为证人出庭向法庭证实：①其是该化妆品厂的产品质量检验员，产品是其从成品车间偷来送给女朋友陈某的；②该化妆品不是实验品，是即将上市的正式产品。刘某当庭出示了产品检验合格证书和该化妆品厂在下季度出售该产品的广告宣传。

法院委托有关产品质量检验机构对该化妆品进行技术检验。检验结果为，某化妆品厂生产的化妆品不存在对人体皮肤损害的缺陷，是合格产品。法院又请皮肤专家对

---

〔1〕 改编自 https://news.163.com/13/0904/06/97TJRD5500014AED.html，2020 年 9 月 28 日访问。

受害人陈某进行皮肤测试，皮肤专家的结论是陈某皮肤属特殊的过敏性皮肤，对某些化妆品的使用具有严重过敏性。[1]

问：某化妆品厂是否应当赔偿陈某的损失？

基本理论

《产品质量法》第41条规定："因产品存在缺陷造成人身、缺陷产品以外的其他财产（以下简称他人财产）损害的，生产者应当承担赔偿责任。生产者能够证明有下列情形之一的，不承担赔偿责任：①未将产品投入流通的；②产品投入流通时，引起损害的缺陷尚不存在的；③将产品投入流通时的科学技术水平尚不能发现缺陷的存在的。"

一、产品责任的免责事由

根据《产品质量法》第41条的规定，产品责任的免责事由主要有：

1. 产品尚未投入流通。判断产品是否投入流通，应以最初的生产者有无投入流通为准。但如果产品仍处于生产阶段或生产完毕后的运输、仓储环节，则不属于投入流通。

2. 产品在投入流通领域时引起损害的缺陷尚不存在。确切地说，就是产品虽然投入了流通，但是引起损害的缺陷在投入流通时尚不存在，或者缺陷不是在生产者的掌控下形成的。

3. 将产品投入流通时的科学技术水平尚不能发现缺陷的存在。此事由是国际公认的法定免责事由，属于生产者无法控制的产品致损风险。

在此情况下，生产者和销售者不承担责任，但负有采取跟踪观察的义务。当发现有致损之虞时，应当采取补救措施的责任。《民法典》第1206条规定："产品投入流通后发现存在缺陷的，生产者、销售者应当及时采取停止销售、警示、召回等补救措施；未及时采取补救措施或者补救措施不力造成损害扩大的，对扩大的损害也应当承担侵权责任。依据前款规定采取召回措施的，生产者、销售者应当负担被侵权人因此支出的必要费用。"

二、关于诉讼时效的规定

产品责任中的诉讼时效是指产品缺陷的受害人要求生产者、销售者承担责任的时效期间。根据《产品责任法》第45条的规定，有2年及10年两种适用情形。

根据规定，因产品存在缺陷造成损害要求赔偿的诉讼时效期间为2年，自当事人

---

〔1〕 改编自 https：//www.baidu.com/link? url＝P6q1xkQjLWhxoWsAbYC9b＿z4jcLCOXFChBXuZR38qfx＿pc-CfxfraCXq6QUiV＿d0ovWEeu7pZD＿CnzE1AgHN0jqhr1QgQnj8FU26YaSjlxTK&wd＝&eqid＝ada2f63400320a7a000000035f7b3829，2020年9月30日访问。

知道或者应当知道其权益受到损害时起计算；因产品存在缺陷造成损害要求赔偿的请求权，在造成损害的缺陷产品交付最初消费者满 10 年丧失；但是，尚未超过明示的安全使用期的除外。

值得一提的是，虽然《民法典》规定向人民法院请求保护民事权利的诉讼时效期间为 3 年，但根据特别法优于一般法的原则，仍应区别情形后适用前述《产品质量法》规定的两种时效期间。

引例解析

根据《产品质量法》第 41 条第 2 款的规定，未将产品投入流通的，生产者不承担赔偿责任，因此某化妆品厂不应承担责任。

即使化妆品已投入流通，化妆品厂也无需承担责任。检验结果证明该化妆品为合格产品，没有发现明显缺陷。皮肤专家对陈某皮肤测试后得出的结论是：陈某皮肤属特殊过敏性皮肤，所以应认定该化妆品属《产品质量法》第 41 条第 2 款的目前科学技术水平尚不能发现缺陷存在的产品，故某化妆品厂同样无需对陈某作出赔偿。

相关法律法规

《产品质量法》第 41、45 条。

思考与练习

一、选择题

下列哪一项不属于承担产品责任的方式：（   ）。

A. 停止侵害

B. 消除危险

C. 保持侵害现状

D. 赔偿损失

二、简答题

简述产品责任的免责事由。

学习情境：产品责任免责事由的识别和应用

情境案例

张三是一名汽车修理工，在为李四维修货车的过程中，因货车驾驶室举升缸底座突然断裂，导致驾驶室突然倒下，将张三压伤。张三受伤后被送往医院治疗，共花去医疗费 9 万元。

经张三了解，该货车的所有权人为甲公司，生产商为乙公司。于是，张三诉至法院，要求李四、甲公司、乙公司共同赔偿损失并相互承担连带责任。

李四、甲公司辩称：涉案车辆确系甲公司所有，但其对该车进行了正常的保养和年检；其将车辆送至张三所在的汽车修理厂进行修理，双方之间成立合同关系，在车辆修理期间发生事故，李四及甲公司并无过错；驾驶室倒下是由于张三自身操作不当引发，与李四及甲公司无关，故无需承担赔偿责任。

乙方公司辩称：涉案车辆确系其生产，但该车出厂时系质量合格产品；案涉车辆已经使用超过 4 年，早已过质保期；张三在修理过程中举升驾驶室时涉嫌违规操作，未将驾驶室举升至正确位置是导致原告受伤的原因；张三受伤所产生的损失应由其雇主承担，故无需承担赔偿责任。同时，乙公司提供了内部自行出具的车辆检测的合格证及零部件理化检验报告，拟证明其生产的涉案车辆和零部件为合格产品。

法院查明，涉案车辆在事故发生之时，已进行了正常的年检，并办理了道路运输证，涉案车辆自购买后未进行过改装。各方当事人对于张三所受之伤害系涉案车辆的举升缸轴座托架总成零部件断裂后驾驶室向后倾倒所致的事实，均无异议。审理过程中，经法院释明后，乙公司并未对涉案车辆举升缸轴座托架总成零部件的断裂原因申请司法鉴定。[1]

训练目的

让学生通过训练识别产品责任免责事由及应用。

训练方法

请同学们根据学习情境中的案例分组模拟法庭辩论过程。

实训步骤

1. 根据案例需要对学生进行分组。

2. 以组为单位，让学生合理细化案件细节，查阅相关法律法规，分析本案中生产者能否以存在免责事由作为抗辩理由。

3. 让学生模拟法庭辩论的过程，双方通过辩论、说理，阐释自己对本案的理解。

4. 学生自我评价训练效果。

5. 教师点评、总结训练情况。

拓展阅读

［1］杨立新：《侵权责任法》，法律出版社 2018 年版。

［2］张新宝：《侵权责任法》，中国人民大学出版社 2016 年版。

项目二　机动车交通事故责任

知识目标

掌握机动车交通事故构成要件，熟悉交通事故侵权的救济途径。

---

〔1〕　改编自 https://www.sohu.com/a/133644482_ 169411，2020 年 8 月 27 日访问。

能力目标

掌握机动车交通事故的构成要件，识别几种机动车交通事故，把握交通事故侵权的救济途径。

任务一　机动车交通事故责任及其构成要件

案例引入

王女士驾驶小汽车在行驶过程中，与驾驶摩托车逆向行驶的老李发生碰撞，导致老李摔伤手臂骨折。经交警认定，双方对此交通事故负同等责任。老李为治疗骨折花费医药费数千元。

问：王女士应当承担老李的医药费等损失吗？

基本理论

《民法典》侵权责任编第五章规定了机动车交通事故责任。

一、机动车交通事故责任概念和归责原则

所谓机动车交通事故责任，是指因机动车交通事故导致他人人身或财产的损害，机动车一方所应承担的侵权责任。

《道路交通安全法》第119条规定：本法中下列用语的含义：①"道路"，是指公路、城市道路和虽在单位管辖范围但允许社会机动车通行的地方，包括广场、公共停车场等用于公众通行的场所。②"车辆"，是指机动车和非机动车。③"机动车"，是指以动力装置驱动或者牵引，上道路行驶的供人员乘用或者用于运送物品以及进行工程专项作业的轮式车辆。④"非机动车"，是指以人力或者畜力驱动，上道路行驶的交通工具，以及虽有动力装置驱动但设计最高时速、空车质量、外形尺寸符合有关国家标准的残疾人机动轮椅车、电动自行车等交通工具。⑤"交通事故"，是指车辆在道路上因过错或者意外造成的人身伤亡或者财产损失的事件。

机动车是指以动力装置驱动或者牵引，上道路行驶的供人员乘用或者用于运送物品以及进行工程专项作业的轮式车辆。

道路是指公路、城市道路和虽在单位管辖范围但允许社会机动车通行的地方，主要包括广场、公共停车场等用于公众通行的场所。

交通事故，是指车辆在道路上因过错或者意外造成的人身伤亡或者财产损失的事件。

机动车交通事故的参与人可划分为直接参与人与间接参与人。直接参与人指交通事故责任认定的主体，如驾驶员、乘客、行人等。间接参与人则指除了责任认定主体外的关联方，如机动车所有权人（在驾驶员与机动车所有权人不一致的情况下）、保险公司、社会救助基金管理机构等。交通事故责任人之一必须是机动车一方，如交通事

故由非机动车一方的交通违法行为导致，而机动车一方不存在交通违法行为，则不属于《民法典》侵权责任编机动车交通事故责任一章所规定的机动车交通事故责任。

《民法典》第 1208 条规定："机动车发生交通事故造成损害的，依照道路交通安全法律和本法的有关规定承担赔偿责任。"根据《道路交通安全法》第 76 条的规定，其归责原则适用保险优先原则，即机动车发生交通事故的，先由机动车强制保险赔付。机动车造成非机动车驾驶人或者行人人身损害的，实行过错推定；机动车相互之间造成损害，以及其他机动车交通事故责任，适用过错责任原则。此外，还根据当事人各方的过错程度，实行过失相抵及机动车一方无过错的归责原则。

二、机动车交通事故责任的构成要件

（一）机动车一方作出交通违法行为

机动车一方违反道路交通安全法规，导致非机动车、行人一方损害的结果发生。

（二）机动车一方主观上存在过错

机动车交通事故责任的归责原则为过错原则，如受害者一方为非机动车，则实行过错推定责任。机动车一方必须在事故发生之后证明自己没有过错，才能在法定的范围内减轻其责任，否则应承担损害赔偿责任。

（三）存在损害结果

根据《道路交通安全法》第 76 条的规定，损害结果包括"人身伤亡"及"财产损失"。人身伤亡，指导致被侵权人的生命权、健康权等人身权益受到损害；财产损失，指导致被侵权人的财产权益受到损害。

值得一提的是，在司法实践中，被侵权人的损害还可包括"精神损害"，并基于此而主张精神损害赔偿。

（四）机动车交通违法行为与损害之间具有因果关系

非机动车、行人一方的损害是由机动车的交通违法行为造成的，二者之间存在引起与被引起的关系。因果关系是责任的构成要件，也是侵权责任承担的基础。

引例解析

本案中，由于王女士与老李负事故同等责任，因此王女士及老李应当根据各自的过错比例，承担相应的损害赔偿责任。

相关法律法规

《民法典》第 1208、1209 条、《道路交通安全法》第 76 条。

思考与练习

一、选择题

在下列四种情形中，关于侵权责任的承担说法错误的是哪一选项？（　　　）

A. 甲购买货车挂靠在乙运输公司。甲驾驶货车将丙撞伤，经交警大队认定甲负事故全部责任，丙遭受的损害应由甲、乙承担连带责任。

B. 甲购买汽车后，尚未投保交强险，甲即将该车借给乙使用。乙在使用过程中撞伤丙，给丙造成人身损害 15 万元。丙有权请求甲、乙对自己的人身损害承担连带责任。

C. 甲在乙驾校学习驾驶，在路面驾驶学习环节中，甲驾车不慎将丙学员撞伤。丙有权请求乙驾校承担全部赔偿责任。

D. 甲取得汽车牌照后，甲、乙购买两辆同款同型号小汽车，约定乙使用真牌照，甲套用该牌照。一日，甲驾驶自己的汽车将丙撞伤。丙只能请求乙承担侵权责任。

二、简答题

简述机动车道路交通事故责任的构成要件。

学习情境：机动车交通事故责任构成要件的识别和应用

情境案例

案例一： 某日，石某驾驶电瓶车与宋某驾驶小型轿车同向行驶至一个十字路口时，宋某驾车右转弯。两车即将相撞时，石某急刹车，导致其连人带车跌倒。石某打电话报案后，交警来到事故现场进行勘察，未发现两车有碰撞的痕迹。交警部门以"双方车辆无碰撞痕迹，无直接证据证实事故发生成因"为由对事故责任未认定。

石某受伤后，被送到医院住院治疗，共支付医疗费 8000 元。宋某的车在某保险公司投保了机动车交通事故责任强制保险，本案事故发生在保险期间内。不久，石某向法院起诉宋某及保险公司，要求赔偿损失。

庭审中，宋某辩称其所驾车辆与石某没有接触，未发生直接碰撞，石某倒地受伤，与其驾驶轿车行为没有任何关联，自己不应承担赔偿责任。

石某则认为，虽然宋某驾驶轿车与电瓶车未发生直接碰撞，但宋某在未保持充足的安全距离情况下右转弯，导致石某采取紧急刹车致受伤，故宋某对本案事故的发生应承担相应赔偿责任。[1]

案例二： 李师傅是一名有 20 年驾龄的资深司机，供职于某汽车服务公司。一日，他照常来到公司停车场内启动一辆纯电动汽车，准备开始工作。但奇怪的是，当他插上钥匙、踩上油门后，车子却一动不动。他又关闭了所有电源再重新打开电源，再次启动，车子依然停在原地。

李师傅心想可能是外部因素导致车子无法移动，于是下车准备检查车外侧的电源开关。突然，车子忽然往前挪动，车头正好撞上了在检查的李师傅，他一下就被撞倒在地。随后"砰"的一声，车子撞上了距离七八米远的另一辆车后停下了。

---

〔1〕 改编自 2017 年司法考试真题。

李师傅爬起来后发现自己的右手受伤，随即报了警。交警认定李师傅承担事故全部责任。随后李师傅去医院就诊，诊断结果显示他右手多指骨折。

李师傅认为自己是下车检查车辆情况的，却意外被车撞伤，应该找保险公司和某汽车服务公司索赔，遂诉至法院。李师傅主张，因该事故产生的医疗费、车辆清障费等5万余元应由保险公司在交强险范围内承担赔偿责任，超出及不属于保险理赔部分由某汽车服务公司承担。

保险公司认为，某汽车服务公司为肇事车辆投保了交强险，交强险保险范围为除本车人员外的第三者。李师傅是车辆的驾驶员，即使因车辆发生故障下车检查，也还属于本车人员，不在保险公司的保险赔偿范围。[1]

▦▦ **训练目的**

让学生通过训练识别机动车交通事故责任，熟练掌握机动车交通事故责任构成要件的应用。

▦▦ **训练方法**

请同学们根据学习情境中的案例分组模拟法庭辩论过程。

▦▦ **实训步骤**

1. 根据案例需要对学生进行分组。

2. 以组为单位，让学生合理细化案件细节，查阅相关法律法规，分析案例一中宋某关于"与石某没有接触"的抗辩理由是否成立，以及案例二中李师傅要求保险公司理赔的要求是否应当得到支持。

3. 让学生模拟法庭辩论的过程，双方通过辩论、说理，阐释自己对本案的理解。

4. 学生自我评价训练效果。

5. 教师点评、总结训练情况。

任务二　几种具体的机动车交通事故责任

▦▦ **案例引入**

小李到某汽车品牌的销售店选购小轿车，试驾时销售店提供了陪驾人员，但该小轿车尚未上牌，也未投保交强险。试驾过程中，小李驾驶小轿车掉头时，与同向直行的摩托车相撞，致摩托车驾驶员小王受伤。交警调查后，认定小李负事故全部责任。因双方就赔偿问题协商不成，小王起诉要求小李及汽车销售店赔偿医疗费、误工费、伤残赔偿金等各项损失共计10万元。[2]

---

〔1〕　改编自http://www.sifalu.com/beikao/060816661.html，2020年8月30日访问。

〔2〕　改编自http://sx.offcn.com/html/2019/09/170779.html，2020年8月31日访问。

问：

1. 小李、汽车销售店是否应当承担对小王的赔偿责任？

2. 若小李承担了对小王的赔偿责任，小李能否向汽车销售店追偿？

基本理论

《民法典》侵权责任编第五章规定了几种具体的机动车交通事故责任。本任务主要介绍几种机动车所有人与实际支配人分离情况下，机动车交通事故责任的承担规则。

一、租赁、借用机动车交通事故责任

《民法典》第 1209 条规定："因租赁、借用等情形机动车所有人、管理人与使用人不是同一人时，发生交通事故造成损害，属于该机动车一方责任的，由机动车使用人承担赔偿责任；机动车所有人、管理人对损害的发生有过错的，承担相应的赔偿责任。"

租赁人、借用人是支配机动车的实际使用者，是过错责任的责任主体。机动车出租人、出借人将机动车出租或者出借给他人使用属合法行为，如无过错，不承担责任。但出租人、出借人在知道或应当知道的情况下将存在缺陷的机动车出租、出借，或是存在未尽注意义务、将机动车出借给无有效驾驶执照的第三人等情形时，机动车出租人、出借人应承担相应的赔偿责任。

二、买卖机动车未过户交通事故责任

《民法典》第 1210 条规定："当事人之间已经以买卖或者其他方式转让并交付机动车但是未办理登记，发生交通事故造成损害，属于该机动车一方责任的，由受让人承担赔偿责任。"

根据《民法典》物权编的规定，机动车物权变动采用登记对抗主义，未进行登记的，并不影响所有权的转移。受让人虽然没有办理过户登记，但其已经受领了机动车，可以实际支配机动车的运行，并享有机动车的运行利益，因此符合根据运行支配和运行利益认定责任主体的归责原则。

三、挂靠机动车交通事故责任

《民法典》第 1211 条规定："以挂靠形式从事道路运输经营活动的机动车，发生交通事故造成损害，属于该机动车一方责任的，由挂靠人和被挂靠人承担连带责任。"

本条所称的挂靠，是指为了进行道路运输经营活动，将车辆登记在具有运输资质的主体名下，以该主体的名义进行运营活动。一般来说，挂靠人通过直接控制机动车来赚取利益，被挂靠人则通过出借"自身名义"来获得诸如管理费之类的利益。因此，同样适用根据运行支配和运行利益认定责任主体的归责原则。

按照前述规定，在满足法定条件的情况下，由挂靠人和被挂靠人对损害结果承担连带责任。法定条件包括：①挂靠人和被挂靠人之间存在机动车挂靠经营关系；②挂靠的机动车发生交通事故，造成第三人损害；③依法应由机动车一方承担损害赔偿责任。

四、擅自驾驶他人机动车交通事故责任

《民法典》第1212规定："未经允许驾驶他人机动车，发生交通事故造成损害，属于该机动车一方责任的，由机动车使用人承担赔偿责任；机动车所有人、管理人对损害的发生有过错的，承担相应的赔偿责任，但是本章另有规定的除外。"

本条应与《民法典》第1215条规定的涉嫌刑事犯罪的恶意行为作区分。在本条规定中，使用机动车的主体不以非法占有机动车为目的，而仅是在未得到机动车权属人同意的情况下便擅自使用机动车，导致机动车脱离了权属人的掌控。比如亲戚朋友之间未事先打招呼便开对方的车出去办事，又比如车辆在修理厂维修时被不负责任的修理工偷偷驾驶外出等。

在此种情况下，一旦发生交通事故，机动车权属人不承担赔偿责任，由实际驾驶人承担赔偿责任。不过，如果机动车权属人或者管理人对机动车的管理负有妥善保管义务、但存在疏忽大意或放任默许等过错的，则权属人或管理人对损害结果应承担相应的赔偿责任。

五、拼装车、报废车交通事故责任

《民法典》第1214条规定："以买卖或者其他方式转让拼装或者已经达到报废标准的机动车，发生交通事故造成损害的，由转让人和受让人承担连带责任。"

之所以规定对拼装、报废车辆作出严格规定，是因为我国实施机动车强制报废规定，达到报废标准的机动车不得再上路行驶。所以，该行为本身已违反国家强制性规定，其行为本身就属于违法行为，自然也就需要为此后的致害后果承担损害责任。

六、盗抢机动车交通事故责任

《民法典》第1215条规定："盗窃、抢劫或者抢夺的机动车发生交通事故造成损害的，由盗窃人、抢劫人或者抢夺人承担赔偿责任。盗窃人、抢劫人或者抢夺人与机动车使用人不是同一人，发生交通事故造成损害，属于该机动车一方责任的，由盗窃人、抢劫人或者抢夺人与机动车使用人承担连带责任。保险人在机动车强制保险责任限额范围内垫付抢救费用的，有权向交通事故责任人追偿。"

如前所述，在机动车交通事故中，可从运行支配和运行利益两个方面来认定责任主体。显然，被盗抢的机动车脱离了机动车所有人的掌控，不是机动车所有人的处分行为，因此由此产生的致害后果与机动车所有人无关，应由盗窃人、抢劫人或者抢夺

人承担赔偿责任。

引例解析

1. 本案中,小李驾驶未上牌小轿车与小王相撞,造成小王受伤,小李负事故全部责任,其理应赔偿小王因交通事故受到的损失。

因小李驾驶的未上牌小轿车系汽车销售店所有,根据最高人民法院《关于审理道路交通事故损害赔偿案件适用法律若干问题的解释》第16条的规定,未依法投保交强险的机动车发生交通事故造成损害,当事人请求投保义务人在交强险责任限额范围内予以赔偿的,人民法院应予支持。投保义务人和侵权人不是同一人,当事人请求投保义务人和侵权人在交强险责任限额范围内承担连带责任的,人民法院应予支持。

本案肇事车辆未投保交强险,交强险范围内的损失应当由小李与汽车销售店承担连带责任。

2. 在小李承担了赔偿责任后,若能证明汽车销售店对该交通事故的发生有过错的,可根据《民法典》第1209条的规定向汽车销售店追偿相应的损失。

相关法律法规

《民法典》第1209、1210、1211、1212、1214、1215条,最高人民法院《关于审理道路交通事故损害赔偿案件适用法律若干问题的解释》第16条。

思考与练习

一、选择题

1. 小张乘坐运输公司的出租车,开车司机为小强,出租车在行驶过程中与小红驾驶的车辆相撞,使小张受伤。经认定,小红对交通事故负全部责任,下列说法错误的是(　　)。

A. 小张应自行承担部分责任

B. 小张可以向运输公司请求违约损害赔偿

C. 小张可以向小红请求侵权损害赔偿

D. 小张不能向小强请求侵权损害赔偿

2. 甲参加婚礼饮酒,遂由有驾照的乙代驾其车,乙违章撞伤丙。交管部门认定乙负全责。以下假定情形中对丙的赔偿责任,哪些表述是正确的?(　　)

A. 如乙是与甲一同参加婚礼的好友,乙不承担赔偿责任

B. 如乙是代驾公司派出的驾驶员,该公司应承担赔偿责任

C. 如乙是婚礼主办人雇佣的为饮酒客人提供代驾服务的驾驶员,乙不承担赔偿责任

D. 如乙是出租车公司驾驶员,公司明文禁止代驾,乙为获高额报酬而代驾,乙应承担赔偿责任

二、简答题

1. 简述买卖拼装车、报废车后引发的机动车交通事故责任承担。

2. 简述盗窃、抢劫机动车后引发的机动车交通事故责任承担。

学习情境：几种具体的机动车交通事故的识别和应用

情境案例

案例一： 叶某与钟某一同吃饭、喝酒。饭后，叶某明知钟某喝醉酒仍然主动乘坐钟某驾驶的小汽车去吃宵夜。后小汽车与饶某驾驶的大货车发生碰撞，致叶某受伤。交警部门认定钟某与饶某对事故承担同等责任，叶某不承担责任。

叶某治疗终结后，其右脸、右眼分别被鉴定为九级和十级伤残。叶某向法院提起诉讼，要求交通事故各责任方赔偿其损失，赔偿其医疗费、误工费、护理费等共计30万元。

诉讼中，钟某认为叶某明知其喝醉酒仍然乘坐其驾驶的车辆，虽对交通事故的发生没有责任，但对事故损害后果具有明显过错，应分担责任。[1]

案例二： 某日，邓某骑摩托车去镇上收取快递，恰好遇见老朋友谷某。谷某经邓某同意免费搭乘邓某的摩托车前往镇上游玩。返程途中，邓某驾驶的摩托车与白某驾驶的无号牌摩托车剐蹭，造成邓某、谷某受伤及邓某摩托车损坏的交通事故。交警部门认定白某承担事故的全部责任。

事故发生后，受伤较重的谷某被送往医院治疗。治疗期间，邓某先后代谷某支付医疗费2万元。后谷某未将该款项返还给邓某，邓某遂向法院起诉要求谷某返还2万元。

谷某认为，其与邓某存在客运合同关系，邓某违约并导致其受伤住院，应赔偿其医疗费，故其不应返还2万元给邓某。[2]

训练目的

让学生通过训练识别几种具体的机动车交通事故类型，熟练掌握区分不同情形下的责任划分规则。

训练方法

请同学们根据学习情境中的案例分组模拟法庭辩论过程。

实训步骤

1. 根据案例需要对学生进行分组。

2. 以组为单位，让学生合理细化案件细节，查阅相关法律法规，分析案例中各当

---

[1] 改编自 https://xw.qq.com/cmsid/20200217A08GAV00，2020年9月3日访问。

[2] 改编自 https://xw.qq.com/cmsid/20200217A08GAV00，2020年9月3日访问。

事人的责任划分规则。

3. 让学生模拟法庭辩论的过程，双方通过辩论、说理，阐释自己对本案的理解。

4. 学生自我评价训练效果。

5. 教师点评、总结训练情况。

任务三　机动车交通事故处理的几项规则

案例引入

案例一：小林与某保险公司签订保险合同，由小林为登记在其名下的小轿车投保机动车交通事故强制保险，期限为 1 年。小林随后缴纳了保费，某保险公司出具了保单。

3 个月后，小林雇佣的司机在驾驶该小轿车时，与其他车辆发生交通事故。经交警调查认定，司机负事故 70% 责任。在完成赔付责任后，小林向某保险公司申请理赔，某保险公司以"司机负有过错、小林的索赔范围不在赔偿范围内"为由，拒绝理赔。[1]

问：保险公司拒绝理赔的理由是否成立？

案例二：余某驾驶电动三轮载货摩托车好意搭载陈某，车辆行驶过程中与林某驾驶的电动三轮车发生碰撞，陈某与林某在交通事故中受伤。陈某将余某和林某诉至法院。

被告余某抗辩称，原告陈某作为成年人，在应当知道非营运车辆的货箱不能载人的情况下仍乘坐在货箱内出行，其自身也存在过错，且余某驾驶电动三轮车搭载原告系好意搭载，应适当减轻被告余某的赔偿责任。[2]

问：余某的抗辩理由是否成立？

基本理论

一、交通事故侵权救济来源支付顺序规则

《民法典》第 1213 条规定："机动车发生交通事故造成损害，属于该机动车一方责任的，先由承保机动车强制保险的保险人在强制保险责任限额范围内予以赔偿；不足部分，由承保机动车商业保险的保险人按照保险合同的约定予以赔偿；仍然不足或者没有投保机动车商业保险的，由侵权人赔偿。"《道路交通安全法》第 76 条明确规定了机动车发生交通事故造成人身伤亡、财产损失的，由保险公司在机动车第三者责任强制保险责任限额范围内予以赔偿的保险理赔优先原则。该条同时规定，对于保险不足

---

〔1〕 改编自张雯：《身边的法律顾问：交通事故损害赔偿》，中国人民大学出版社 2010 年版，第 131 页。

〔2〕 改编自 https：//baijiahao.baidu.com/s？id＝1670610237767031869&wfr＝spider&for＝pc，2020 年 9 月 3 日访问。

赔付的部分，按照交通事故过错方的过错大小确定赔偿责任。

我国现行法规规定，机动车的所有人或管理人应当投保机动车交通事故责任强制保险，俗称"交强险"。实行交强险制度，能够加强对受害人权益的保护，分担肇事者的损失，减少社会矛盾。

在投保机动车交通事故责任强制保险之外，机动车的所有人、管理人还可自愿投保机动车交通事故第三者责任商业保险。该第三者责任商业保险具有自愿性、补充性等特征，当发生机动车交通事故后，允许根据事先确立的赔付原则进行理赔，用于补充交强险赔偿的不足部分。但需要注意的是，商业保险公司会与投保人约定不予理赔的情形，比如驾驶人酒后驾车的、无照驾驶的、行驶证/驾照未按时年检等。

此外，如机动车交通事故造成的损失过大，超过了交强险与商业保险赔付的，则剩余部分的赔偿金由侵权人赔付。

二、驾驶人逃逸责任承担规则

驾驶人逃逸，是指发生道路交通事故后，道路交通事故当事人为逃避法律责任，驾驶车辆或者遗弃车辆逃离道路交通事故现场的行为。逃逸行为不但应受到道德谴责，甚至还会受到法律的制裁。

在驾驶人逃逸的情形下，为使受害人尽快得到救济，不因无法找到侵权人而得不到赔偿，法律明确规定了驾驶人逃逸后受害人的救济手段。

《民法典》第 1216 条规定："机动车驾驶人发生交通事故后逃逸，该机动车参加强制保险的，由保险人在机动车强制保险责任限额范围内予以赔偿；机动车不明、该机动车未参加强制保险或者抢救费用超过机动车强制保险责任限额，需要支付被侵权人人身伤亡的抢救、丧葬等费用的，由道路交通事故社会救助基金垫付。道路交通事故社会救助基金垫付后，其管理机构有权向交通事故责任人追偿。"

在驾驶人逃逸的情况下，法律明确规定的救济手段有两个：一是请求交强险赔付；二是请求道路交通事故社会救助基金垫付。

（一）交强险赔付

《机动车交通事故责任强制保险条例》第 23 条规定："机动车交通事故责任强制保险在全国范围内实行统一的责任限额。责任限额分为死亡伤残赔偿限额、医疗费用赔偿限额、财产损失赔偿限额以及被保险人在道路交通事故中无责任的赔偿限额。机动车交通事故责任强制保险责任限额由国务院保险监督管理机构会同国务院公安部门、国务院卫生主管部门、国务院农业主管部门规定。"

中国银保监会发布的《关于调整交强险责任限额和费率浮动系数的公告》[1] 规定，"被保险人在使用被保险机动车过程中发生交通事故，致使受害人遭受人身伤亡或

---

［1］《中国银保监会关于调整交强险责任限额和费率浮动系数的公告》，2020 年 9 月 9 日发布。

者财产损失，依法应当由被保险人承担的损害赔偿责任，每次事故责任限额为：死亡伤残赔偿限额 18 万元，医疗费用赔偿限额 1.8 万元，财产损失赔偿限额 0.2 万元。被保险人无责任时，死亡伤残赔偿限额 1.8 万元，医疗费用赔偿限额 1800 元，财产损失赔偿限额 100 元"。

据此可知，在机动车一方存在过错的情况下，现行交强险赔付责任的限额标准为 20 万元。其中死亡伤残赔偿限额为 18 万元，医疗费用赔偿限额为 1.8 万元，财产损失赔偿限额为 0.2 万元。

（二）道路交通事故社会救助基金垫付

道路交通事故社会救助基金具有社会救助性质，不同于保险公司的垫付义务。社会救助基金的支付是基于法律的规定，目的是对受害人的权益提供更好的保护和及时救济，进一步维护社会稳定。

申请垫付的几种情况：①机动车不明，无法获得强制保险赔付，需要支付被侵权人人身伤亡的抢救、丧葬等费用；②该机动车未参加强制保险，无法获得强制保险赔付，需要支付被侵权人人身伤亡的抢救、丧葬等费用；③抢救费用超过机动车强制保险责任限额，需要支付被侵权人人身伤亡的抢救、丧葬等费用。

三、好意同乘规则

《民法典》第 1217 条规定："非营运机动车发生交通事故造成无偿搭乘人损害，属于该机动车一方责任的，应当减轻其赔偿责任，但是机动车使用人有故意或者重大过失的除外。"

本条规定的是搭乘人无偿搭乘他人机动车（比如搭便车、搭顺风车）情况下，因发生交通事故遭受损害的，应承担一定损害结果。在日常生活中，亲朋好友之间互相搭乘车的情况时有发生。

在好意搭载的过程中，如果不幸发生交通事故造成搭乘人受到损害，驾驶人助人为乐反而可能因此摊上官司。因此，此规定是权利义务相统一原则的体现，为善意被搭乘人减轻责任，助力相互良善的社会风尚。

引例解析

案例一：根据《民法典》第 1213 条的规定，机动车发生交通事故造成损害，属于该机动车一方责任的，先由承保机动车强制保险的保险人在强制保险责任限额范围内予以赔偿。

本案中，小林雇佣的司机在驾驶小轿车时，违反交通法规发生交通事故，小林对事故的发生确实存有过错。但小林所投保的是机动车交通事故强制保险（交强险），在保险合同期限内保险车辆在行驶过程中发生交通事故的，某保险公司应按交强险保险条款的约定，在赔偿限额内予以赔偿。

此外，某保险公司也无证据证明本案的保险事故是小林、司机或受害人故意造成的，所以某保险公司亦不适用可以免责的情形。因此，某保险公司应当依约承担赔偿责任。

案例二："好意同乘"一般是发生在日常生活中的偶然施惠行为，具有无偿性、不收费的基本特征。基于此，无偿性是判断是否构成好意同乘的核心构成要件。

本案中，被告余某系好意搭载原告陈某，并未收取费用。而且陈某明知非营运车辆的货箱不能载人但仍乘坐在货箱内出行，其自身也存在过错，故应适当减轻被告余某的赔偿责任。

对于此类案件，具体认定是否好意同乘时，还应当综合考虑双方当事人的熟悉程度、机动车是否为营运车辆、乘坐时间、地点及交易习惯等因素认定。

相关法律法规

《民法典》第 1213、1216、1217 条，《道路交通安全法》第 76 条。

思考与练习

一、选择题

机动车驾驶人发生交通事故后逃逸，下列哪些叙述正确：（　　　）。

A. 道路交通事故社会救助基金垫付后，其管理机构有权向交通事故责任人追偿

B. 道路交通事故社会救助基金垫付后，其管理机构无权向交通事故责任人追偿

C. 该机动车参加强制保险的，由保险公司在机动车强制保险责任限额范围内予以赔偿

D. 机动车不明或者该机动车未参加强制保险，需要支付被侵权人人身伤亡的抢救、丧葬等费用的，由道路交通事故社会救助基金垫付

二、简答题

简述我国现行的机动车交通事故救济规则。

学习情境：交通事故侵权救济途径的识别和应用

情境案例

陈某驾驶小轿车在道路上与摩托车发生碰撞，致摩托车司机郑某当场死亡，两车不同程度损坏。事故发生后，陈某弃车逃逸。交警部门认定陈某承担事故的全部责任，郑某无事故责任。

经查，陈某驾驶的小轿车在保险公司投保了交强险和 100 万元商业第三者责任保险（含不计免赔）。后郑某家属向法院提起诉讼，要求陈某和保险公司赔偿各项损失 80 万元。

保险公司认为，驾驶员发生交通事故后逃逸，属于商业第三者责任保险的免责情形。本案交通事故发生后，陈某弃车逃逸，因此保险公司只在交强险保险限额内承担

赔偿责任，在商业第三者责任保险限额内不承担赔偿责任。[1]

训练目的

让学生通过训练识别交通事故侵权救济方式，熟练掌握驾驶人逃逸责任承担规则的应用。

训练方法

请同学们根据学习情境中的案例分组模拟法庭辩论过程。

实训步骤

1. 根据案例需要对学生进行分组。

2. 以组为单位，让学生合理细化案件细节，查阅相关法律法规，分析本案中驾驶人逃逸情形下受害人的救济途径。

3. 让学生模拟法庭辩论的过程，双方通过辩论、说理，阐释自己对本案的理解。

4. 学生自我评价训练效果。

5. 教师点评、总结训练情况。

拓展阅读

〔1〕耿云卿：《侵权行为之研究》，（台湾）商务印书馆股份有限公司1972年版。

〔2〕王利明、杨立新编著：《侵权行为法》，法律出版社1996年版。

项目三　医疗损害责任

知识目标

掌握医疗损害责任的概念及其构成要件，在了解医疗机构及其医务人员义务的基础上，把握医疗事故的免责事由；正确把握医疗产品责任。

能力目标

学会通过构成要件和免责事由大致判断医疗损害责任。

任务一　医疗损害责任及其构成要件

案例引入

2019年12月6日上午6时15分，李某怀胎36周，因腹痛难忍，被送往阳县妇幼保健院治疗。急诊医生对其进行检查发现胎心音听不清楚，应该进行B超检查。但因B超医生未上班，直至上午8时，阳县妇幼保健院才安排医生对患者进行B超检查，B超提示"①宫内妊娠头位死胎，②羊水偏少"。上午8时30分，阳县妇幼保健院派分

---

〔1〕改编自 https://xw.qq.com/cmsid/20200217A08GAV00，2020年9月16日访问。

管业务的副院长汤某、主治医师邱某将李某转送阳县人民医院。上午 12 时，李某入住阳县人民医院，经 B 超检查："宫内妊娠，头位死胎，羊水偏少"，超声声像提示："考虑宫内死胎，羊水过少，不排除胎盘早剥"。阳县人民医院采取了一定的救治措施，但未及时行毁胎取胎术，抢救措施不够得力，16 点 30 分李某分娩。婴儿随后被转入某大学附属第一医院，17 点 20 分经抢救无效死亡。该病例经省医学会鉴定属于一级甲等医疗事故，医方负次要责任。[1]

问：阳县妇幼保健院是否应承担医疗损害责任？

基本理论

一、医疗损害责任概述

《民法典》第 1218 条规定："患者在诊疗活动中受到损害，医疗机构或者其医务人员有过错的，由医疗机构承担赔偿责任。"医疗机构或者其医务人员，在诊疗活动中，因过错导致患者遭受损害，医疗机构对此应当承担的相应赔偿责任，即为医疗损害责任。

需要注意的是，造成医疗损害的行为人不等于医疗损害赔偿的责任人，造成损害的行为人可能是医疗机构，也有可能是该医疗机构的医务人员，但承担损害赔偿责任的主体只能是医疗机构。此即所谓医疗损害的替代责任。

二、医疗损害责任的构成要件

根据《民法典》侵权责任编第六章医疗损害责任的相关规定，医疗损害责任应具备以下构成要件：

1. 医疗损害的行为主体为医疗机构或者其医务人员。医疗损害责任一章中所称医疗机构或者其医务人员，特指经过卫生行政管理部门批准或者承认的医疗机构或者医疗人员。"医疗机构"是指按照国务院 1994 年 2 月发布的《医疗机构管理条例》取得《医疗机构执业许可证》的机构，包括从事疾病诊断、治疗活动的医院、卫生院、疗养院、门诊部、诊所、卫生所（室）以及急救站等。"医务人员"则是指经过考核和卫生行政机关批准或承认取得相应资格的各级各类卫生技术人员，包括在医疗机构中从事医疗工作的卫生防疫人员、药剂人员、护理人员和其他技术人员。

非法行医或"黑诊所"违法从事诊疗活动，导致损害的，不属于医疗损害，其责任承担不适用《民法典》侵权责任编第六章医疗损害责任之规定，应作为一般侵权处理。

2. 医疗行为须具有违法性。国务院《医疗事故处理条例》第 2 条规定，本条例所称医疗事故，是指医疗机构及其医务人员在医疗活动中，违反医疗卫生管理法律、行

---

〔1〕 改编自 http://www.110.com/panli/panli_ 46390241.html，2020 年 8 月 31 日访问。

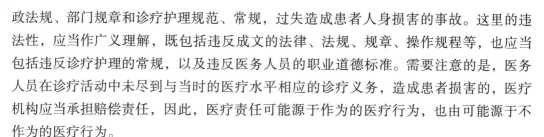

政法规、部门规章和诊疗护理规范、常规，过失造成患者人身损害的事故。这里的违法性，应当作广义理解，既包括违反成文的法律、法规、规章、操作规程等，也应当包括违反诊疗护理的常规，以及违反医务人员的职业道德标准。需要注意的是，医务人员在诊疗活动中未尽到与当时的医疗水平相应的诊疗义务，造成患者损害的，医疗机构应当承担赔偿责任，因此，医疗责任可能源于作为的医疗行为，也由可能源于不作为的医疗行为。

3. 医疗机构及其医务人员主观上存在过错。医疗机构及其医务人员在对患者治疗的过程中，主观上存在过错。这里所说的过错，是指医务人员在诊疗过程中，按其医疗水平及能力应当能够预见和预防损害的发生，由于其主观上存在过错，没有预见或是没有采取相应的预防措施，从而导致损害的发生。

（1）过错必须发生在诊疗活动中。如过错行为发生在医疗机构中，但非诊疗行为，如医务人员在医院走廊不慎撞倒一名等待就诊的患者，则不属于医疗损害。

（2）过错应当指过失，而不包含故意。如医务人员在诊疗活动中故意造成他人人身损害，则不属于侵权责任编所规定的医疗损害，不应当由医疗机构承担替代责任，应按照一般侵权处理，情节严重的应当以故意杀人、故意伤害等罪名追究刑事责任。

（3）过错应当由原告方进行举证，但以下三种情况实行举证责任倒置，即由医疗机构承担举证责任：①违反法律、行政法规、规章以及其他有关诊疗规范的规定；②隐匿或者拒绝提供与纠纷有关的病历资料；③遗失、伪造、篡改或者违法销毁病历资料。此外，医疗机构未尽告知义务，造成患者损害的，应当认定为医疗机构的过错，医疗机构应当承担赔偿责任。

4. 患者在诊疗活动中发生了损害事实。大多数医疗行为都对人体有一定的伤害，比如手术伤口、药物副作用，这些伤害属于诊疗活动中正常的伤害，不属于侵权责任编中所说的医疗损害。医疗损害是一种非正常伤害。

医疗机构或者其医务人员在诊疗活动中的过错，并不必然导致损害结果的发生。如医生一边问诊一边接听电话，看错了检验报告的结果，给病毒感染的病人开具了治疗细菌感染的药方，后患者因故未依方取药，医生的过错未导致损害结果。未发生损害事实的，即便医疗机构或者其医务人员在诊疗活动中存在过错，也不构成医疗损害责任。

患者在诊疗活动中发生的损害特指人身损害。患者在医疗机构中丢失财物，患者指控医疗机构管理不当的纠纷，不属于医疗损害纠纷。

患方承担证明损害事实存在的举证责任。

5. 医疗机构或医务人员过错支配下的行为与患者的人身损害之间存在因果关系。患者的损害必须是因医疗机构及其医务人员过错支配下的行为所造成的。也就是说，医疗行为是患者人身损害发生的原因，可以是唯一原因，也可以是原因之一。若损害完全因其他原因造成，则不能构成医疗事故。

引例解析

其一，阳县妇幼保健医院为经过卫生行政管理部门批准或者承认的医疗机构，属于适格的责任主体。其二，其医疗行为具有违法性。李某入院后，阳县妇幼保健院对其进行检查发现胎心音听不清楚，应该进行 B 超检查，但却未及时进行 B 超检查。等到上午 8：00 才进行 B 超检查，在一定程度上延误了诊断，其医疗行为不符合医疗操作规范。省医学会医疗事故技术鉴定书鉴定此次事故属于一级甲等医疗事故，更客观地阐述了被告的行为不符合医疗操作规范。其三，阳县妇幼保健院及其医务人员主观上存在过错。急诊医生在诊疗过程中，发现胎音异常，按其医疗水平及能力应当能够预见和预防损害的发生，但没有采取相应的预防措施，主观上存在过失。其四，在诊疗活动中发生了婴儿死亡的损害事实。其五，阳县妇幼保健院过错支配下的行为与婴儿死亡之间存在因果关系。当然，阳县妇幼保健院的行为不是婴儿死亡的唯一原因，甚至经鉴定只承担次要责任，但仍然构成因果关系。

相关法律法规

《民法典》第 1218 条、《医疗事故处理条例》第 2 条、《医疗机构管理条例》第 2 条。

思考与练习

一、选择题

1. 医疗事故损害责任由谁承担？（　　　）

A. 违反医疗操作规范的医护人员

B. 违反医疗操作规范的医护人员所在的医疗机构

C. 医疗机构承担后可向违反医疗操作规范的医护人员追偿

D. 医疗机构的上级管理部门

2. 以下构成医疗事故责任的有（　　　）。

A. 虽有诊疗护理错误，但未造成损害结果

B. 在诊疗护理工作中，因医务人员诊疗护理过失，造成患者损害

C. 诊疗护理无明显过失，发生难以避免的并发症的

D. 患者因心脏病乘坐救护车，途中发生交通意外，延误治疗，导致患者死亡

3. 医疗事故责任过错的主观状态是（　　　）。

A. 直接故意　　　B. 间接故意　　　C. 过失　　　D. 无过失的意外

二、简答题

简述医疗责任事故的构成要件。

学习情境：医疗损害责任构成要件的识别和应用

情境案例

李某，女，30岁，因咽部异物感，伴声音嘶哑、语言不清、吞咽和呼吸困难数月，于2018年1月21日入某市某医院住院治疗。

李某入院后，经过间接喉镜检查，医生发现她的舌根部有一半球状肿物，约2×2×2厘米大小，使喉入口部变窄。取部分组织分别送外院进行病理活检，一家报告为付节瘤，另一家认为是血管内皮肉瘤。由于这两种瘤均属低度恶习性肿瘤，当时负责治疗的该院耳鼻喉科主任杨教授认为应手术切除肿瘤。在家属签字同意后，于2018年2月3日由杨主任、本院口腔科童主任一起顺利地实施了手术。术后将大标本分送两家医院进行病理检查，报告分别是："舌根部异位结节性甲状腺肿"；以及"甲状腺瘤、来自异位甲状腺部分细胞有异形性变。"术后一个月，李某出现了浑身无力、手足冰凉的症状。经吸碘试验及甲状腺扫描检查，医生考虑为"甲状腺机能低下"，给予服甲状腺素片、支持疗法等对症治疗，2018年2月18日，李某在病情稳定的状况下出院。

李某出院后，曾几次出现月经周期紊乱、子宫出血症状，在某医院妇产科治疗过。2018年夏，病员及其家属多次找医院交涉，要求院方承担责任，其理由是甲状腺被切除，已丧失甲状腺功能，内分泌紊乱。与此同时，病员及其家属向某市卫生局提出医疗事故鉴定申请。某市医疗事故鉴定委员会对本案进行了鉴定，经分析认为："为抢救治疗病人行肿物切除是可行的……由于患者存在甲状腺异位情况，因此被误切甲状腺。异位甲状腺临床极为少见，事前难以预料……"据此，于2018年9月16日作出了"此例不属医疗事故"的鉴定结论。

李某不服这一鉴定结论，认为甲状腺异位虽然少见，但完全可以通过术前甲状腺扫描、吸碘试验发现，遂向某市某区人民法院起诉，要求手术医院承担医疗损害责任。庭审过程中，法官征得双方同意予以调解。

训练目的

让学生通过训练学会根据医疗损害责任的构成要件，判断医疗损害责任。

训练方法

请同学们根据学习情境中的案例分组模拟民事调解过程。

实训步骤

1. 根据案例需要对学生进行分组。

2. 以组为单位，让学生合理细化案件细节，查阅相关法律法规，解析本案是否构成医疗事故责任。

3. 让学生模拟民事调解的过程，各方通过辩论、说理，阐释自己对医疗事故责任的理解，并解析对本案的判断。

4. 学生自我评价训练效果。

5. 教师点评、总结训练情况。

任务二　医疗机构及其医务人员的义务

案例引入

张某，男，35 岁，因上排 4 颗牙齿间隙较大一直有修复之心，2007 年 4 月 28 日被某医院广告所吸引，到该院咨询。接诊医生对患者张某极力鼓吹所谓的手术效果，并怂恿患者上下排一起做，在其一再劝说下，患者张某同意当天就接受手术，但手术范围仅为上排 4 颗。

但手术医生术中未经患者同意，擅自扩大手术范围，将患者张某上下两排一共 15 颗牙齿全都做了打磨，并且全部打磨过度，造成患者当时 5 颗牙齿漏髓，其中 3 颗术中做了根管（有一颗根管手术还超填）。麻醉过后，患者痛苦不堪，之后几个月，15 颗牙齿相继出现牙髓反应和漏髓，期间患者饱受折磨，数次在省、市口腔医院就诊，目前 15 颗牙齿全都做了根管，成为死髓牙，今后不得不依靠牙冠维持正常牙齿功能。2007 年 9 月，张某诉至法院，要求被告赔偿医疗费、继续治疗费以及精神损害抚慰金等。

受法院委托，医学会于 2008 年 2 月 25 日出具了医疗事故技术鉴定书，鉴定结论为四级医疗事故，医方承担主要责任。

鉴定书分析意见为：根据临床资料及现场调查分析，患者口腔病情较复杂，医方所提供的模型反映除前牙有间隙外还存在深覆牙合，咬合紧。

医方存在以下医疗过失行为：

1. 病历书写不规范，存在事后补写的情况；

2. 考虑欠周详，设计方案不当，匆忙进行治疗导致牙髓炎、牙齿疼痛；

3. 根据病历记载情况，关闭间隙只需磨 12 颗牙，多磨了 3 颗牙；

4. 违反操作常规，该病例应当先进行根管治疗。

对患者的医疗护理医学建议：烤瓷牙冠修复以重建咬合功能，恢复外形。

双方未申请重新鉴定。[1]

问：本案中，医疗机构有哪些未尽义务？

基本理论

医疗行为违反法律、行政法规、规章以及其他诊疗规范，未履行特定义务，是医疗机构承担医疗损害责任的前提。根据《民法典》侵权责任编第六章的有关规定，医疗机构及其医务人员有以下义务：

---

〔1〕　改编自 https://wenda.so.com/q/1514289966214763，2020 年 9 月 6 日访问。

一、医疗机构的告知义务

《民法典》第 1219 条规定：“医疗人员在诊疗活动中应当向患者说明病情和医疗措施。需要实施手术、特殊检查、特殊治疗的，医务人员应当及时向患者具体说明医疗风险、替代医疗方案等情况，并取得其明确同意；不能或者不宜向患者说明的，应当向患者的近亲属说明，并取得其明确同意。医务人员未尽到前款义务，造成患者损害的，医疗机构应当承担赔偿责任。”第 1220 条规定：“因抢救生命垂危的患者等紧急情况，不能取得患者或者其近亲属意见的，经医疗机构负责人或者授权的负责人批准，可以立即实施相应的医疗措施。”根据以上规定，医疗机构的告知义务包括以下三方面内容：

1. 说明义务。自然人有就自己生命、健康的维护方式进行选择的权利，这是一项基本的人权。医疗机构的说明义务通过确保病人及其近亲属的知情权，保证了其自由权实现的可能性。医学是专业性极强的领域，对于检查、治疗、手术等医疗方法可能带来的痛苦、风险乃至副作用，如果医务人员不提前予以说明，普通患者及其近亲属是难以全面了解的。如果对医疗过程及结果充满未知恐惧，患者及其近亲属无法做出行为选择。

2. 征得同意的义务。是否接受医生的诊疗方案、接受医生的哪一个诊疗方案、接受哪一位医生的诊疗方案，都由患者及其家属自行决定。医生可以给出专业的倾向性意见，但不得强迫患者及其家属做出选择。医生需要实施手术、特殊检查、特殊治疗的，应当及时向患者说明医疗风险、替代医疗方案等情况，征得患者或其近亲属明确同意，才可实施。

3. 告知义务的豁免。因抢救生命垂危的患者等紧急情况，不能及时取得患者或者其近亲属意见的，医疗机构可以立即实施相应的医疗措施。这是价值权衡的结果，生命权高于知情权与自由选择权。

正是因为在特定情况下侵害了患者及其近亲属的知情权及自由选择权，因此法律对告知义务的豁免进行了严格的限制：一是必须发生在患者生命垂危等紧急情况下；二是不能及时取得患者或者其近亲属意见，否则可能丧失最佳抢救时机；三是必须经机构负责人或者授权的负责人批准。

二、遵守诊疗规范的义务

《民法典》第 1222 条第 1 项规定，医疗机构违反法律、行政法规、规章以及其他有关诊疗规范的规定，患者在诊疗活动中受到损害，推定医疗机构有过错。医疗机构及其医务人员的一切诊疗活动都应当遵守诊疗规范。遵守诊疗规范的义务主要包含以下两方面内容：

1. 医务人员应当根据诊疗规范，履行相当诊疗义务。《民法典》第 1221 条规定：

"医务人员在诊疗活动中未尽到与当时的医疗水平相应的诊疗义务，造成患者损害的，医疗机构应当承担赔偿责任。"

需要注意的是，医务人员在诊疗活动中应尽到与"当时"的医疗水平相应的诊疗义务，而不是与"自己"的医疗水平相应的诊疗义务。如按照我国整体（综合考量当地总体医疗水平）医务人员的正常技术水平，不应当造成患者损害，但由于×医务人员学艺不精，自身水平低于当时我国整体水平，造成患者损害，医疗机构应当承担替代责任。该医务人员不得以"已经尽到与本人医疗水平相当的诊疗义务"为由，要求免除医疗损害责任。

2. 医务人员应当根据诊疗规范，避免过度检查。《民法典》第 1227 条规定："医疗机构及其医务人员不得违反诊疗规范实施不必要的检查。"不必要的检查一方面是对患方财物的浪费，另一方面也有可能给患者的身体带来不必要的伤害。因此，根据诊疗规范不必实施的检查，如对判断病情没有帮助或帮助不大的检查、短期内完全重复的检查、带来的帮助远小于伤害的检查等，医疗机构及其医务人员不得实施。

三、客观病例资料的填写、保管和提供义务

《民法典》第 1225 条规定："医疗机构及其医务人员应当按照规定填写并妥善保管住院志、医嘱单、检验报告、手术及麻醉记录、病理资料、护理记录等病历资料。患者要求查阅、复制前款规定的病历资料的，医疗机构应当及时提供。"第 1222 条第 2、3 项规定，医疗机构隐匿或者拒绝提供与纠纷有关的病历资料，遗失、伪造、篡改或者违法销毁病历资料，患者在诊疗活动中受到损害的，推定医疗机构有过错。

四、对患者隐私和个人信息保密的义务

《民法典》第 1226 条规定："医疗机构及其医务人员应当对患者的隐私和个人信息保密。泄露患者的隐私和个人信息，或者未经患者同意公开其病历资料的，应当承担侵权责任。"

《民法典》人格权编第六章规定了隐私权和个人信息的保护，明确了隐私、隐私权和个人信息的内涵与外延，以及受法律保护的范围。医疗事故责任一章中所说的患者隐私和个人信息，主要强调但不限于患者与病情相关的隐私与个人信息，其他与病情关联较弱，但能够被医疗机构及其医务人员获取的隐私与个人信息，如姓名、联系电话、家庭住址等，同样属于医疗机构及其医务人员应当保密的范畴。

《民法典》侵权责任编第六章医疗损害责任，除规定医疗机构及其医务人员应当履行的义务外，还专门明确了医疗机构及其医务人员的合法权益受法律保护。《民法典》第 1228 条规定了妨害医疗活动的法律责任："干扰医疗秩序，妨碍医务人员工作、生活，侵害医务人员合法权益的，应当依法承担法律责任。"受到法律保护的不仅包括医疗秩序、医务人员的正常工作权利，还包括医务人员在工作之外正常生活的权利，以

及其他的合法权益。

引例解析

引入案例中，医院违反了三项义务：一是违反了客观病历资料的填写、保管和提供义务，医方术后补写门诊病历不具有合法性；二是违反了医疗机构的告知义务，术前患者同意治疗上排 4 颗牙，手术医生术中未经患者同意，擅自扩大手术范围，将患者张某上下两排一共 15 颗牙齿全都做了打磨，医疗机构严重侵犯患者知情同意权；三是违反遵守诊疗规范的义务，手术医生将患者张某上下两排一共 15 颗牙齿全部打磨过度，造成患者当时 5 颗牙齿漏髓，其中 3 颗术中做了根管（有一颗根管手术还超填），15 颗牙齿相继出现牙髓反应和漏髓，最终 15 颗牙齿全都做了根管，成为死髓牙，今后不得不依靠牙冠维持正常牙齿功能，医生手术操作严重不当。

相关法律法规

《民法典》第 1219、1220、1221、1222、1225、1226、1227、1228 条，人格权编第六章。

思考与练习

一、判断题

1. 患者有权复印或者复制自己的门诊病历、住院志、体温单、医嘱单、化验单、医学影像检查资料、特殊检查同意书、手术同意书、手术及麻醉记录单、病历资料、护理记录等病历资料。（　　）

2. 医疗机构及其医务人员违反诊疗规范实施不必要的检查，仅违反诊疗规范，并未违反《民法典》。（　　）

3. 因抢救生命垂危的患者等紧急情况，不能及时取得患者或者其近亲属意见，医疗机构立即实施相应的医疗措施。由于未履行告知义务，患者及其家属有随时追究医疗机构责任的权利。（　　）

4. 医疗机构及其医务人员应当对患者的隐私和个人信息保密。这里的隐私和个人信息指与病情相关的病历资料等，不包括病人的姓名、电话号码。（　　）

5.《民法典》第 1228 条明确了医疗机构及其医务人员的合法权益受法律保护。医务人员的工作秩序受该条保护，但生活秩序的保护不包含在内。（　　）

二、简答题

简述医疗机构及其医务人员在诊疗活动中的义务。

学习情境：医疗机构义务的识别和应用

情境案例

2016 年 8 月 12 日，方某因患风湿、痛风、右小腿皮肤溃疡等病症到某市人民医院就诊，入院诊断为右小腿皮肤破溃伴感染、痛风、痛风性关节炎等症状，收治于普内科住院治疗，病情稳定后于 2016 年 8 月 22 日转入烧伤整形二组继续住院治疗。8 月 26 日，某市人民医院对方某实施了右小腿溃疡清创术、臀部痛风石部分取出切除术，术后恢复创面良好。8 月 31 日清晨，方某死亡。

方某死后，区卫生和计划生育局委托了某大学司法鉴定中心对方某实施尸检，鉴定意见为"死者方某符合肺动脉栓塞致急性呼吸、循环衰竭死亡，其他病症与其死亡后果无关"。

方某亲属认为，某市人民医院的诊治存在重大过错，导致了方某死亡的结果。其过错包括但不限于对患者的血栓病情出现漏诊误诊、手术后也未告知患者或家属应注意事项、某市人民医院在患者住院护理期间不尽责而丧失抢救机会、其住院病历不能客观反映其诊疗过程等，医方应当承担全部责任。方某亲属向法院提起诉讼。

法院受理该案后，先后委托两家司法鉴定所就医方的诊疗行为是否存在过错、与本次事故是否具有因果关系及参与度进行鉴定。但两次鉴定均未得出鉴定意见，后方某亲属提出不再进行鉴定。

经法院查明，本案病例中的医患沟通记录单、病危病重通知书、医患双方不收和不送红包协议书、住院病人离院责任书、患方住院授权委托书兼承诺书上的"方某"均不是本案死者方某本人所签。[1]

训练目的

让学生通过训练熟练掌握医疗机构及其医务人员的义务，明确违反义务对医疗事故责任认定的意义。

训练方法

请同学们根据学习情境中的案例分组模拟民事诉讼法庭辩论。

实训步骤

1. 根据案例需要对学生进行分组。

2. 以组为单位，让学生合理细化案件细节，查阅相关法律法规，站在角色立场拟写辩论词。

3. 让学生模拟法庭辩论的过程，各方通过辩论、说理，阐释自己对医疗机构及其医务人员的应尽义务，以及对医疗事故责任的理解，并阐明对本案的观点。

4. 学生自我评价训练效果。

5. 教师点评、总结训练情况。

---

〔1〕 改编自国家法官学院、最高人民法院司法案例研究院：《中国法院 2020 年度案例——侵权赔偿纠纷》，中国法制出版社 2020 年版，第 41~44 页。

任务三　医疗产品的不真正连带责任

案例引入

案例一： 胡某系未成年少女，一日因患病到医院接受治疗，医院随即对其作出输血的决定。医院从血库立即调来了胡某所需要的 A 型血液 1000 毫升。几个月之后，胡某被查出患有艾滋病，系输血所致。于是，胡某便将医院告上法庭，要求医院赔偿其 80 万元的治疗费及其他费用。医院认为血液系由血库提供，自己已严格按照诊疗规范操作，责任应当由血库承担。[1]

问：医疗机构是否应当为不合格的血液致害承担医疗损害责任？

案例二： 2002 年 10 月，韩某因右腿骨下端粉碎性骨折，到甲医院接受治疗。甲医院对韩某使用型号为 SPW-96 钢板的内固定术。韩某出院后，感到不适，又到乙医院复查。乙医院诊断为右大腿向外侧弯，右膝关节不能活动。后经该院 X 线摄片报告诊断为右股骨下端骨折、固定术后断钉移位。2003 年 6 月，韩某在乙医院住院治疗。在乙医院住院期间，花去医疗费 2 万元，其中包括进口交锁髓内钉费用 8000 元。韩某认为甲医院在医疗活动中使用不合格的钢钉和钢板，给自己造成重大损失，遂向当地人民法院提起诉讼，请求判决甲医院赔偿其医疗费、误工费、住院伙食补助费、精神损害抚慰金等。在诉讼过程中，受人民法院委托，有关机构对甲医院安装在韩某体内的型号为 SPW-96 的钢板及配套钢钉质量进行鉴定，结论为：钢板、钢钉质量均不合格。[2]

问：医疗机构是否应当为不合格的医疗器械致害承担医疗损害责任？

基本理论

医疗产品责任，即因医疗产品缺陷导致被侵权人损害，医疗机构与医疗产品的生产者、提供者等应为此承担的损害赔偿责任。

《民法典》第 1223 条规定，因药品、消毒产品、医疗器械的缺陷，或者输入不合格的血液造成患者损害的，患者可以向药品上市许可持有人、生产者、血液提供机构请求赔偿，也可以向医疗机构请求赔偿。患者向医疗机构请求赔偿的，医疗机构赔偿后，有权向负有责任的药品上市许可持有人、生产者、血液提供机构追偿。

可见，药品上市许可持有人、生产者、血液提供机构及医疗机构对医疗产品致害承担无过错责任。医疗产品责任以医疗产品存在缺陷，患者发生了人身损害事实，及二者之间存在引起与被引起的因果关系为责任构成要件。

---

〔1〕 改编自 http：//www.fabang.com/a/20110212/240204.html，2020 年 9 月 7 日访问。

〔2〕 改编自 https：//www.360kuai.com/pc/99212903321d42e53？cota＝4&kuai_so＝1&tj_url＝so_rec&sign＝360_57c3bbd1&refer_scene＝so_1，2020 年 9 月 9 日访问。

一、医疗产品损害不真正连带责任的内涵

1. 根据《民法典》的规定，医疗产品包括药品、消毒产品、医疗器械，以及血液。

2. 医疗产品缺陷，是指《产品质量法》第 46 条所规定的："产品存在危及人身、他人财产安全的不合理的危险；产品有保障人体健康和人身、财产安全的国家标准、行业标准的，是指不符合该标准。"

3. 医疗产品损害不真正连带责任的底层逻辑，是医疗机构、医疗产品的生产者、销售者违反法定义务，致使有缺陷的医疗产品对受害患者造成人身损害。医疗机构承担严格责任，原因在于其处于责任环节中的核心地位，是沟通厂家和患者的桥梁，有义务对为患者选择合格的医疗产品尽必要的注意义务。更多的时候，患者是没有能力区分医疗过失与医疗产品缺陷的，因此，医疗机构承担医疗产品责任，也可以降低患方通过诉讼实现合法权益的难度。

4. 医疗产品的不真正连带责任，是指患者无须分辨医疗机构是否存在错误，更不须理会医疗机构与药品上市许可持有人、生产者、血液提供机构之间的最终责任如何划分，可以向其中任一主体主张全部权利。

二、医疗产品损害不真正连带责任与相关法条的关系

医疗产品责任的规定，与《民法典》侵权责任编第四章产品责任中第 1203 条，生产者、销售者的缺陷产品不真正连带责任，本质上是相同的。医疗机构在某种程度上可以理解为医疗产品的销售者。第 1203 条第 2 款规定："产品缺陷由生产者造成的，销售者赔偿后，有权向生产者追偿。因销售者的过错使产品存在缺陷的，生产者赔偿后，有权向销售者追偿。"

针对发生药品、消毒产品、医疗器械的缺陷，或者输入不合格的血液造成患者损害的情况，应将第 1223 条与第 1203 条，以及第 1202 条的生产者的缺陷产品无过错最终责任结合在一起予以理解。如果医疗产品的缺陷源自于药品上市许可持有人、生产者、血液提供机构，医疗机构承担责任后，可向上述主体追偿；如果医疗产品缺陷源自于医疗机构的过错，比如医疗机构储存不当，则医疗机构承担责任后不得追偿，而且如药品上市许可持有人、生产者、血液提供机构已承担赔偿责任，还可以向医疗机构追偿。当然，如产品缺陷源于运输者、仓储者等第三人过错，医疗机构在承担赔偿责任后，也可以依据《民法典》第 1204 条的规定行使向第三人追偿的权利。

 引例解析

案例一：《民法典》第 1223 条规定，输入不合格的血液造成患者损害的，患者可以向血液提供机构请求赔偿，也可以向医疗机构请求赔偿。患者向医疗机构请求赔偿

的，医疗机构赔偿后，有权向负有责任的血液提供机构追偿。因此，案例中，患者胡某感染艾滋病与输血行为之间存在因果关系。胡某向医院请求赔偿，医院应当就不合格血液致害承担赔偿责任。医院赔偿后，如提供血液的血库负有责任，则可以向血库追偿。

案例二：案例中，患者韩某认为甲医院在医疗活动中使用不合格的钢钉和钢板，给自己造成重大损失，要求甲医院赔偿其医疗费、误工费、住院伙食补助费、精神损害抚慰金。经鉴定，甲医院安装在韩某体内的型号为 SPW-96 的钢板及配套钢钉质量确实不合格。甲医院在韩某体内植入不合格钢板的行为与韩某的损害事实之间存在因果关系。《民法典》第 1223 条规定，因医疗器械的缺陷造成患者损害的，患者可以向生产者请求赔偿，也可以向医疗机构请求赔偿。患者向医疗机构请求赔偿的，医疗机构赔偿后，有权向负有责任的生产者追偿。因此，韩某的赔偿请求应当得到支持。医院赔偿后，可以向不合格医疗器械的生产厂家追偿。

相关法律法规

《民法典》第 1223、1202、1203、1204 条。

思考与练习

一、判断题

1. 在药品缺陷致害责任中，医疗机构与药品生产者承担连带责任。（　　）

2. 医疗产品责任为过错责任。（　　）

二、论述题。

简单谈谈你对医疗产品责任的理解。

学习情境：医疗产品责任的识别和应用

情境案例

范某于 2017 年结婚后怀孕，于 2018 年 6 月 27 日顺产一女婴。由于耻骨分离，范某生产时受了不少疼痛，4 天后出院回家，腹痛一直持续。

2018 年 7 月 10 日，因腹痛难忍，范某来到某市妇幼保健院进行 B 超检查，在盆腔处第一次发现一大包块，直径大于 10 厘米。

根据病历，医生认为包块有脓肿可能，后来证明是右卵巢性包块伴右侧输卵管积脓，进行了 2 天消炎治疗后，7 月 11 日晚，医院决定实施腹腔镜下检查术。

7 月 11 日当天，某市妇幼保健院麻醉术前访视记录显示，在意识、瞳孔一栏，麻醉师勾画了"清醒""正常"。

手术持续了一个半小时。其间，家属签了几次知情同意书。当晚，某市妇幼院下达病危通知书，次日凌晨 3 点，范某转入某市人民医院重症监护室抢救。此后一直昏迷。

虽有人工心肺机器——CMO（体外膜肺氧合）提供呼吸循环支持，但患者情况越来越不好，肾脏开始恶化，皮肤出现血泡、浮肿。医生告诉家属，范某的心脏也许会慢慢恢复（跳动），但即便醒过来，也可能因为大脑缺氧太久，成为"植物人"。

某市妇幼保健副院长称，28 岁的范某是因"产后抵抗力下降""条件致病菌导致的感染"。这种"咽峡炎链球菌"，本身存在于人体，但在抵抗力下降后，"会由原本不致病变为致病菌"。

据悉，某市妇幼保健院曾在 2018 年 5 月 3 日对外招标一批一次性手术用品，包括可吸收肠线（抗菌薇乔防刺伤针）、鱼骨线、胃管针筒（一次性使用灌注器）、女性拭子、玻璃体温计、封口性能测试条、中性电极（单极）、一次性使用阴道扩张器、一次性使用心电电极片、消融电极（leep 刀刀头）、一次性使用吸引连接管等。是否存在消毒手术包不合格的情况尚不明确。[1]

训练目的

让学生通过训练识别医疗产品责任，熟练掌握医疗产品责任的应用。

训练方法

请同学们根据学习情境中的案例分组模拟某市妇幼保健院法律顾问团队的应诉前案情讨论分析过程。

实训步骤

1. 根据案例需要对学生进行分组。

2. 以组为单位，让学生合理细化案件细节，查阅相关法律法规，以××市妇幼保健院法律顾问团队的角度，分析各种可能性下医院责任的承担问题。

3. 让学生模拟法律顾问团队案情讨论分析的过程，各方通过辩论、说理，阐释自己对本案的理解。

4. 学生自我评价训练效果。

5. 教师点评、总结训练情况。

任务四　医疗损害免责事由

案例引入

2001 年 6 月，患者陈某"双下肢麻木近 1 年，逐渐加重累及整个下肢及上胸部近 6 个月"，入住某三级甲等医院神经外科。入院时，患者双下肢肌力 V，肌张力不高，腰部以下浅感觉减弱。入院后 MRI 检查显示 c-T 水平脊髓星形细胞瘤伴水平脊髓空洞症。行 c-T 髓内肿瘤切除术。手术记录：术中见肿瘤呈鱼肉样，与周围组织分界不清，质稍韧，长约 4.5 厘米，肿瘤近全切除。术后病理报告显示：c-T 室管膜胶质瘤。术后第

---

〔1〕　改编自 https://baijiahao.baidu.com/s? id=1607299103017852148，2020 年 9 月 9 日访问。

1 天，患者右下肢肌力 0，左下肢 I，双下肢感觉存在，予营养神经等治疗。患者术后 2 周出院。出院时左下肢肌力 V，右下肢肌力 0，胸骨角平面以下感觉障碍无明显好转。后患者经残疾鉴定为 II 级伤残。

鉴定意见：①根据患者病史及相关检查资料，c-T 髓内恶性肿瘤诊断明确，如不及时手术，有可能丧失整个脊髓功能。有神经外科手术指征。②对患者所实施的脊髓内肿瘤手术是神经外科中难度较高的手术。患者术前 MRI 检查证实脊髓已被恶性肿瘤压迫，明显变薄，手术记录术中见肿瘤与脊髓组织分界不清。此类手术术后的神经功能障碍难以避免。③医院在术前向患者告知的术前谈话记录中，详细描述了手术可能发生神经功能障碍等手术风险。患者家属同意并签字。[1]

问：本案中，医院是否应对患者的损害结果承担医疗损害责任？

基本理论

《民法典》第 1224 条规定："患者在诊疗活动中受到损害，有下列情形之一的，医疗机构不承担赔偿责任：①患者或者其近亲属不配合医疗机构进行符合诊疗规范的诊疗；②医务人员在抢救生命垂危的患者等紧急情况下已经尽到合理诊疗义务；③限于当时的医疗水平难以诊疗。前款第一项情形中，医疗机构或者其医务人员也有过错的，应当承担相应的赔偿责任。"

医疗行为是人类所必须的行为，但由于人类认知水平极度有限，是因此也是一种风险较高的行为。让医疗机构为所有的医疗风险承担责任是不公平也是不现实的，否则必将导致医疗机构与医务人员锐减，无法满足人类社会发展需求。因此，法律明确规定了医疗损害的免责事由，在特定情况下减轻医疗机构的责任风险。

1. 患者或者其近亲属不配合医疗机构进行符合诊疗规范的诊疗。诊疗活动不是医疗机构或医务人员单方面的活动，同时也取决于患者的自由选择。诊疗过程往往存在痛苦和风险，需要通过"短痛"来解决"长痛"，并且还要承担"短痛"后"长痛"依然存在的风险。医生只能将诊疗可能带来的结果与风险，以及不接受诊疗的后果如实告知患者或其近亲属，让患方在了解全面信息的情况下做出选择，却不能代替或强迫患者接受自己的诊疗方案。患者或其近亲属当然有权利拒绝医疗机构的诊疗方案，但同时也应当为自己的拒绝承担相应后果，由于患方自己的原因而延误治疗，造成患者人身损害的，应免除医疗机构的责任。

需要注意的是，《民法典》第 1224 条第 2 款规定了例外情形，如果患者或者其近亲属不配合医疗机构进行符合诊疗规范的诊疗，但医疗机构或者其医务人员也有过错的，应当承担相应的赔偿责任。所谓相应赔偿责任，即与其过错程度相当的赔偿责任。

2. 医务人员在抢救生命垂危的患者等紧急情况下，已经尽到合理诊疗义务。在抢救垂危病患的生命时，采取紧急医学措施，有可能造成不良后果。但为了挽救患者的

---

〔1〕 案例来自 http：//www.docin.com/p-771003067.html，2020 年 9 月 9 日访问。

生命，即使造成不良后果的风险很高，紧急措施也是不得不为。在这种情况下造成的不良后果，医疗机构不承担医疗损害责任。

这一规定，事实上是法律在特定情况下降低对医生注意义务程度的要求。一般情况下，由于医疗行为直接关系患者的生命健康权，法律要求医生在诊疗活动中要履行高度注意的义务，而在紧急情况下，患者生命危在旦夕，抢救时间紧迫，医务人员对患者的病情及病状无法作详细的检查、观察、诊断，也难以要求医生具有与平时一样的思考时间、判断能力和预见能力，此时法律对医生在注意程度上的要求相对低于一般医疗时的情形。

需要注意的是，降低注意义务程度要求，不等于不要求履行注意义务。在紧急情况下实施的紧急救治措施，医务人员仍应尽到合理诊疗的注意义务。具体而言，根据现行的诊疗规范，紧急情况下合理的诊疗义务包括如下四个方面：一是对患者伤病的准确诊断。对患者伤病的准确诊断是正确实施治疗措施的前提。如情况紧急，应在采取控制患者伤病恶化的紧急措施后，再作进一步诊断和治疗。二是治疗措施的合理、适当，包括治疗措施和治疗用药的适当、合理。三是谨慎履行说明告知义务。紧急情况下，如果事前告知不可行，那么采取紧急救治措施后仍应履行该项义务。四是将紧急救治措施对患者造成的损害控制在合理限度之内。如果医务人员在紧急救治情况下已经尽到上述合理诊疗义务，医疗机构不承担赔偿责任；否则，即便是为抢救生命垂危的患者，但医务人员未尽到紧急救治情况下医务人员应尽到的合理诊疗义务，医疗机构仍不能免除其赔偿责任。

3. 限于当时的医疗水平难以诊疗。医学是一门科学，随着人类认知的发展而进步。人类认知的局限性决定了医学发展的局限性。医疗是在医学指导下进行的诊疗活动，自然受到医学发展水平的限制。在现有医学科学技术条件下，发生无法预料或者不能防范的不良后果是不可避免的，医疗机构不为此承担民事责任。

需要注意，当时的医学水平不等于当时的医疗水平。医学水平是理论研究的水平，并非一定转化为了现实的医疗水平，而医疗水平则是实证的医学水平，是现实的、实际的医疗环境。医学水平达到一定程度不等于医疗水平能够实现。因此，判断医务人员在诊疗活动中是否尽到与当时的医疗水平相应的诊疗义务，应以医疗行为发生时的医疗水平为标准。

我国幅员辽阔，地区间发展状况差异较大，医疗水平也存在较大落差。判断医疗水平时，应适当考虑地区、医疗机构资质等因素。即原则上以国家标准的医疗水平确定当时的医疗水平，同时可以适当考虑地区、医疗机构的因素差异。

引例解析

案例中，医院对患者所实施的脊髓内肿瘤手术是神经外科中难度较高的手术。患者术前 MRI 检查证实脊髓已被恶性肿瘤压迫，明显变薄，手术记录术中见肿瘤与脊髓组织分界不清。此类手术术后的神经功能障碍难以避免。但如果不进行手术将危及患者生命。医院对于手术风险已明确告知患者及其家属，在患者及家属同意后进行手术治疗。在现有医学科学技术条件下，发生不能防范的不良后果是不可避免的。《民法典》第 1224 条第 1 款第 3 项规定，患者在诊疗活动中受到损害，限于当时的医疗水平难以诊疗的，医疗机构不承担赔偿责任。

▦ **相关法律法规**

《民法典》第 1224 条。

▦ **思考与练习**

一、选择题

以下属于医疗事故的是（   ）。

A. 在紧急情况下为抢救垂危患者生命而采取紧急医疗措施造成损害结果

B. 因患方原因延误诊疗导致损害结果

C. 患者服药后发生不良反应，医生未事先告知可能发生的不良反应

D. 限于当时的医疗水平无法诊疗

二、判断题

1. 医疗机构在抢救垂危病患的生命时，采取紧急医学措施，造成不良后果，即使没有尽到注意义务，也无须承担医疗损害责任。（   ）

2. 诊疗当时的医学水平不等于诊疗当时的医疗水平。（   ）

三、论述题

请简单阐述你对医疗损害免责事由的理解。

学习情境：医疗损害免责事由的识别和应用

▦ **情境案例**

2017 年 2 月 6 日，彭某国因喉咙不适前往某市爱康医院耳鼻喉科检查治疗，经诊断其患有急性咽喉炎。彭某国做完雾化治疗后喉咙肿痛加重，在前往急诊室途中突然倒地，经抢救无效死亡。同月 9 日，彭某国女儿彭某欣与某市爱康医院就彭某国死亡原因共同委托某大学医学院法医司法鉴定所鉴定。同月 28 日，某大学医学院法医司法鉴定所出具鉴定意见书，认为彭某国在冠心病、陈旧性心肌梗死的基础上，因慢性咽喉炎急性发作加重由于肺毛细血管瘤病导致的肺通气功能障碍，诱发心源性猝死。同年 5 月，彭某欣提起诉讼，请求判令某市爱康医院承担赔偿责任。

在审理过程中，彭某欣申请对某市爱康医院的医疗行为是否存在过错，其损害结果与某市爱康医院的医疗过错行为有无因果关系，及因果关系类型（参与度）进行鉴定。2017 年 11 月 20 日，北京某司法鉴定中心出具鉴定意见书，认为医方对被鉴定人彭某国的检查不全面，对病情评估不足，未尽到谨慎的注意义务，存在过错；医方未

能及时、有效地建立呼吸气道，抢救方面存在不足；某市爱康医院对被鉴定人彭某国的诊疗行为存在一定过错，医方的过错与被鉴定人损害后果之间存在一定的因果关系，因果关系类型可考虑为轻微至次要之间。

某市爱康医院辩称：根据门诊病历记载，彭某国因喉部不适，到爱康医院挂号耳鼻喉科，该科室医生诊断为急性咽喉炎，让其做雾化治疗，同时建议发热问题可前往急诊科检查。彭某国挂号耳鼻喉科，并未向医师陈述其自身患有冠心病、陈旧性心肌梗死、肺毛细血管瘤病等病史。该科室医师未作出心源性疾病导致咽喉不适的判断，受限于自身科室医疗水平，医师根据病情，对其进行雾化治疗，未违反医疗常规。彭某国做完雾化治疗后，病情加重，于19点35分入抢救室，很快即出现心跳停止、呼吸为零等症状，医院对其实施抢救，也未违反医疗常规，不应当承担医疗损害责任。[1]

训练目的

让学生通过训练识别医疗损害免责事由，熟练掌握医疗损害免责事由的应用。

训练方法

请同学们根据学习情境中的案例分组模拟法庭辩论过程。

实训步骤

1. 根据案例需要对学生进行分组。

2. 以组为单位，让学生合理细化案件细节，查阅相关法律法规，分析本案中是否存在医疗损害免责事由。

3. 让学生模拟法庭辩论的过程，双方通过辩论、说理，阐释自己对本案的理解。

4. 学生自我评价训练效果。

5. 教师点评、总结训练情况。

拓展阅读

[1] 刘志恒、李一册："法经济学视角下的医疗过错推定"，载《医学与法学》2020年第4期。

[2] 辛晨："某三甲医院医疗损害责任纠纷诉讼案件分析"，载《江苏卫生事业管理》2020年第7期。

[3] 沈刚、戴月华、吴丽华、乔学斌："盐城市96例医疗损害责任纠纷案件的情况分析"，载《江苏卫生事业管理》2020年第7期。

[4] 王春林："涉纠纷病历封存复印存在的问题及对策"，载《中国卫生法制》2020年第4期。

[5] 高峰："因果关系不明情形的医疗损害责任认定"，载《南京医科大学学报（社会科学版）》2020年第1期。

---

〔1〕 改编自 https://www.055110.com/yl/4/146.html，2020年9月10日访问。

　　〔6〕张彩霞、苏涵："广东省 2010—2017 年医疗损害责任纠纷中的医疗损害鉴定实证分析"，载《医学与社会》2019 年第 12 期。

项目四　环境污染和生态破坏责任

▌ 知识目标

　　掌握环境污染和生态破坏责任的构成要件、抗辩事由及其举证责任、损害修复责任的理论知识。

▌ 能力目标

　　学会识别环境污染和生态破坏责任，学会适用抗辩事由及损害修复责任。

任务一　环境污染、生态破坏责任及其构成要件

▌ 案例引入

　　2007 年 10 月，连州市某镇某村村民小组与某地自治县市政局签订《租赁荒地协议书》约定，市政局租赁某村村民小组的荒地建造垃圾处理场。此后，市政局运送大量垃圾至上述垃圾填埋场直接倾倒，导致所涉地块土壤和地下水资源污染。该村村民小组诉至法院，请求解除《租赁荒地协议书》，要求市政局消除污染，恢复原状，赔偿损失 17.21 万元。〔1〕

　　问：原告的诉讼请求能否得到法院的支持？

▌ 基本理论

　　《民法典》侵权责任编第七章规定了环境污染和生态破坏责任。《民法典》第 1229 条："因污染环境、破坏生态造成他人损害的，侵权人应当承担侵权责任。"

一、环境污染、生态破坏责任的概念和归责原则

（一）环境污染、生态破坏责任的概念

　　环境污染，是指由于自然或人类原因，产生有害成分（化学及放射性物质、病原体、噪声、废气、废水、废渣等），引起环境质量下降，危害人类健康，影响生物正常生存发展的现象。按环境要素可分为大气污染、水污染、土壤污染等；按污染物的性质可分为生物污染、化学污染、物理污染；按污染物形态可分为废气污染、废水污染、废物污染、噪声污染、辐射污染等。生态破坏，是指由于自然或人为原因，导致生物的生存环境恶化的现象。在其潜伏期，往往不易被察觉，如森林减少、草原退化、水土

　　〔1〕改编自"2019 年度人民法院环境资源典型案例（附全文）"，载最高人民法院网：https://www.so-hu.com/a/393870248_117927，2020 年 10 月 8 日访问。

流失、沙漠扩大、水源枯竭、气候异常、生态平衡失调等。一旦形成，则几年、几十年、甚至上百年都难以恢复。

环境污染直接地危害人类，危害时间短；生态破坏间接地危害人类，危害时间长。环境污染强调有害要素的超量，生态破坏强调平衡被打破。生态破坏比环境污染更为严重，后者可能导致前者。

（二）环境污染、生态破坏责任归责原则

环境污染、生态破坏责任作为一种特殊的侵权责任，其特殊性首先表现在其采用了无过错责任的归责原则。依无过错责任原则，在受害人遭到损害时，污染者或破坏者的行为与损害结果存在因果关系的情况下，不论污染者或破坏者有无过错，都应对其污染和破坏造成的损害承担侵权责任。

在过去，《中华人民共和国环境保护法》（以下简称《环境保护法》）第64条确认环境污染和生态破坏是环境侵权的两大部分，适用《侵权责任法》（已失效），但《侵权责任法》（已失效）只规定了"环境污染责任"并未规定"生态破坏责任"。《民法典》侵权责任编第七章增设"环境污染、生态破坏责任"，明确了生态破坏侵权同样适用环境污染侵权的有关规定，即均适用无过错归责原则。[1]

（三）侵权损害赔偿的范围

《民法典》第1235条规定了生态环境损害赔偿的范围，国家规定的机关或者法律规定的组织有权请求侵权人赔偿下列损失和费用：

1. 生态环境受到损害至修复完成期间服务功能丧失导致的损失；

2. 生态环境功能永久性损害造成的损失；

3. 生态环境损害调查、鉴定评估等费用；

4. 清除污染、修复生态环境费用；

5. 防止损害的发生和扩大所支出的合理费用。

值得我们注意的是，《民法典》侵权责任编第1232条特别强调了污染环境、破坏生态的惩罚性赔偿责任：侵权人违反法律规定故意污染环境、破坏生态造成严重后果的，被侵权人有权请求其承担相应的惩罚性赔偿责任。当然，并非所有的污染环境、破坏生态行为都要承担惩罚性赔偿责任。惩罚性赔偿责任的构成要件有三：其一，行为具有违法性，即侵权人实施了法律规定的损害生态环境的行为；其二，侵权人主观是故意，即明知法律禁止而执意为之，因此重大过失不适用惩罚性赔偿责任；其三，侵权行为造成环境污染、生态破坏的严重损害后果。[2]

---

〔1〕 王璐："生态破坏侵权归责原则的适用与扩展"，载《江西理工大学学报》2018年第2期。

〔2〕《最高人民法院、最高人民检察院关于办理环境污染刑事案件适用法律若干问题的解释》从刑事角度列举了18种"严重污染环境"的情形，其中第10~18种属于造成"严重后果"的情形，可为判断侵权行为是否造成严重后果提供参考。

二、环境污染和生态破坏责任的构成要件

1. 环境污染、生态破坏行为。环境污染行为是指侵权者实施污染致他人损害的行为，既可以是作为，也可以是不作为。生态破坏是侵权者实施了打破生态平衡的行为，破坏结果可能是污染行为所导致，也可能是非污染行为所导致。

2. 须存在损害结果。环境污染损害，是指因环境污染行为致使国家、集体的财产、人身受到损害的后果。环境污染致人损害，既有财产的损害，也有人身损害。其人身损害往往具有潜伏性和隐蔽性的特点，即被侵权人通常在受害开始显露不出明显的损害，但随着时间的推移，损害才逐渐显露。对于这种潜在的损害，也应作为人身损害的事实。生态破坏损害，是指由于自然或人为原因，导致生物的生存环境恶化的结果，如森林减少、草原退化、水土流失、沙漠扩大、水源枯竭、气候异常、生态平衡失调等。

3. 因果关系。环境污染、生态破坏行为与污染、破坏损害之间要有因果关系。《民法典》侵权责任编第1230条规定，因污染环境、破坏生态发生纠纷，行为人应当就法律规定的不承担责任或者减轻责任的情形及其行为与损害之间不存在因果关系承担举证责任。因此，环境污染、生态破坏侵权实行因果关系的举证责任倒置。受害人只要证明污染者有污染行为、损害的事实以及行为与损害的初步联系即可，而污染者则须承担污染行为和损害事实之间有无因果关系的证明责任，污染者如果认为其行为与损害结果之间没有因果关系，则必须提出反证，否则推定因果关系存在。

▓▓▓ **引例解析**

本案中，某村村民小组作为受害方，只需要证明市政局有直接倾倒垃圾的基本事实与该村的土壤污染、水质污染损害有着初步的联系即可，至于直接倾倒垃圾的行为与土壤污染、水质污染有无因果关系，则由市政局承担举证责任。如果市政局无法证明倾倒垃圾的行为没有污染破坏当地的土壤、水质，则推定因果关系成立。

▓▓▓ **相关法律法规**

《民法典》第七编第七章。

▓▓▓ **思考与练习**

一、选择题

1. 下列选项中，属于环境污染侵权的是（　　　　）。

A. 张三开垦了一片自家的荒地

B. 李四将工厂的废水偷排到隔壁村的河流中致下游饮水受影响

C. 王五在国家自然保护区采取电捕鱼的方式捕鱼共800斤

D. 赵六在村里的山头滥伐林木

2. 环境污染、生态破坏的归责原则是（　　　）。

A. 过错责任

B. 公平责任原则

C. 无过错责任原则

D. 违法责任原则

二、简答题

简述环境污染、生态破坏责任的构成要件。

学习情境：环境污染和生态破坏责任构成要件及赔偿范围的识别

▎ **情境案例**

中山市拓荒牛有限公司（以下简称拓荒牛公司）系涉案地块土地使用权人。2015年3月，拓荒牛公司将涉案地块租赁给中山市某农业投资有限公司（以下简称农业公司）经营使用。2016年6月，农业公司擅自将某垃圾场内的固体废弃物运输至该地块进行填土。中山市环境科学学会调查发现，地块的水质和土壤受到严重污染，影响地块使用和价值。为调查取证，中山市环境科学学会委托相关机构进行钻探取样、检测，支付的费用共计102.87万元，委托第三方清运、处理案涉违法倾倒的固体废物所需费用共计5万元，因土地未能按时投入使用（原计划建设湿地公园）而导致的损失达200万元。因此，中山市环境科学学会将该农业公司诉至法院，要求农业公司赔偿检测和运输费用，并恢复受污染土地原状、实施土壤修复、周边生态环境修复和周边水体的净化处理。农业公司辩称，该地段水土污染是旁边工厂排出的废水所致，自己所运的固体废弃物只是日常生活垃圾，并无有毒有害物质，该地段水土污染与农业公司无关。农业公司向法庭提交附近工厂生产经营的照片、运输生活垃圾以及该地块价值评估报告等证据。[1]

▎ **训练目的**

通过训练识别环境污染、生态破坏的行为，熟练掌握环境生态损害责任构成要件以及损害（损失）赔偿的范围。

▎ **训练方法**

请同学们根据学习情境中的案例分组模拟法庭辩论过程。

▎ **实训步骤**

1. 根据案例需要对学生进行分组。

2. 以组为单位，让学生合理细化案件细节，查阅相关法律法规，分析本案生态环

---

〔1〕 改编自"2019年度人民法院环境资源典型案例（附全文）"，载最高人民法院网：https://www.sohu.com/a/393870248_117927，2020年10月8日访问。

境损害责任构成要件是什么，损害赔偿的范围是什么。

3. 让学生模拟法庭辩论的过程，双方通过辩论、说理，阐释自己对本案的理解。

4. 学生自我评价训练效果。

5. 教师点评、总结训练情况。

任务二　环境污染、生态破坏责任抗辩事由及其举证责任

案例引入

2014 年 5 月至 2016 年下半年期间，孙某在莱阳市 A 街道办事处后 B 土地上堆放了化工废渣，化工废渣为氟石膏，主要成分为硫酸钙。该化工废渣堆放处没有建设防渗、防尘、防流失等措施。张三的土地位于废渣东南方 1000 米左右，土地上种植了果树。废渣周围还有其他村民的土地。

2015 年包括张三在内的村民的庄稼和果树不同程度受到了损失。经莱阳市环境保护局调查处理，孙某给受损村民均出具了格式赔偿款收条，其中赔款原因为："用于赔偿存放的货物造成的果树减少的损失。"孙某给张三也出具了两张果树格式赔偿款收条，数额为 7000 元和 400 元。2015 年 7 月 1 日，莱阳市环境保护局还对孙某发送了通知，要求其于 2015 年 7 月 31 日前将涉案化工废渣全部清运。后来，孙某否认果树的死亡与废渣有关，而是由于当时极端天气（几天持续干旱天气）、害虫引起的，并且附近有两家工厂，果树受此污染，故拒绝向村民支付赔款。张三及其他受害村民将孙某诉至法院。[1]

问：

1. 孙某的抗辩是否会获得法院的支持？

2. 本案由谁承担举证责任？

基本理论

《民法典》侵权责任编第七章生态环境侵权抗辩事由、举证责任。

一、环境污染、生态破坏责任的抗辩事由

《民法典》侵权责任编第 1230 条规定，因污染环境、破坏生态发生纠纷，行为人应当就法律规定的不承担责任或者减轻责任的情形及其行为与损害之间不存在因果关系承担举证责任。以下情形属于法律规定的不承担责任的情形，我们称之为免责事由，具体如下：

（一）不可抗力的自然灾害

我国《环境保护法》、《中华人民共和国海洋环境保护法》（以下简称《海洋环境

---

〔1〕 改编自 https：//wenshu. court. gn/website/wenshu/181107ANFZ0BXSK4/index. html？docId = 9147cbac09cd45f584d9aa960006876f，2021 年 5 月 28 日访问。

保护法》)、《中华人民共和国大气污染防治法》等法律中都规定不可抗拒的自然灾害为民事责任的免责事由，而非一般的不可抗力。需要注意，只有对不可抗拒的自然灾害采取了合理的措施，仍然不能够避免损害时，不可抗拒的自然灾害才能够成为免责条件，责任人需对已采取合理措施举证。

（二）被侵权人的过错

《中华人民共和国水污染防治法》（以下简称《水污染防治法》）第96条第3款规定，水污染损害是由受害人故意造成的，排污方不承担赔偿责任。水污染损害是由受害人重大过失造成的，可以减轻排污方的赔偿责任。因此，其他环境保护法律法规，如果对于以被侵权人的过错为免责事由的问题没有明确规定的，可以参照《水污染防治法》的规定，在被侵权人有故意或者重大过失时，免除或者减轻污染方责任。如果被侵权人只有一般过错，则不能减轻污染方责任。

（三）其他免责事由

根据《海洋环境保护法》第91条的规定，完全属于下列情形之一，经过及时采取合理措施，仍然不能避免对海洋环境造成污染损害的，造成污染损害的有关责任者免予承担责任：①战争行为；②不可抗拒的自然灾害；③负责灯塔或者其他助航设备的主管部门，在执行职责时的疏忽，或者其他过失行为造成海洋、水污染损害的，该情形属于造成污染损害的有关责任者的免责事由。

二、不予免责的事由：第三人的过错

《民法典》侵权责任编第1233条规定，因第三人的过错污染环境、破坏生态的，被侵权人可以向侵权人请求赔偿，也可以向第三人请求赔偿。侵权人赔偿后，有权向第三人追偿，这种责任称之为"不真正的连带责任"。从这里可以看出，一般情况下，即使第三人存在过错（包括故意和过失），也并不能够免除污染者的责任，法律另规定的除外。此外，我们还要注意以下几点：

1. 第三人既不是被侵权人也不是污染者，即第三人是指被侵权人和污染者之外的第三人。

2. 第三人与受害者和污染者不存在法律上的特殊责任关系，如雇佣关系等。

3. 第三人和污染者之间不存在意思联络。假如第三人与污染者有意思联络，则第三人与污染者构成共同侵权，应共同承担责任。

三、环境污染、生态破坏责任的举证责任

《民法典》侵权责任编第1230条规定，因污染环境、破坏生态发生纠纷，行为人应当就法律规定的不承担责任或者减轻责任的情形及其行为与损害之间不存在因果关系承担举证责任。换言之，行为人要想免除或者减轻责任，需满足两个条件：其一，行为人证明自己的行为符合法律规定免责或减轻责任的情形；其二，行为人证明其行为与损害之间不存在因果关系。

最高人民法院《关于审理环境侵权责任纠纷案件适用法律若干问题的解释》第7条规定"侵权人举证证明下列情形之一的，人民法院应当认定其污染环境、破坏生态行为与损害之间不存在因果关系：①排放污染物、破坏生态的行为没有造成该损害可能的；②排放的可造成该损害的污染物未到达该损害发生地的；③该损害于排放污染物、破坏生态行为实施之前已发生的；④其他可以认定污染环境、破坏生态行为与损害之间不存在因果关系的情形。"

引例解析

1. 孙某的抗辩是否会获得法院的支持。该问题实质是在考察生态环境损害侵权的抗辩事由。根据《民法典》1230 条的规定，行为人应当就法律规定的不承担责任或者减轻责任的情形及其行为与损害之间不存在因果关系承担举证责任。孙某坚称村民的果树是因为受到恶劣天气、害虫、附近工厂的影响而死亡受损的，而非废石渣所导致的。首先，偶发性的短时间干旱天气、常见的病虫害并不属于法律规定的不可抗力的自然灾害，故不能成为免责事由；其次，即使是遇到干旱天气、病虫害，孙某虽然主张村民的损失可能与干旱天气、病虫害、附近的两个化工企业污染有关，但未有证据证实。综上，孙某的抗辩事由并不符合法定不承担责任或者减轻责任的情形，需要承担举证不能的不利后果。因此，孙某的抗辩事由不会获得法院支持。

2. 本案由谁承担举证责任。《民法典》侵权责任编第 1230 条规定，因污染环境、破坏生态发生纠纷，行为人应当就法律规定的不承担责任或者减轻责任的情形及其行为与损害之间不存在因果关系承担举证责任。因此，应该由孙某承担举证责任。但孙某无法证明废石渣没有导致村民果树死亡受损，即无法证明堆放废石渣的行为与果树受损之间不存在因果关系，也无法证明自己的抗辩事由成立，故须承担举证不能的不利后果。

相关法律法规

《民法典》第 1229、1230、1233 条。

思考与练习

一、简答题

1. 试述生态环境损害侵权的免责事由。

2. 简述在生态环境损害侵权事件中，如何认定行为与损害结果之间不存在因果关系。

学习情境：生态环境损害的抗辩事由及举证责任的识别

情境案例

案例一： 2015 年 10 月，李甲购买天津某城市建设投资有限公司（以下简称城市建设公司）开发建设的住宅楼一楼住宅一套。因城市建设公司设置于该住宅楼下的地下供热管道及供热泵存在噪声，李甲自 2015 年 12 月 1 日起在外租房居住。天津市某区环境监察支队对案涉房屋进行了噪音检测。检测报告显示，案涉房屋夜间室内噪声等效声级值（Leq）为：主卧 37.8，小卧 37.0，次卧 33.6，客厅 39.1。李甲诉至法院，要求判令城市建设公司消除侵害，并赔偿其在外租房费用 6.6 万元。[1]

案例二： 江苏省南京市一中学生李某从出生到 1989 年 10 月间居住在某石化炼油厂西生活区。居住地南边是液化气罐装站，该站经常漏气；东边是制造压力容器的工程队，该队主要是就地进行射线探伤，对容器喷漆；北边是炼油厂的生产装置；西北边是炼油厂火炬，排放出的火炬气含有害物质。1989 年 11 月至 1997 年 7 月，李某一家住在该炼油厂东生活区。住处的东边是炼油厂排污未封闭地带，北边是焦化装置。

2004 年除夕夜，李某被诊断出患了急性混合型白血病，其家人认为是周围环境污染造成的。但石化炼油厂认为：该厂一直进行密闭生产，环保部门还对排污进行了非常严格的监控，排放完全达标；生活区居住了很多人，与李某同龄的人中只有她一人不幸患病，具体致病原因可能有多种。[2]

训练目的

让学生通过训练识别生活中环境污染、生态破坏的类型，熟练掌握环境污染、生态破坏侵权损害抗辩事由及举证责任分配。

训练方法

请同学们根据学习情境中的案例分组模拟法庭辩论过程。

实训步骤

1. 根据案例需要对学生进行分组。

2. 以组为单位，让学生合理细化案件细节，查阅相关法律法规，分析本案中石化炼油厂提出的抗辩事由能否成立，以及举证责任应当如何分配。

3. 让学生模拟法庭辩论的过程，双方通过辩论、说理，阐释自己对本案的理解。

4. 学生自我评价训练效果。

5. 教师点评、总结训练情况。

---

〔1〕 改编自 "2019 年度人民法院环境资源典型案例（附全文）"，载最高人民法院网：https：// www. sohu．com/a/393870248_117927，2020 年 10 月 1 日访问。

〔2〕 改编自 https：// www.66law.cn/laws/62284. aspx，2020 年 10 月 5 日访问。

任务三　生态环境损害修复责任

案例引入

2012 年、2013 年及 2017 年 4~5 月间，福州市坚韧石材有限公司（以下简称坚石公司）未经林业主管部门审批，擅自在闽侯县 A 山场占用林地 138.51 亩，用作超范围采矿、石料加工区等。案发后，坚石公司根据司法机关的要求向闽侯县 A 镇政府缴交生态修复款 62.33 万元，聘请专家编制了矿区及周边生态环境恢复治理方案，并依方案开展相应生态修复工作。同时，坚石公司自愿承诺在位于某湿地公园的水资源生态保护司法示范点暨生态司法保护宣传长廊进行异地特色苗木公益修复，与专业园林公司签订合同，种植指定树木 150 棵，承诺管护 1 年，确保成活。被害方闽侯县 A 村村民委员会及受害农场出具谅解书。

问：如何理解生态环境修复责任？

基本理论

生态环境修复责任是指造成环境及生态损害的主体主动修复环境，使之恢复至基线状态的一种法律责任承担方式。《民法典》侵权责任编第 1234 条规定："违反国家规定造成生态环境损害，生态环境能够修复的，国家规定的机关或者法律规定的组织有权请求侵权人在合理期限内承担修复责任。侵权人在期限内未修复的，国家规定的机关或者法律规定的组织可以自行或者委托他人进行修复，所需费用由侵权人负担。"

一、请求侵权人承担生态修复责任的主体条件

请求侵权人承担生态修复责任的主体一般不是被侵权人，而是国家规定的机关或者法律规定的组织，例如生态环境保护部门或者环保公益组织。

二、承担修复责任的其他条件

1. 现实条件：违反国家规定造成生态环境损害，能够修复的，才承担修复责任，并非所有生态环境损害都能够恢复。

2. 时间条件：侵权人能在合理期限内履行修复责任。

3. 强制条件：侵权人在合理期限内未履行修复责任的，法律规定的机关或者组织可以自行或者委托他人进行修复，所需费用由侵权人承担。

三、修复的方式

根据最高人民法院《关于审理环境民事公益诉讼案件适用法律若干问题的解释》第 20 条的规定，修复的方式包括责任人针对受损环境进行修复的方式和责任人不履行修复义务时支付生态环境修复费用的方式。两者可以并用，也可以直接适用支付生态

环境修复费用的方式。

（一）直接针对受损环境进行的修复

生态环境损害发生后，责任人应当采取有效措施将生态环境修复到损害发生之前的状态和功能。这是由责任人自身以其行为在确定期限内对受损环境进行符合标准的修复。这种方式最为直接，可以避开对环境修复费用是否必要的判断以及加害人可能产生的异议。因此，很多法院在可能的情况下都会直接判令被告在一定期限内履行环境修复义务，比如清除污染物，恢复土地、水体原有的养殖等功能；在植被破坏地按照受损植被的种类、数量进行补种复绿，并在确定期间内进行养护等。对于修复的具体标准通常会由专门部门予以确定并监督实施。这种方式大多适用于生态环境损害不太严重的情况，以直接的劳动行为即可完成修复，无需借助复杂的技术和设备。

（二）替代修复

当环境要素遭到污染或破坏，无法原地修复时，应该采取"替代性修复"的措施。法院可以判决责任人以"异地补植林木"等方式进行环境容量或生态功能的修复，以达到生态系统的结构和总量平衡。此外，在责任人应承担生态环境修复责任但确无能力或者明确表示不履行时，法院可以直接判决责任人承担生态环境修复费用。一种情形是，由法院负责将责任人支付的款项用于修复生态环境。这种情况多发生在中华环保联合会以及各地的环保组织等公益性社会组织作为原告提起的环境民事公益诉讼中。另一种情形是，由相关主管机关或者地方政府负责将责任人支付的款项用于修复生态环境。这种情况多发生在相关主管机关或地方政府作为原告提起的环境公益诉讼中。[1]

引例解析

林地、耕地等农用地是重要的土地资源。本案中，坚石公司未经林业主管部门审批，擅自在闽侯县A山场占用林地138.51亩，用作超范围采矿、石料加工区等，属于严重破坏生态环境的行为。司法机关是国家规定的有权请求侵权人承担生态修复的主体，而且该林地及周边的生态环境具有修复的可能性，符合承担生态修复责任的条件。同时，被告人聘请专家编制了矿区及周边生态环境恢复治理方案，并依方案开展相应生态修复工作。人民法院在审理中，注重惩治犯罪和生态环境治理修复的有机结合，将生态环境修复义务的履行纳入量刑情节，有效融合民事责任和刑事责任，有效融合了司法的警示教育、环境治理和法治宣传等诸多功能，取得了良好的法律效果和社会效果。

相关法律法规

《民法典》第七编第九章。

---

[1] 吕忠梅、窦海阳："修复生态环境责任的实证解析"，载《法学研究》2017年第3期。

思考与练习

简答题

生态环境修复的方式。

学习情境：生态环境修复责任的方式

情境案例

2012 年 1 月至 2013 年 2 月间，在泰州市泰兴市经济开发区内从事化工产品生产的甲、乙、丙、丁、戊等 6 家公司将废弃物交给无危险废物处理资质的公司，导致偷排进泰兴市某河流的废酸多达 2.5 万吨，致水体严重污染，造成重大环境损害。

这些公司和个人采用直接排放和船舶偷排等方式将废酸倒入当地河中，后经群众举报、相关部门调查，犯罪嫌疑人被抓获。2014 年 8 月，泰州泰兴市人民法院以环境污染罪判处涉案的 14 人有期徒刑 2 年~5 年不等，并处罚金 16 万元~41 万元。随后，泰州市环保联合会又以公益组织身份，向江苏省泰州市中级人民法院提起环保公益诉讼，要求被告 6 家化工企业支付环境修复费用 1.6 亿元。[1]

原告提交了以下证据：

第一组：河流被污染的照片和视频若干个，水质鉴定报告 1 份，拟证明河流水质污染的事实。

第二组：被告化工企业倾倒废酸的数量统计，损害赔偿费用计算方案，拟证明环境修复的费用。

法庭上，被告化工企业主张：河流具有自我净化功能，不存在污染损害问题，支付环境修复费用的请求无事实依据。

被告化工企业向法院提交了以下证据：

第一组：被告邀请鉴定机构对某一段河流水质取样的鉴定报告 1 份，拟证明河流水质不存在严重污染的问题，拟证明河流水质能够自我实现恢复。

第二组：被告提供的增值税发票记录，拟证明倾倒到河流中的废酸数量存在错误，远比原告所主张的要少。

第三组：江苏省泰州市中级人民法院（2015）泰中环公民诉初字第 00001 号民事裁定书，拟证明案涉环境污染责任案件中还有江苏中丹化工技术有限公司等污染企业的存在，拟证明倾倒到河流中的废酸数量存在错误。

经庭审质证，被告化工企业对原告所提出的两组证据的真实性和关联性持异议。原告对被告的所列举的证据真实性和关联性持异议。

---

〔1〕 改编自："【公报案例】泰州市环保联合会与泰兴锦汇化工有限公司等环境污染侵权赔偿纠纷案"，载环境保护律师网：http：//www. fangzhenglawyer. cn/index. php？c=content&a=show&id=230，2020 年 10 月 4 日访问。

训练目的

让学生通过训练识别生态环境损害修复责任，熟练掌握生态环境损害修复方式的应用。

训练方法

请同学们根据学习情境中的案例分组模拟法庭辩论过程。

实训步骤

1. 根据案例需要对学生进行分组。

2. 以组为单位，让学生合理细化案件细节，查阅相关法律法规，分析本案中生态环境修复责任如何确定。

3. 让学生模拟法庭辩论的过程，双方通过辩论、说理，阐释自己对本案的理解。

4. 学生自我评价训练效果。

5. 教师点评、总结训练情况。

拓展阅读

[1] 蔡唱："民法典时代环境侵权的法律适用研究"，载《法商研究》2020 年第4 期。

[2] 刘士国："民法典'环境污染和生态破坏责任'评析"，载《东方法学》2020 年第4 期。

[3] 李丹："环境损害惩罚性赔偿请求权主体的限定"，载《广东社会科学》2020 年第3 期。

[4] 孙晨、杨帆："环境侵权中因果关系的证明责任分配辨析"，载《环境保护》2020 年第3 期。

[5] 刘长兴："生态文明背景下侵权法一般规则的'绿色化'改造"，载《政法论丛》2020 年第1 期。

[6] 吴一冉："生态环境损害赔偿诉讼中修复生态环境责任及其承担"，载《法律适用》2019 年第21 期。

[7] 王秀卫："我国环境民事公益诉讼举证责任分配的反思与重构"，载《法学评论》2019 年第2 期。

[8] 陈伟："环境侵权因果关系类型化视角下的举证责任"，载《法学研究》2017 年第5 期。

[9] 吕忠梅、窦海阳："修复生态环境责任的实证解析"，载《法学研究》2017 年第3 期。

[10] 王璐："生态破坏侵权归责原则的适用与扩展"，载《江西理工大学学报》2018 年第2 期。

项目五 高度危险责任

知识目标

了解高度危险责任，熟悉高度危险责任的构成要件。

能力目标

学会正确适用高度危险责任的构成要件，识别几种具体的高度危险责任，把握具体高度危险责任的免责事由。

任务一 高度危险责任及其认定

案例引入

2011 年 8 月 4 日，某市燃气公司对申请开通天然气的用户，进行通气前管道检修工作，在检查业主何某住房 201 室时，检修人员发现入室总阀后端六方的两端有漏气现象，随即关闭入室总阀和两个支阀，并告知何某，需等待公司派人维修后才能通气，但未关闭集中表箱内的总阀。下午，某市燃气公司的工作人员对何某家的入室总阀进行检修，何某也在场。因何某所安装的燃烧器具不属于燃气公司安装范畴，且当日未安装完毕，尚不具备用气条件，故燃气公司的工作人员关闭入室总阀并嘱咐何某一定不要启动总阀，后离开何某家。次日，何某因 201 室的电灯开关出现问题请电工万某进行检修，何某来到 201 室，闻到空气中有异味，随即将客厅窗户打开。当万某进入室内时，何某递给其一支香烟，万某拿出打火机，打燃点烟时发生爆炸。[1]

问：本次事故的责任人是谁？责任应当如何承担？

基本理论

一、高度危险责任的概念

高度危险责任，是指从事高度危险活动（包括高空、高压、地下挖掘活动或者使用高速轨道运输工具），占有、使用或者遗失、抛弃易燃、易爆、剧毒、高放射性、强腐蚀性、高致病性等高度危险物，造成他人损害，所应承担的民事责任。

《民法典》侵权责任编第八章规定了高度危险责任，第 1236 条规定："从事高度危险作业造成他人损害的，应当承担侵权责任。"第 1240 条通过列举的方式界定了高度危险活动："从事高空、高压、地下挖掘活动或者使用高速轨道运输工具造成他人损害的，经营者应当承担侵权责任……"第 1239 条同样通过列举的方式对高度危险物进行了说明。

---

〔1〕 改编自 http://info. fire. hc360. com/2016/08/240900920260-all. shtml，2020 年 9 月 13 日访问。

通过上述列举性的法律规范，可以看出高度危险活动或者物品对周围环境具有高度危险性，该活动或者物品的危险性变为现实损害的概率较大，或者虽然活动造成损害的可能性不大，但一旦发生事故造成的后果非常严重，实际损害非常大。高度危险活动和高度危险物是社会工业化和创新性发展的成果，其高度危险性是人类在不断创新和对新兴事物认知与学习掌控过程中无法避免的代价。因此，虽然存在高度危险，但侵权责任编所规定的高度危险作业和高度危险物具有合法性。

高度危险责任的具体类型包括核事故损害责任、民用航空器致害责任、高度危险物致害责任、高度危险活动致害责任和高度危险区域致害责任。

二、高度危险责任的认定

认定高度危险责任，需考虑以下因素：

1. 须有危险活动或者危险物对周围环境致损行为。根据《民法典》第 1240 条的规定，高度危险活动包括从事高空、高压、地下挖掘活动或者使用高速轨道运输工具。根据《民法典》第 1239 条的规定，高度危险物包括易燃、易爆、剧毒、高放射性、强腐蚀性、高致病性等。根据《民法典》第 1239、1241、1242 条的规定，高度危险物致害行为包括占有（包括非法占有）、使用、遗失、抛弃高度危险物。

2. 须有损害后果发生。高度危险活动和高度危险物所造成的损害后果可以是财产损害，也可以是人身损害。只有实际发生了损害后果，被侵权人才得请求损害赔偿。如果高度危险活动或高度危险物仅对他人人身、财产构成威胁，尚未造成实际损害，可以根据《民法典》侵权责任编第一章一般规定中的第 1167 条，要求作业人或物之实际支配人消除危险。

3. 行为与损害结果间须有因果关系存在。高度危险活动以及占有、使用、遗失、抛弃高度危险物的行为，与损害后果之间必须存在因果关系。一般情况下，因果关系应当由受害人举证。但由于有时因果关系比较复杂，且部分高度危险作业的专业性程度较高，受害人难以证明。学界普遍认为当遇到这种情况时，可以考虑采用推定的方法，实行举证责任倒置，由行为人证明不存在因果关系。

4. 高度危险责任是无过错责任。《民法典》第 1239 条及第 1240 条规定，高度危险物致害及高度危险活动致害均是无过错责任。即责任人不能通过证明自己没有过错来免除责任。高度危险责任是为解决现代工业事故的损害赔偿问题而确立起来的，目的在于提高受害人的求偿率。现行各国民法都通过各种形式确立了高度危险责任为无过错责任。

5. 高度危险责任的抗辩事由。高度危险责任的归责原则为无过错责任原则，不存在过错不是抗辩事由，但高度危险责任也不是绝对责任，法律规定了高度危险责任的抗辩事由：

（1）不可抗力。《民法典》第 180 条第 2 款规定，不可抗力是不能预见、不能避免且不能克服的客观情况。不可抗力可以是自然原因酿成的，也可以是人为的、社会因素引起的，前者如地震、水灾、旱灾等，后者如战争、政府禁令、罢工等。需要注意的是，并非所有类型的高度危险责任都可以以不可抗力作为免责事由；还有一些特殊的高度危险责任，虽然可以以不可抗力作为免责事由，但对能够成为免责事由的不可抗力范围作出了限制。

（2）受害人故意。这里的故意包括故意追求损害结果，也包括在明知损害结果可能发生的情况下，为追求某一目的而放任损害结果发生。

（3）受害人重大过失。受害人对损害的发生有重大过失的，可以减轻侵权人责任。

一般情况下，高度危险责任的抗辩事由包括上述三项。特殊情形下的免责或减责事由将在任务二中详述。

6. 高度危险责任的权利主体。高度危险责任的权利主体为受害人及其权利承受人。高度危险责任的权利主体原则上为受害人本人。但如侵权行为导致受害人死亡，则其权利承受人为高度危险责任的权利主体。由于高度危险致害发生受害人死亡结果的可能性较高，因此特别说明。

7. 高度危险责任是可以适用赔偿限额的责任。《民法典》第 1244 条规定，承担高度危险责任，法律规定赔偿限额的，依照其规定，但是行为人有故意或者重大过失的除外。也就是说，虽然高度危险责任的归责原则为无过错原则，但在法律有规定的情况下，有重大过错的侵权人与无重大过错的侵权人承担的赔偿责任是不同的：侵权人重大过错引起的侵权损害赔偿实行全部赔偿原则；而侵权人无重大过错的侵权损害赔偿则实行限额赔偿原则。需要注意的是，这里的重大过错指的是故意或者重大过失，不包括一般的过失，且受害人需对侵权人存在故意或重大过失承担举证责任。

我国现行法律法规中关于限额赔偿责任的规定主要集中在以下四个法规和文件中：①核损害赔偿。国务院《关于核事故损害赔偿责任问题的批复》第 7 条规定："核电站的营运者和乏燃料贮存、运输、后处理的营运者，对一次核事故所造成的核事故损害的最高赔偿额为 3 亿元人民币；其他营运者对一次核事故所造成的核事故损害的最高赔偿额为 1 亿元人民币。核事故损害的应赔总额超过规定的最高赔偿额的，国家提供最高限额为 8 亿元人民币的财政补偿。对非常核事故造成的核事故损害赔偿，需要国家增加财政补偿金额的由国务院评估后决定。"②铁路交通事故赔偿。第 34 条规定："事故造成铁路运输企业承运的货物、包裹、行李损失的，铁路运输企业应当依照《中华人民共和国铁路法》的规定承担赔偿责任。"第 35 条规定："除本条例第 33 条、第 34 条的规定外，事故造成其他人身伤亡或者财产损失的，依照国家有关法律、行政法规的规定赔偿。"③国内航空事故赔偿。《国内航空运输承运人赔偿责任限额规定》第 3 条规定："国内航空运输承运人（以下简称承运人）应当在下列规定的赔偿责任限额内按照实际损害承担赔偿责任，但是《民用航空法》另有规定的除外：①对每名旅客的赔偿责任限额为人民币 40 万元；②对每名旅客随身携带物品的赔偿责任限额为人民币 3000 元；③对旅客托运的行李和对运输的货物的赔偿责任限额，为每公斤人民币 100 元。"第 5 条规定："旅客自行向保险公司投保航空旅客人身意外保险的，此项保险金额的给付，不免除或者减少承运人应当承担的赔偿责任。"④海上运输损害赔偿。《港口间海上旅客运输赔偿责任限额规定》第 3 条规定："承运人在每次海上旅客运输中的赔偿责任限额，按照下列规定执行：①旅客人身伤亡的，每名旅客不超过 4 万元人民币；②旅客自带行李灭失或者损坏的，每名旅客不超过 800 元人民币；③旅客车辆包括该车辆所载行李灭失或者损坏的，每一车辆不超过 3200 元人民币；④本款第 2 项、第 3 项以外的旅客其他行李灭失或者损坏的，每千克不超过 20 元人民币。承运人和旅客可以书面约定高于本条第 1 款规定的赔偿责任限额。"第 4 条规定："海上旅客运输的旅客人身伤亡赔偿责任限制，按照 4 万元人民币乘以船舶证书规定的载客定额计算赔偿限额，但是最高不超过 2100 万元人民币。"

引例解析

本案中，天然气的通气作业属于高度危险作业的范畴。高度危险作业的侵权案件的归责实行无过错责任原则，燃气公司对燃气爆炸要承担无过错责任。燃气公司作为专业的燃气供应企业，在用户的燃气器具尚未安装完毕，且通气软管也未正确连接的情况下，燃气公司的检修人员仅仅关闭了 201 室入室总阀，却未及时关闭户外集中表箱内天然气总阀门，致使天然气泄露、蔓延扩散至房间和楼梯间，形成爆炸性混合气体，遇火星发生爆炸，后燃烧。尽管燃气公司入户检修人员履行了向何某进行相关安全提示的义务，但是作为高度危险作业者其未充分尽到对天然气所具有的危险性的高度安全注意义务，致使天然气因 201 房内入户阀门被打开而发生泄漏，留下重大安全隐患。燃气公司的高度危险作业是事故发生的主要原因。

何某在已经闻到空气中有异味的情况下，没有尽到合理的注意义务，仍邀请万某吸烟，以致泄漏的燃气遇明火发生爆炸，对事故的发生有重大过失，可以减轻燃气公司的责任。

相关法律法规

《民法典》第 1236、1239、1240、1241、1242、1244、1167、180 条第 2 款，《关于核事故损害赔偿责任问题的批复》第 7 条，《铁路交通事故应急救援和调查处理条例》第 34、35 条，《国内航空运输承运人赔偿责任限额规定》第 3、5 条，《港口间海上旅客运输赔偿责任限额规定》第 3、4 条。

思考与练习

一、选择题

1. 甲邀请乙一同到河边钓鱼。当乙甩竿时，鱼钩挂在旁边裸露的电线上，乙当场触电身亡。经查，该输电线路属供电局所有。对乙的死亡应承担责任的是（   ）。[1]

 A. 甲   B. 乙   C. 供电局   D. 甲和供电局

2. 下列选项中，属于高度危险责任事故的有：（   ）

 A. 自行车队训练造成路人死亡   B. 飞机失事

 C. 核电站泄露   D. 化工厂爆炸

二、简答题

简述高度危险责任的构成要件。

学习情境：高度危险责任构成要件的识别和应用

情境案例

2009 年 5 月，某县电力公司经批准架设的 10 万伏高压电线路，与刘某的私有平顶房屋之间垂直距离大于 4 米。2015 年 4 月，刘某未经当地有关部门批准，将平顶房加盖为三层半楼房，东边三楼阳台与高压电线之间的最近距离约 40 厘米，当地电力部门对刘某的翻建行为未加阻止。2016 年 7 月，孙某到刘某家度暑假，晚上在阳台乘凉时，被高压电线所吸而触电受伤，经过某县人民法院法医鉴定，其伤情属于重伤范围。同年 9 月，孙某向某县法院起诉，要求电力公司承担责任。

训练目的

让学生通过训练识别高度危险责任，熟练掌握高度危险责任及免责事由的应用。

训练方法

请同学们根据学习情境中的案例分组模拟法庭辩论过程。

实训步骤

1. 根据案例需要对学生进行分组。

2. 以组为单位，让学生合理细化案件细节，查阅相关法律法规，分析本案中是否存在高度危险责任。

3. 让学生模拟法庭辩论的过程，双方通过辩论、说理，阐释自己对本案的理解。

4. 学生自我评价训练效果。

5. 教师点评、总结训练情况。

任务二　几种具体高度危险责任

案例引入

某市烟花鞭炮厂为陈某春全资所有。2002 年 1 月，江苏省人民政府办公厅发出关于关闭第一批烟花炮竹生产企业的通知，鞭炮厂为其中的关闭企业之一。同年 2 月鞭

---

〔1〕　2010 全国法律硕士专业学位联考单选第 50 题。

炮厂被强制关闭。后鞭炮厂一直停业，车间及仓库闲置。2012 年 7 月 21 日下午，朱某与同学徐某、王某（均满 18 周岁）从鞭炮厂东南侧的围墙倒塌处行至厂内，该三人在半成品仓库内发现遗留的火药粒，即捡取了部分火药粒带离。后三人分别骑自行车、电动车返回，途中朱某所骑的电动车突然起火，火药爆炸，朱某连同电动车倒在着火的草堆上，导致身体被烧伤。同日，朱某被送往无锡市第三人民医院住院治疗，诊断为 95% Ⅱ°－Ⅲ°全身多处火焰烧伤、吸入性损伤，累计支出医疗费 70 余万元。朱某提起诉讼，要求鞭炮厂所有人陈某春承担赔偿责任。

朱某诉称，2012 年 7 月 21 日，原告与两同学在原某市烟花鞭炮厂（以下简称鞭炮厂）内捡取了部分废弃的火药粒，在运输过程中火药突然爆炸并起火，原告因此被烧伤。因鞭炮厂已被注销，该厂的资产属被告陈某春所有，被告对遗弃的火药未尽保管义务，应承担赔偿责任。请求判令被告赔偿医疗费 781 496.67 元、护理费 12 570 元、住院伙食补助费 5680 元、房屋租金 4000 元、交通费 4159 元。

被告陈某春辩称，鞭炮厂于 2002 年被强制关闭，故被告对遗留的火药不再负有保管义务。事发时原告已年满 18 周岁，明知火药具有危险性，仍然非法占有且运输不当，自身存在重大过错，应对其人身损害负全部责任。请求驳回原告的诉讼请求。[1]

问：鞭炮厂关闭后，陈某春是否仍对仓库中的物品负有保管责任？陈某春是否应当承担赔偿责任？

基本理论

《民法典》侵权责任编第八章规定了几种具体的高度危险责任。

一、民用核设施致害责任

《民法典》第 1237 条规定："民用核设施或者运入运出核设施的核材料发生核事故造成他人损害的，民用核设施的营运单位应当承担侵权责任；但是，能够证明损害是因战争、武装冲突、暴乱等情形或者受害人故意造成的，不承担责任。"

本条规范的对象是民用核设施而不是军用核设施。民用核设施是经国家批准，为和平目的而建立的核设施。为核设施运输的核材料致害，也属于核设施致害。

本条规范所指的致害，特指核事故致害，民用核设施发生的一般事故所导致的侵权责任，为一般侵权，不属于高度危险责任。

民用核设施致害适用无过错责任原则，法律规定其免责事由为：一是损害由战争、武装冲突、暴乱等情形造成，需要注意的是，这里强调的情形是战争、武装冲突、暴乱，并不包括其他（如洪水、台风、地震等）不可抗力事件；二是损害由受害者故意造成。民用核设施运营者能够证明其中任意一种情形的，免除高度危险责任。

如任务一所述，民用核设施致害的赔偿责任为赔偿限额责任。

---

〔1〕 改编自 https：//www. 110. com/ziliao/article-741761. html，2020 年 9 月 10 日访问。

二、民用航空器致害责任

《民法典》第 1238 条规定："民用航空器造成他人损害的，民用航空器的经营者应当承担侵权责任；但是，能够证明损害是因受害人故意造成的，不承担责任。"

民用航空器，是指除用于执行军事、海关、警察飞行任务外的航空器，包括各类民用的飞机、热气球等。

民用航空器致害特指民用航空器造成的高度危险带来的损害，而非一般损害，如不包括安全带卡扣故障划伤旅客皮肤。民用航空器致害主要是民用航空器失事或航空器主体故障造成的损害，如飞行空难造成旅客及地面人员的伤亡，或航空器外壳在飞行过程中剥落造成地面人员损害、财物损失等。

民用航空器致害责任归责原则为无过错原则，免责事由为受害人故意。这意味着即使损害发生的原因是战争、暴乱、台风等不可抗力事件，依然不能免除经营者的责任。

如任务一所述，民用航空器致害的赔偿责任为赔偿限额责任。

三、高度危险物致害责任

《民法典》第 1239 条规定："占有或者使用易燃、易爆、剧毒、高放射性、强腐蚀性、高致病性等高度危险物造成他人损害的，占有人或者使用人应当承担侵权责任；但是，能够证明损害是因受害人故意或者不可抗力造成的，不承担责任。被侵权人对损害的发生有重大过失的，可以减轻占有人或者使用人的责任。"第 1241 条规定："遗失、抛弃高度危险物造成他人损害的，由所有人承担侵权责任。所有人将高度危险物交由他人管理的，由管理人承担侵权责任；所有人有过错的，与管理人承担连带责任。"第 1242 条规定："非法占有高度危险物造成他人损害的，由非法占有人承担侵权责任。所有人、管理人不能证明对防止非法占有尽到高度注意义务的，与非法占有人承担连带责任。"根据上述规定，可以对高度危险物致害责任作出如下理解：

1. 一般情况下高度危险物致害的责任。高度危险物致害的责任人原则上为高度危险物的占有人或者使用人，无论其占有或使用是否合法。占有人和使用人是能够实际控制高度危险物的人。高度危险物致他人损害的，占有人（含非法占有）或者使用人承担无过错责任，即不能以自己没有过错为由提出抗辩。

2. 遗弃或抛弃高度危险物致害的责任。高度危险物由于其本身的高度危险性质，必须进行严格管理，按照安全规范进行生产、储存和处置。高度危险物一旦脱离安全管控范围，极易对他人造成损害。因此，所有人应当按照安全规范对高度危险物进行妥善保管。所有人不慎遗失或故意抛弃高度危险物，造成他人损害的，均应承担无过错责任。

所有人将高度危险物交由他人管理，如委托专业的储存、运输公司管理，管理人应当按照安全管理规范妥当管理物品。管理人不遵守安全规范，不慎遗失或故意抛弃高度危险物，造成他人损害的，则应当由管理人承担无过错责任。

如所有人将高度危险品委托给不具有管理资质的公司管理，管理人没有能力对物品进行特殊管理，造成他人损害的，应当认定为所有人有过错，需与管理人承担连带责任。

3. 非法占有高度危险物致害的责任。所谓非法占有，即无权占有人通过非法手段使物品脱离合法占有人的管控或将遗失物据为己有拒不归还，从而将物品置于自身管控之下的状态。一般来说，盗窃、抢夺、抢劫都是非法占有的主要形式。非法占有人是高度危险物的实际控制人，且往往是因为其违法行为使得高度危险品脱离安全管控范围，因此，无论非法占有人是否意识到自己非法占有的物品为高度危险品，都应当为高度危险品致害结果承担无过错责任。

非法占有人承担侵权责任不等于原合法占有人不须承担任何责任。由于高度危险品的高危险性，原合法占有人对高度危险品负有特殊的妥善保管义务，也就是说，所有人和管理人对防止高度危险物丢失负有高度注意义务。当出现高度危险物被他人非法占有的情况时，推定所有人及管理人存在过错，所有人及管理人与非法占有人承担连带责任；如所有人或管理人能够证明自己对防止非法占有尽到高度注意义务，则可以免除自身责任。

4. 高度危险物致害责任的免责事由。高度危险物致害责任的免责事由为受害人故意或者不可抗力。

5. 高度危险物致害责任的减责事由。高度危险物致害的减责事由为被侵权人对损害的发生有重大过失。

四、高度危险活动致害责任

《民法典》第1240条规定："从事高空、高压、地下挖掘活动或者使用高速轨道运输工具造成他人损害的，经营者应当承担侵权责任；但是，能够证明损害是因受害人故意或者不可抗力造成的，不承担责任。被侵权人对损害的发生有重大过失的，可以减轻经营者的责任。"

高度危险活动，包括从事高空、高压、地下挖掘活动以及使用高速轨道运输工具的活动。高空作业，一般认为是离地面30米及以上的作业；高压包括高压电与高压电容器，高压电指1千伏（KV）及以上电压等级的高压电；地下挖掘活动指在地表以下一定深度进行的挖掘行为，包括钻探活动、地下矿产采掘活动、地下铁路的修建等；高速轨道运输，主要包括铁路、地铁、城铁、有轨电车等通过轨道行使的公共交通运输活动，不包括游乐场所的轨道游乐项目，也不包括高速运行的无轨道运输，如在高速公路上运行的机动车。[1]

承担高度危险活动致害责任的主体为从事上述高度危险活动的经营者。高度危险活动致害责任的归责原则为无过错责任原则。

高度危险活动致害的免责事由为受害人故意及不可抗力。第三人原因不能免除责任，但责任承担后可向责任人追偿。

高度危险活动致害的减责事由为被侵权人对损害的发生有重大过失，即损害的发生是高空、高压、地下挖掘活动或者高速运输工具的危险与被侵权人重大过失共同作用的结果。高度危险活动致害的经营者对减责事由进行举证，可以减轻责任。

五、未经许可进入高度危险作业区域致害责任

《民法典》第 1243 条规定："未经许可进入高度危险活动区域或者高度危险物存放区域受到损害，管理人能够证明已经采取足够安全措施并尽到充分警示义务的，可以减轻或者不承担责任。"

高度危险活动区域或者高度危险物存放区存在极大的致害风险，作业人员或货物管理人员以及其他经许可的人在进入高度危险作业区域时，均应做好安全保护措施。高度危险作业区域的管理人应当采取足够的安全措施并尽到充分警示义务，防止未经许可、未做专业防护的人进入高度危险作业区域。

未经许可进入高度危险活动区域导致损害的，管理人应当承担高度危险责任。但如果管理人能够证明已经采取足够安全措施并尽到充分警示义务的，可以减轻或者不承担责任。也就是说，未经许可进入高度危险作业区域致害责任的归责原则为无过错原则，当同时满足以下两个条件时，可以减责或免责：一是被侵权人必须是在未经许可的情况下进入高度危险作业区域。高度危险作业区域处于持续的危险状态之中，一旦进入就极有可能发生损害，因此允许他人进入高度危险作业区域不得减免责任；二是管理人已经采取足够安全措施并尽到充分警示义务。如果管理人未采取足够安全措施，或已采取足够安全措施但未尽到充分警示义务，则他人有可能在对危险不知情的情况下进入高度危险作业区域，此时，责任人不得减免责任。如果管理人已采取足够安全措施并尽到充分警示义务，他人在应当知晓危险的情况下却仍进入危险区域，本身存在故意或重大过失，可以减免责任人的责任。

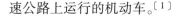 **引例解析**

鞭炮为易燃易爆的高度危险品。本案中，鞭炮厂已经关闭，但陈某春仍为货物的所有人，对鞭炮厂中的危险品负有妥善保管的义务。朱某等人在鞭炮厂捡取火药粒后，带离厂区并自己占有，其在运输途中遇意外事件因火药爆炸受伤。非法占有高度危险物造成他人损害的，由非法占有人承担侵权责任。所有人、管理人不能证明对防止非

---

[1] 程啸：《侵权责任法教程》，中国人民大学出版社 2020 年版，第 332 页。

法占有尽到高度注意义务的，与非法占有人承担连带责任。鞭炮厂的围墙已有部分倒塌，陈某春作为鞭炮厂所有人，未尽到高度注意义务，是导致事故发生的原因，应承担相应的赔偿责任；朱某作为成年人，应当知晓火药粒的危险性，也应当知道火药粒是他人的所有物，朱某非法占有危险物同样是事故发生的原因，也应当对事故的发生承担相应责任。

相关法律法规

《民法典》第 1237、1238、1239、1240、1242、1243 条。

思考与练习

一、选择题

1. 甲乙公司签订运输合同，约定由乙将甲的氯气送往某市。甲公司在装运时，未按规定使用专用容器，途中一罐氯气滚到马路上，乙公司的司机未察觉，氯气泄漏致数人中毒，受害人的损害由（　　）。[1]

　A. 甲承担全部责任　　　　　　　　B. 乙承担全部责任

　C. 乙与司机连带责任　　　　　　　D. 甲乙连带责任

2. 根据《民法典》侵权责任编的规定，民用航空器造成他人损害的，民用航空器经营者的免责事由是（　　）。[2]

　A. 战争　　B. 不可抗力　　C. 受害人故意　　D. 受害人重大过失

二、简答题

1. 简述民用核设施致害责任。

2. 简述民用航空器致害责任。

3. 简述高度危险物致害责任。

4. 简述高度危险活动致害责任。

学习情境：几种具体高度危险责任的识别和应用

情境案例

案例一： 赵某生前系某市通用航空有限责任公司飞行员，持有中国民航颁发的商用飞行执照。2015 年"五一"休假期间，赵某受到河南乔治公司的邀请，到安徽某地乘坐两人座轻型运动飞机。该飞机起飞后不久坠地起火，包括赵某在内的机上两名成员当场死亡。涉事航空器属北京乔海公司所有，未取得中国民航的型号认可和生产许可证，亦未取得中国民航的适航证、国籍登记证和民用航空器电台执照，该次飞行活动未申报飞行计划。飞行员雷某系美国国籍，在北京乔海公司从事飞行驾驶工作，但未持有中国民航飞行执照或执照认可函。该次飞行事故系一起非法飞行引发的通用航

---

〔1〕 2016 全国法律硕士专业学位联考单选第 13 题。

〔2〕 2014 全国法律硕士专业学位联考单选第 28 题。

空一般飞行事故。后赵某的近亲属赵某风等人要求河南乔治公司、北京乔海公司及两公司实际控制人陈某赔偿死亡赔偿金、丧葬费、被抚养人生活费以及精神损害抚慰金等费用共计 160 万余元。[1]

案例二：宋某，吉林省蛟河市人，19 岁时到吉化集团建设公司工作。2010 年 1 月 5 日凌晨，宋某途径 4 号裂解炉的时候，在地面上捡到一条白色的小链子，宋某将其放进自己的裤子口袋。不久后，宋某开始感觉不适，头晕并剧烈呕吐，遂请假回宿舍休息。

宋某捡到的小链子，实际上是工艺管线探伤机里面的伽马射线放射源。公司探伤机的操作人员发现放射源丢失，立即上报。由于公司深知放射源会对人体造成严重伤害，立即组织相关人员在施工现场寻找丢失的放射源。寻查无果，公司立即封锁附近道路，对过往的车辆人员进行检测。但由于捡拾放射源的宋某已回宿舍休息，并未被发现。

直到当天下午，吉化公司有关人员才在宿舍找到宋某。他们立即回收了放射源，同时把宋某送往吉化职工医院。至此，放射源在宋某空袋里已经装了近 9 个小时。第二天，宋某被送往北京的医院。

经医院检查，宋某全身平均受到 3Gy 的核辐射（1Gy 的核辐射就足以引起急性放射病），宋某的右下肢受到的核辐射量高达 3737Gy，宋某的肢体迅速坏死。接下来的两年多时间里，宋某的双腿、左上臂先后被截肢。

据查，2020 年 1 月 5 日，吉化建设公司的探伤员完成工作后，将探伤机从高空搬运到地面的过程中，由于探伤机内自动锁定放射源的弹簧片失灵，致使装有放射源的金属链滑落到施工现场的地面上。

宋某认为，对于其受到的严重伤害，吉化建设公司应承担赔偿责任，要求公司赔偿各项损失 600 余万元。[2]

训练目的

让学生通过训练识别高度危险责任，熟练掌握具体高度危险责任构成要件及免责事由的应用。

训练方法

请同学们根据学习情境中的案例分组模拟法庭辩论过程。

实训步骤

1. 根据案例需要对学生进行分组。

2. 以组为单位，让学生合理细化案件细节，查阅相关法律法规，分析本案中高度危险责任如何承担。

---

[1] 改编自 https://www.sohu.com/a/161319878_99908856，2020 年 9 月 16 日访问。

[2] 改编自 https://www.docin.com/p-681521184.html，2020 年 9 月 16 日访问。

3. 让学生模拟法庭辩论的过程，双方通过辩论、说理，阐释自己对本案的理解。

4. 学生自我评价训练效果。

5. 教师点评、总结训练情况。

拓展阅读

[1] 唐超："高度危险作业区域管理人的责任——《民法典》第 1243 条的解释论"，载《河北法学》2020 年第 10 期。

[2] 于丹："民用航空器致害高度危险责任条款的适用探讨"，载《北京航空航天大学学报（社会科学版）》2019 年第 4 期。

[3] 吕良川、陈光辉："电网企业在高压触电案件中减免责任的法律分析及建议"，载《广西电业》2019 年第 4 期。

[4] 陈广辉："地铁运行致害侵权责任的法律适用——以苏霄濛诉北京市地铁运营有限公司生命权、健康权、身体权纠纷案为例"，载《法律适用（司法案例）》2018 年第 18 期。

[5] 齐昌德："高度危险作业侵权申诉案的办理——以齐某九人身伤害案为例"，载《中国检察官》2018 年第 16 期。

[6] 邬砚："高压电损害赔偿免责事由的实践困境与路径选择"，载《人民司法（应用）》2018 年第 4 期。

项目六　饲养动物损害责任

知识目标

掌握饲养动物损害责任，熟悉饲养动物损害责任的构成要件。

能力目标

学会正确适用饲养动物损害责任的构成要件，识别几种饲养动物损害责任，把握饲养动物损害责任的免责事由。

任务一　饲养动物损害责任及其构成要件

案例引入

张某与杜某是邻居，张某家的菜地与杜某的犬舍院子外围墙相邻。2013 年 6 月 7 日张某在自家韭菜地里割韭菜时摔倒受伤，称其是被杜某家所饲养的藏獒惊吓而摔倒致伤。张某的丈夫贾某即叫来杜某，杜某听说是自己所饲养的犬致伤张某，立即将张某送往宁县第二人民医院住院治疗，并支付医疗费 2645 元。

张某住院 11 天，诊断为"腰 3 椎体压缩性骨折"，好转后出院。共花费医疗费用 4999.72 元。张某于 2013 年 8 月 5 日向立明司法鉴定所申请对其伤残等级进行鉴定，经鉴定，张某的伤残等级为 8 级。

张某向法院提起诉讼，要求杜某赔偿医疗费、护理费、住院伙食补助费、交通费、伤残补助费。[1]

问：杜某是否应当为张某的损伤承担赔偿责任？

基本理论

随着社会经济的高速发展，人民生活水平的大幅提高，饲养动物成为越来越普遍的现象。与此同时，饲养动物也带来了很多法律问题与社会问题，动物致害导致的社会矛盾愈发突出。为更好地规范饲养动物的行为，《民法典》侵权责任编第九章规定了饲养动物损害责任。

一、饲养动物损害责任的概念和归责原则

《民法典》第 1245 条规定："饲养的动物造成他人损害的，动物饲养人或者管理人应当承担侵权责任；但是，能够证明损害是因被侵权人故意或者重大过失造成的，可以不承担或者减轻责任。"第 1251 条规定："饲养动物应当遵守法律法规，尊重社会公德，不得妨碍他人生活。"

饲养动物损害责任，是指饲养的动物造成他人损害时，动物的饲养人或者管理人所应承担的赔偿责任。由于动物具有一定的危险性，动物的饲养人作为将动物置于人类社会，给其他人带来一定危险的人，就负有对动物进行管束的义务，并且必须对动物所具有的危险性负责。因此，我国法律规定饲养动物损害责任的归责原则为无过错原则。也就是说，如果发生饲养动物致害的情况，即使饲养人已经按照相关法律法规的规定管理动物，也不能免除其侵权责任。饲养动物损害责任的抗辩事由包括受害人故意或者重大过失。

对于违反管理规定未对动物采取安全措施致害责任，禁止饲养的危险动物致害责任，法律规定了更为严格的无过错责任，对减责、免责的规定更为严格。动物园饲养动物致害的，不适用无过错责任原则，适用过错推定责任原则。

二、饲养动物责任的构成要件

1. 造成损害的必须为饲养动物。饲养动物，是指人工喂养、放养和管束的动物。它的特点是为人所占有和控制。饲养动物一般包括家畜、家禽、驯养的野兽，但不包括野生动物自然保护区内的动物。

损害必须由饲养动物独立造成，即动物基于其本身的危险，在不受外力强制或驱使的情况下实施的自身动作。如果动物是在人的强制或驱使下损害他人权益的，则属于强制人或驱使人的侵权行为，而非动物损害，应由强制人或驱使人承担一般侵权责

---

[1] 改编自 https://dy.163.com/article/E0OH1QKD0530W1MT.html，2020 年 9 月 17 日访问。

任，而非饲养动物责任。

2. 须存在损害结果。饲养动物损害可以是人身损害，也可以是财产损失，或者是人身、财产的双重损害。损害还可以是动物饲养人不遵守法律法规，不尊重社会公德，致使动物妨碍他人生活的状态，如恶犬拦路影响出行，羊群聚集在铁轨上，对即将经过的火车行驶安全造成威胁等。

3. 饲养动物加害与损害结果之间存在因果关系。饲养动物加害与损害结果之间应当存在引起与被引起的关系。受害人对因果关系承担举证责任。也有学者认为，在某些因果关系非常复杂，难以证明的情况下，可以实行因果关系推定。

引例解析

本案中，如果张某确因饲养的动物藏獒惊吓致伤，藏獒的饲养人杜某应当对张某的损害结果承担无过错责任。本案的争议焦点是：张某身体遭受损伤与杜某饲养动物之间是否有因果关系。张某应当对其被藏獒惊吓才致摔伤进行举证，否则对举证不能承担不利后果。

相关法律法规

《民法典》第七编第九章。

思考与练习

一、选择题

1. 下列选项中，属于饲养动物致害的是：（　　　）。

A. 张三收养的流浪猫抓伤他人　　　　B. 李四饲养的狗咬伤他人

C. 王五屠宰场中的猪逃跑撞伤他人　　D. 赵六饲养的猫咬伤甲饲养的仓鼠

2. 小女孩甲（8 岁）与小男孩乙（12 岁）放学后经常结伴回家。一日，甲对乙讲："听说我们回家途中的王家昨日买了一条狗，我们能否绕道回家？"乙答："不要怕，被狗咬了我负责。"后甲和乙路经王家同时被狗咬伤住院。该案赔偿责任应如何承担？[1]（　　　）

A. 甲和乙明知有恶犬而不绕道，应自行承担责任

B. 乙自行承担责任，乙的家长和王家共同赔偿甲的损失

C. 王家承担全部赔偿责任

D. 甲、乙和王家均有过错，共同分担责任

二、简答题

简述饲养动物损害责任的构成要件。

---

[1]　司法考试真题。

学习情境：饲养动物损害责任构成要件的识别和应用

▓▓▓ **情境案例**

蔡某诉刘某饲养动物损害一案中，原告蔡某诉称：2011 年 5 月 10 日，因被告刘某饲养的藏獒锁链过长，在原告路过被告家门前时，该藏獒窜出院子将原告咬伤，因伤势严重，当即被送往靖边县人民医院接受救治，经诊断为左侧大腿多发性皮肤裂伤，住院治疗 22 天，花费医疗费及其他费用 9600 余元，至今仍未痊愈。原告受伤至今，被告仅支付了 3000 元医疗费，其余损失分文未付，原告多次要求被告赔偿损失，均遭到拒绝。为此原告请求①依法判令被告赔偿原告的医疗费、护理费、误工费、住院伙食补助费、差旅费等各项损失共计 14 000 元。②本案的诉讼费用由被告负担。

原告蔡某的代理人向法庭提交了以下证据：

第一组：靖边县人民医院出具的《诊断证明》、住院证、病历各一份，证明原告蔡某被狗咬伤后的受伤情况。

第二组：医疗费票据 2 张，证明原告蔡某因治疗伤情花费 9020.2 元。

被告刘某辩称，原告被其饲养的藏獒咬伤是事实，但原告诉状所述与事实不符，原告并非经过被告家门前时被咬伤，而是在给狗留的小门口被咬伤。

被告刘某向法庭提供了以下证据：

第一组：在被告家门口及饲养藏獒的地方所拍摄照片 3 张，被告手绘家门口地理位置平面图 1 张，证明被告饲养的藏獒关在院内，大门外的树干上写有警示标语，原告并非在被告家大门口被咬，而是在小门口被狗咬伤。

第二组：被告刘某的弟弟刘某军出具的证言一份，证明事发当日所见的情况，被告的藏獒是圈养，且事发后被告积极主动去抢救。

经庭审质证，被告刘某对原告所举两组证据均无异议。

原告蔡某的委托代理人对被告刘某所举证据，认为真实性无异议，但该证据无法证明事发当时藏獒被锁链所拴，反而证明被告拴藏獒用的是活动锁链。[1]

▓▓▓ **训练目的**

让学生通过训练识别饲养动物损害责任，熟练掌握饲养动物损害责任构成要件的应用。

▓▓▓ **训练方法**

请同学们根据学习情境中的案例分组模拟法庭辩论过程。

▓▓▓ **实训步骤**

1. 根据案例需要对学生进行分组。

---

〔1〕 改编自 https://www.110.com/panli/panli_ 35053596.html，2020 年 9 月 17 日访问。

2. 以组为单位，让学生合理细化案件细节，查阅相关法律法规，分析本案中饲养动物损害责任如何承担。

3. 让学生模拟法庭辩论的过程，双方通过辩论、说理，阐释自己对本案的理解。

4. 学生自我评价训练效果。

5. 教师点评、总结训练情况。

任务二　几种具体饲养动物损害责任

案例引入

案例一：詹某是一名牧民，家里饲养了一匹马，拴在自家的院子里。龙某是一名游客，路过詹某家院子时看见马很漂亮，便拿小棍子拍马，并用带闪光灯的照相机给马拍照，马受惊挣脱绳子冲出门，把正巧路过的叶某撞伤。叶某向马主人詹某提出索赔，但詹某认为这起意外是龙某造成的。[1]

问：叶某的损失该由谁来赔偿？

案例二：2011 年 4 月 10 日上午，谢某（10 岁）与其父母至某市动物园游玩，当日 15 时许，一家人行至灵长类动物展区，谢某穿过笼舍外设置的防护栏，给猴子喂食食物，右手中指被猴子咬伤。事发时，某市动物园无工作人员在场，谢某父亲向动物园相关部门投诉后，因情况紧急，自行带谢某至某市儿童医院医治并报警。谢某当日住院，于 2011 年 4 月 13 日出院，用去医疗费 4058.09 元（含住院期间伙食费 32.50 元）。谢某于 2011 年 12 月 13 日至某科生假肢有限公司对其右手中指安装假肢，花费 2300 元，并经某科生假肢有限公司专家会诊，确认谢某在 18 岁成年前每 2 年更换一次假肢，成年以后每 4 年更换一次，每年的维修费为该假肢总额的 5%。假肢的赔偿期限建议从第一次安装之日算至原告成年之后第 20 年。

谢某向法院提起诉讼（其父母为法定代理人），要求某市动物园承担饲养动物致害的侵权责任。

审理期间，法院对事发笼舍进行勘查：笼舍是铁制网状，在笼舍 2 米处悬挂"禁止跨越栏杆""禁止敲打""禁止嬉弄"等图文并茂的警示牌，距笼舍外 1.50 米处建有高 1.12 米的金属防护栏，金属防护栏栏杆间距 15 厘米左右。经现场试验，原告谢某及 10 周岁以下（偏瘦小）儿童可以通过栏杆间隙钻入。[2]

问：某市动物园是否应当承担饲养动物致害责任？

基本理论

《民法典》侵权责任编第九章规定了几种具体的饲养动物损害责任。

---

〔1〕 改编自 https：//zhidao.baidu.com/question/269501605545827085.html，2020 年 9 月 17 日访问。

〔2〕 改编自 http：//www.xingtao.cn/news/1554.html，2020 年 9 月 20 日访问。

一、未对动物采取安全措施损害责任

《民法典》第1246条规定："违反管理规定，未对动物采取安全措施造成他人损害的，动物饲养人或者管理人应当承担侵权责任；但是，能够证明损害是因被侵权人故意造成的，可以减轻责任。"

饲养动物损害责任是无过错责任，未对动物采取安全措施损害责任是更严格的无过错责任。违反管理规定不对动物采取安全措施的行为构成严重违法，且行为人主观上具有重大过错，其不负责任的行为对他人的人身财产安全造成了极大的威胁，因此，必须让其承担更严格的责任。

"严格"体现在免责事由与减责事由上。对于一般的饲养动物损害责任，被侵权人对损害存在故意或者重大过失的，侵权人可以免除责任；而对于未对动物采取安全措施损害责任，被侵权人重大过失不得免除侵权人责任，被侵权人故意只能减轻、不能免除侵权人责任。本条规定重在强调动物饲养人或管理人有依照法律法规的特殊管理规定对动物实施管理的义务。违反安全管理义务的，应当承担更严格的无过错责任。比如，法律规定宠物狗在公共场所必须使用牵引绳，李某未遵守规定，遛狗时未牵狗，陈某见状故意踢狗逗狗诱使狗咬伤自己，谋求巨额赔偿。按照《民法典》第1246条的规定，李某应当承担赔偿责任。如李某能够证明损害是因陈某故意造成的，可以减轻赔偿责任，但不能免除赔偿责任。

二、禁止饲养的危险动物损害责任

《民法典》第1247条规定："禁止饲养的烈性犬等危险动物造成他人损害的，动物饲养人或者管理人应当承担侵权责任。"与未对动物采取安全措施损害责任一样，禁止饲养的危险动物损害责任也是一种严格的无过错责任，且其严格程度更高。禁止饲养的危险动物损害责任没有任何减责与免责事由。只要饲养禁止饲养的危险动物，并造成他人损害，就必须承担全部侵权责任。因为饲养禁止饲养的危险动物比不对动物采取安全措施更具危险性，社会危害性更大。

禁止饲养烈性犬由各地的养犬管理条例规定，全国并未统一烈性犬的界定标准，烈性犬只的具体品种和身高、体长标准，多由各地的畜牧兽医行政部门会同公安机关予以确定。一般城区禁止饲养的犬类包括以下品种：西藏獒犬、巴西非拉犬、苏俄牧羊犬、牛头梗犬、意大利卡斯罗犬、俄罗斯高加索犬、意大利扭玻利顿犬、斯塔福梗犬、波音达犬、威玛猎犬、寻血猎犬、纽芬兰犬、罗威纳犬、杜宾犬、拳师犬等。禁止饲养的危险动物除烈性犬外，还应包括野猪、豺、狼、虎、豹、狮、鳄鱼、毒蛇等对人的生命、健康存在巨大威胁的动物。

三、动物园饲养动物损害责任

《民法典》第 1248 条规定："动物园的动物造成他人损害的，动物园应当承担侵权责任；但是，能够证明尽到管理职责的，不承担侵权责任。"动物园饲养动物损害责任的归责原则不同于其他的饲养动物损害责任，其他饲养动物损害责任的归责原则均为无过错责任原则，动物园饲养动物损害责任的归责原则为过错原则，实行过错推定，即举证责任倒置。动物园饲养动物从本质上来说是为了满足公众提高物质文化生活水平的要求，有一定的公益性质，而且动物园已经建立了比较完善的动物管理体系，损害他人人身财产权益的危险性较小，因此侵权责任编对动物园给予了一定的"优惠"，相对减轻了动物园的责任。也就是说，动物园饲养动物造成他人损害，动物园没有尽到管理职责的，才需要承担侵权责任。但只要发生了动物园饲养动物损害，就推定动物园没有尽到管理职责，除非动物园能够证明自己已经尽到管理职责，才可以免除责任。

四、遗弃、逃逸动物损害责任

《民法典》第 1249 条规定："遗弃、逃逸的动物在遗弃、逃逸期间造成他人损害的，由动物原饲养人或者管理人承担侵权责任。"遗弃的动物通常指原饲养人或者管理人主动使之脱离自己监管的动物；逃逸的动物通常指饲养人或者管理人被动使之脱离自己监管的动物。法条并未从饲养人或者管理人的主观意愿出发区分责任，因此，责任人不能以动物逃跑，自己并非自愿为由提出抗辩。动物饲养人将动物置于人类环境，有妥善管理动物，将动物置于自己控制之下的义务，如将饲养动物委托他人管理，则管理人同样负有妥善管理动物，将动物置于自己控制之下的义务。遗弃动物，或管理不当导致动物逃逸，都违反了妥善管理饲养动物的义务，使动物处于无人管控的危险状态。动物在遗弃、逃逸期间造成他人损害的，由本应负有管理义务的人承担无过错责任。

五、第三人过错导致饲养动物致害

《民法典》第 1250 条规定："因第三人的过错致使动物造成他人损害的，被侵权人可以向动物饲养人或者管理人请求赔偿，也可以向第三人请求赔偿。动物饲养人或者管理人赔偿后，有权向第三人追偿。"这里的"第三人"，指动物饲养人、管理人、被侵权人以外的人。"第三人的过错"，一般包括第三人挑逗、激怒、惊吓、投打动物，或破坏安全设施使动物脱离管控等行为。第三人过错致使动物造成他人损害，最终责任归于第三人。但被侵权人向动物饲养人或者管理人请求赔偿的，动物饲养人或者管理人不得以存在第三人过错为由拒绝赔偿。动物饲养人或者管理人赔偿后，可以向第三人追偿，该第三人承担与其过错相适应的责任。

引例解析

案例一：《民法典》第 1250 条规定，因第三人的过错致使动物造成他人损害的，被侵权人可以向动物饲养人或者管理人请求赔偿，也可以向第三人请求赔偿。动物饲养人或者管理人赔偿后，有权向第三人追偿。法律赋予被侵权人选择权。本案中，叶某既可以要求动物饲养人詹某赔偿，也可以要求第三人龙某赔偿。由于叶某已经向詹某提出赔偿请求，则詹某应当承担赔偿责任，清偿后可向第三人龙某追偿，但不得以龙某存在过错为由拒绝赔偿叶某。

案例二：《民法典》第 1248 条规定，动物园的动物造成他人损害的，动物园应当承担侵权责任；但是，能够证明尽到管理职责的，不承担侵权责任。因此，本案要解决的焦点问题是，被告某市动物园是否尽到管理职责以免除其责任。被告的管理职责应根据具体动物的种类和性质来确定，并且鉴于动物园所承担的独特社会功能，其不应该只是承担善良管理人的注意义务，而应该承担更高的符合其动物管理专业程度的注意义务。具体可从以下几点考量：①是否尽到了告知提醒义务。被告在灵长馆笼舍等处悬挂了"禁止跨越栏杆""禁止敲打""禁止嬉弄"等图文并茂的警示牌，已尽到了告知义务。②管理人员是否有巡视制度，已尽到对游客擅自翻越、穿越栏杆靠近动物等行为的劝阻义务。对动物园的看管义务应当在具体情况下以一个谨慎、小心的动物保有人的标准来确定，不能要求其尽到所有的注意义务。原告受伤事发于瞬间，不能苛求被告员工在事发时在场，只要动物园有巡视制度并加以落实，则认为已尽到义务。③动物园灵长馆设施、设备有无安全问题。被告给灵长类动物安装了网状的铁质笼舍，并在外加装了防护栏，保持了 1.50 米的安全间距，确实起到了一定的防护作用。但金属防护栏之间间距在 15 厘米左右仅仅能避免成年人钻入，并不能防止幼童的钻入，现原告穿过防护栏，用手喂食猴子导致右手中指受伤。动物园是一所对公众开放的公共场所，每年要接待成千上万的学龄前儿童，根据其专业能力应能预见此危险发生的可能性，但未采取必要补救措施，动物园有过错，未尽到其管理职责。

《民法典》第 1245 条规定，饲养的动物造成他人损害的，动物饲养人或者管理人应当承担侵权责任；但是，能够证明损害是因被侵权人故意或者重大过失造成的，可以不承担或者减轻责任。本案中，原告及其法定代理人违反动物园的相关管理规定，导致原告擅自穿越防护栏，喂食猴子，是原告受伤的主要原因，因此应承担事故主要责任，被告未尽到管理职责，应承担事故次要责任。

相关法律法规

《民法典》第 1245、1246、1247、1248、1249、1250 条。

思考与练习

一、选择题

1. 由于第三人的过错致使饲养的动物造成他人损害的，应当由（　　）承担最终的赔偿责任。

A. 动物饲养人　　　B. 第三人　　　　C. 动物饲养人与第三人共同

2. 饲养危险动物致人损害的，应按照（　　）原则承担责任。

A. 过错责任　　　B. 无过错责任　　　C. 过错责任（举证责任倒置）

3. 逃逸动物致害的责任与遗弃动物致害的责任相比（　　）。

A. 更大　　　　　　B. 更小　　　　　　C. 没有区别

二、简答题

1. 简述未对动物采取安全措施损害责任。

2. 简述禁止饲养的危险动物损害责任。

3. 简述动物园饲养动物损害责任。

4. 简述遗弃、逃逸动物损害责任。

5. 简述第三人过错导致饲养动物致害责任。

学习情境：几种饲养动物损害责任构成要件的识别和应用

情境案例

案例一： 2013年4月27日中午，董某在登封市白坪乡白坪街捡到一条流浪狗，狗脖颈上栓有狗链，董某牵着狗去打牌，打牌期间将狗交给打牌地点附近的一个朋友陈某。陈某将狗拴在白坪街一棵树上。董某在二楼棋牌室打牌期间，朋友陈某曾到二楼告知董某自己有事外出。刘某放学路上经过拴狗地点，被狗咬伤面部。刘某的爷爷奶奶带刘某询问这是谁的狗，咬着小孩了，董某称狗在树上拴着，两个大人领着小孩，去招惹狗干什么。此时狗已不知去向。刘某被狗咬伤面部，共支出医疗费1064.8元。[1]

案例二： 2007年2月22日，林某（6岁）跟随母亲一起去动物园玩。下午13：30，她们一起去观看马戏团表演。演出结束后，马戏团的人开始张罗观众们和老虎合影。林某和其他几个孩子并排站在老虎前面。林某的母亲正要拍照时，老虎突然冲向林某，一口咬住了她的头。当时在场的所有人都吓傻了，驯兽师也不敢靠前，只能用板凳和木棍抽打老虎。只有林某的母亲不顾一切地冲上去，把手伸到老虎嘴里，拼命扒着老虎的嘴。老虎却不受影响，越咬越紧，直到鲜血从林某的头上涌出，才松了口。林某被紧急送医，抢救无效死亡。

据调查，该马戏团是独立经营的单位，动物园与马戏团是合作关系，马戏团全权

---

〔1〕 改编自 https://wenku.baidu.com/view/0bab8de67d1cfad6195f312b3169a4517723e502.html，2020年9月21日访问。

负责对人和动物的管理。人虎合照项目已经开展 2 年。[1]

训练目的

让学生通过训练识别几种饲养动物损害责任，熟练掌握几种饲养动物损害责任构成要件的应用。

训练方法

请同学们根据学习情境中的案例分组模拟法庭辩论过程。

实训步骤

1. 根据案例需要对学生进行分组。

2. 以组为单位，让学生合理细化案件细节，查阅相关法律法规，分析本案中饲养动物损害责任如何承担。

3. 让学生模拟法庭辩论的过程，双方通过辩论、说理，阐释自己对案件的理解。

4. 学生自我评价训练效果。

5. 教师点评、总结训练情况。

拓展阅读

[1] 韩芳："遛狗不拴绳吓伤邻居 养狗人要担责"，载《人民法院报》2020 年 9 月 14 日，第 3 版。

[2] 张玉东："论饲养动物损害责任主体的适用规则——以《侵权责任法》第 78 条为中心"，载《烟台大学学报（哲学社会科学版）》2018 年第 6 期。

[3] 佘小伟："论我国饲养动物损害责任之重构——以法经济学为视角"，载《南开法律评论》2017 年第 0 期。

[4] 王竹："动物园饲养动物损害责任的类型化与规则设计——以违反防止进入高度危险区域义务侵权责任为视角"，载《求是学刊》2017 年第 6 期。

[5] 林燕："王小会诉钟文明、李悦华、钟德良饲养动物损害责任纠纷案——饲养动物加害行为的表现方式和责任承担"，载《法制与社会》2017 年第 30 期。

[6] 徐舒浩："再议危险动物损害责任的抗辩事由——兼评《侵权责任法》第 80 条"，载《湖北警官学院学报》2015 年第 11 期。

项目七　建筑物和物件损害责任

知识目标

了解建筑物和物件损害责任，熟悉建筑物和物件损害责任的构成要件。

---

〔1〕 改编自 http://ishare.iask.sina.com.cn/f/1GYb3JUwgYiS.html，2020 年 9 月 21 日访问。

学会正确适用建筑物和物件损害责任的构成要件，识别几种建筑物和物件损害责任，把握具体建筑物和物件损害责任的免责事由。

任务一　建筑物和物件损害责任及其构成要件

2018 年 5 月 26 日晚，张先生在小区散步，当步行到小区 23 栋楼东侧的时候，头部被一块外墙瓷砖砸伤。小区物业和路过业主发现后报警并及时送医治疗，共计花去医疗费 2 万多元。出院后张先生找到小区物业公司要求其承担责任，但物业公司称，物业公司不存在过错，应找业主赔偿。张先生找到 23 栋楼的业主，业主们认为物业公司没有尽到维修、养护的义务，应由其承担赔偿责任。

问：到底应由谁来承担责任？

一、建筑物和物件损害责任的概念及归责原则

建筑物和物件损害责任，是指建筑物或者其他设施、物件造成他人损害时，由建筑物、其他设施或物件的所有人、管理人等承担的侵权责任。建筑物和物件损害责任的归责原则，依据造成损害的物件不同及物件造成的损害方式不同，分为三种情况：

1. 建筑物和物件损害责任原则上是一种过错责任，在司法实践中实行过错推定。即损害发生后推定建筑物、其他设施或物件的所有人、管理人等存在过错，应当承担赔偿责任，但责任人能够证明自己不存在过错的，不承担侵权责任。《民法典》第 1253 条规定的不动产设施及其附属物脱落、坠落致害责任，第 1255 条规定的堆放物致害责任，第 1256 条规定的在公共道路上妨碍通行物品致害责任中公路管理人的责任，第 1257 条规定的林木致害责任，第 1258 条规定的地下工作物损害责任均适用过错推定原则。

2. 特定情况下，责任人承担无过错责任原则。《民法典》第 1252 条规定的不动产设施倒塌、塌陷致害责任和第 1256 条规定的在公共道路上妨碍通行物品致害责任中行为人的责任。

3. 特殊情况下，适用公平原则。《民法典》第 1254 条规定的高空抛物责任，经调查难以确定具体侵权人的，可能加害的建筑物使用人的补偿责任即为一种公平责任。[1]

---

〔1〕 程啸：《侵权责任法教程》，中国人民大学出版社 2020 年版，第 351 页。

二、建筑物和物件损害责任的构成要件

1. 建筑物和物件发生致害风险。所谓建筑物或者其他设施，主要指与土地相连的各类人造设施，如房屋、桥梁、码头、隧道、广告牌、电线杆等。物件通常指搁置物、悬挂物，即与建筑物相连的位于高处的附属物，如阳台上的花盆、悬挂于窗外的空调等。

建筑物、构筑物或者其他设施倒塌、塌陷，搁置、悬挂的物件发生脱落、坠落，从建筑物中抛掷物品，堆放物倒塌、滚落或者滑落，公共道路上堆放、倾倒、遗撒妨碍通行的物品，林木折断、倾倒或者果实坠落，在公共场所或者道路上挖掘、修缮安装地下设施……以上种种，虽不必然导致损害结果的发生，但确实都存在导致他人损害的风险。

2. 出现建筑物和物件致人损害的结果。出现致害风险并不能直接导致建筑物和物件损害责任，只有出现建筑物和物件致人损害的结果时，才能构成建筑物和物件损害责任。建筑物和物件发生致害风险，未必会出现致害结果，比如屋顶的瓦片脱落砸向地面，李某从旁路过吓了一跳，但没有发生人身或财产的损害，因此没有构成建筑物和物件损害责任。建筑物和物件致害结果包括人身损害及财产损失。

3. 建筑物和物件发生致害风险与损害结果之间存在因果关系。建筑物和物件发生致害风险是损害结果出现的原因，损害结果的出现是建筑物和物件发生风险所导致的。被侵害人对因果关系承担举证责任。

4. 原则上建筑物和物件所有人、管理人或使用人等存在过错。建筑物和物件所有人、管理人、使用人等应当注意尽量避免建筑物和物件发生危险，或对已经发生的危险负有防护、警示的义务。也就是说，建筑物、其他设施或物件的所有人、管理人等有义务积极作为，防止致害风险及因此导致的损害结果的发生。如果建筑物所有人、管理人、使用人等未能履行上述注意义务，应当承担侵权责任。

对于适用过错推定原则的建筑物和物件损害责任，要求责任人对损害结果的发生存在过错。需要注意的是，在建筑物和物件损害责任中，存在过错强调的是一种过失，而不包括故意。故意利用建筑物和物件伤害他人人身或财物属于一般侵权行为，并可能为此承担刑事责任。

引例解析

本案属于建筑物和物件损害纠纷。根据《民法典》第 1253 条的规定，建筑物、构筑物或者其他设施及其搁置物、悬挂物发生脱落、坠落造成他人损害，所有人、管理人或者使用人不能证明自己没有过错的，应当承担侵权责任。因此，本案的关键问题是确定小区 23 栋及脱落瓷片外墙的所有人、管理人与使用人。

1. 先确定建筑物外墙的所有人。《民法典》第 271 条规定，业主对专有部分以外的

共有部分享有共有和共同管理的权利。第273条第1款规定，业主对建筑物专有部分以外的共有部分，享有权利，承担义务。因此，23栋的全体业主为建筑物的共同共有人，应当为外墙瓷片脱落致害承担责任。

2. 要确定建筑物外墙是否存在所有人之外的管理人。一般情况下，应先确认外墙是否仍在保修期内，如在保修期内，施工单位或开发商为管理人；如已过保修期，则应确认业主是否委托物业公司进行管理。物业公司作为公共外墙的管理方，有责任保证外墙及附属物的安全。对于房屋外墙容易发现脱落的部位应该时时检查，尽量早发现问题，早排除隐患。

本案适用过错推定原则，所有人或管理人应对其不存在过错应承担举证责任。

本案中，物业未尽管理职责，导致建筑物外墙瓷片脱落，砸伤张先生，存在过错，应当承担赔偿责任。

相关法律法规

《民法典》第七编第十章。

思考与练习

一、选择题

1. 城建工程队在公路旁挖沟维修电缆。入夜未能完工，工人张某放置警示标志在施工区域旁后离去。一盲人冯某路经此地掉入沟内，造成右腿小腿骨折，应由谁来承担赔偿责任？（　　　）

A. 工人张某　　B. 城建工程队　　　C. 盲人冯某自己　　　　D. 适用公平责任原则

2. 建筑物和物件损害责任的归责原则为？

A. 过错原则　　B. 无过错原则　　C. 过错原则（实行举证责任倒置）

二、简答题

简述建筑物和物件损害责任的构成要件。

学习情境：建筑物和物件损害责任构成要件的识别和应用

情境案例

2013年8月30日下午，陈某到公园小学接女儿回家。二人步行在回家的路上，由东向西经过公园路68号金运来大厦门口的人行道，忽遇从金运来大厦大门上面坠落的花岗岩瓷砖从身前坠落，砸中陈某右脚5个足趾，致使原告多个伤口渗血，坐于地上，不能行走。时遇公园派出所巡查民警，拍了现场照片和录像，同时拨打120，原告被送到柳州市红十字医院治疗。医院检查结果：右足被重物砸伤致右足5趾骨折。经检验，因伤情严重，当日陈某转院至工人医院南院骨一科进行住院治疗。经查，砸中陈某的花岗岩瓷砖系金运来大厦门口三楼"金运来大厦"招牌右侧led灯后的镶边瓷砖脱落，脱落的瓷砖共计三块均为花岗岩瓷砖，其中一块坠落时砸中陈某右脚五个足趾，造成陈某1~5趾开放性骨折。某市明桂司法鉴定中心《司法鉴定意见书》鉴定意见为：陈某本次损伤右足构成十级伤残。金运来大厦的物业服务企业，是金运来大厦物业的管理人。

陈某向法院提起诉讼，要求金运来大厦的物业服务企业赔偿：①医疗费12 956元，误工费10 069元，住院护理费1269元，住院伙食补助费640元，残疾赔偿金42 486元，伤残鉴定费700元；②精神损害赔偿10 000元。

庭审过程中，双方当事人同意调解。[1]

训练目的

让学生通过训练识别建筑物和物件损害责任，熟练掌握建筑物和物件损害责任构成要件的应用。

训练方法

请同学们根据学习情境中的案例分组模拟民事调解过程。

实训步骤

1. 根据案例需要对学生进行分组。

2. 以组为单位，让学生合理细化案件细节，查阅相关法律法规，分析本案中建筑物和物件损害责任如何承担。

3. 让学生模拟法庭辩论的过程，双方通过辩论、说理，阐释自己对本案的理解。

4. 学生自我评价训练效果。

5. 教师点评、总结训练情况。

任务二　几种具体建筑物和物件损害责任

案例引入

案例一：30多岁的李某家住仁怀市三合镇，2013年，李某在遵义市红花岗区南门关租下一间门面，准备做生意。

当年3月25日13时40分左右，李某途经南门关城南华府C栋楼下时，一块砖头突然从天而降，砸中了他的头部。目击者称，李某当场倒地，血流不止。

现场群众用毛巾为他止血，并拨打急救电话。最终，李某因抢救无效身亡。那块砖头，也碎成了几块。

事发后，当地公安部门介入调查。两名上学的学生向警方描述，砖头是从城南华府C栋落下的。但究竟是几楼，因事发一瞬间，他们并没看清。

警方经数月调查，得出的结论是：无法确定加害人。

---

〔1〕 改编自 https://www.360kuai.com/pc/967e533b6566f404b? cota＝4&kuai_so＝1&tj_url＝so_rec&sign＝360_57c3bbd1&refer_scene＝so_1，2020年9月21日访问。

据悉，李某上有六旬双亲，下有 4 名未成年子女，是一家的"顶梁柱"。2013 年 12 月，李某妻子韩某等 7 名家人，将城南华府 C 栋的 46 户住户、房开公司及物管公司，一并告上法庭。

庭审中，李某家人提出了包括死亡赔偿金、精神抚慰金等共计 69 万余元的补偿。

被告房开公司称，该栋楼房已全部交付使用，公司既非使用人，也非管理者。在李某身亡后，公司已补偿了 4 万元给家属，不应承担任何责任。

物管公司华宇物业提出，公司的办公场所在一楼，没有高空抛物加害的可能。此外，他们在管理上已进行安全警示和危险告知义务，无管理过错，事发后，还从道义上补偿了 1 万元。

其余 46 户住户，部分提供了自己当时在上班或不在家的证据，以证明自己没有抛物的可能；有的在法庭上表示，自己家中没有砖头，无加害可能；部分住户，未到庭参加审理。[1]

问：本案应当由谁承担侵权责任？

案例二：孔某自购一辆倾卸大货车从事货物运输。2011 年 1 月 4 日，孔某到李某经营的货运场装运煤炭。当车开至货场作业区内装煤时，孔某自行离开驾驶室在其车边的煤堆旁停留，后煤堆突然倒塌将孔某压伤，造成经济损失 35 207 元。经查，该货场为确保安全作业，在货场入口处磅房边设置有"提货须知"警示标牌，提示货运司机，在装载煤炭时，货运司机严禁离开驾驶室，否则作业区内发生的安全事故均由司机负责。但该标牌的设置并不显著也不清晰。[2]

问：孔某的损失应当由谁赔偿？

基本理论

《民法典》第七编第十章规定了几种具体的建筑物和物件损害责任，包括不动产设施倒塌、塌陷致害责任，不动产设施及其附属物脱落、坠落致害责任，高空抛物坠物责任，堆放物致害责任，在公共道路上妨碍通行物品致害责任，林木致害责任以及地下工作物损害责任。

一、不动产设施倒塌、塌陷致害责任

《民法典》第 1252 条规定："建筑物、构筑物或者其他设施倒塌、塌陷造成他人损害的，由建设单位与施工单位承担连带责任，但是建设单位与施工单位能够证明不存在质量缺陷的除外。建设单位、施工单位赔偿后，有其他责任人的，有权向其他责任人追偿。因所有人、管理人、使用人或者第三人的原因，建筑物、构筑物或者其他设

---

[1] 改编自 http://gz.sina.com.cn/news/fz/2015-06-04/detail-icrvvpkk7907266.shtml，2020 年 9 月 21 日访问。

[2] 改编自 http://china.findlaw.cn/shpc/teshuqinquanjiufen/dtjf/3230_4.html，2020 年 9 月 21 日访问。

施倒塌、塌陷造成他人损害的，由所有人、管理人、使用人或者第三人承担侵权责任。"建筑物也称房屋，指任何在土地上建造的直接供人们居住生活、从事生产活动或者进行其他活动的场所；构筑物指以人力方式在地面上建造的具有特定用途，但不能直接供人们居住生活、从事生产活动或者其他活动的场所，包括道路、桥梁、隧道、码头、无线电基站、路灯、广告牌、电线杆、体育器械等；其他设施指建筑物、构筑物的附属设施，如电梯、配电房等。[1]

本条规定将不动产设施倒塌、塌陷致害责任根据倒塌、塌陷的原因不同，分成了两种情况：

1. 第1款规定了建筑物、构筑物或者其他设施因为建设、施工等原因倒塌、塌陷的情况。在这种情况下，建设单位与施工单位为责任人，承担连带责任。侵权责任的归责原则为无过错原则，免责事由为建筑物、构筑物或者其他设施不存在质量缺陷。

所谓其他责任人，是指除建设单位与施工单位外，对建筑物、构筑物或者其他设施的质量负有保障义务，对建筑物、构筑物或者其他设施的倒塌、塌陷存在责任的人，包括勘察人、设计人、监理人等。如存在设计缺陷、监理疏漏等情况，则设计人、监理人应承担相应责任。其他责任人责任的归责原则为过错原则。建设单位与施工单位在承担责任后，可以向其他责任人追偿。

2. 第2款规定了建筑物、构筑物或者其他设施因为建设、施工以外的原因倒塌、塌陷的情况。如房屋所有人装修时拆除承重墙，相邻地施工动摇房屋地基，导致建筑物倒塌损害他人。导致建筑物、构筑物或者其他设施倒塌、塌陷的所有人、管理人、使用人或者第三人承担侵权责任。

二、不动产设施及其附属物脱落、坠落致害责任

《民法典》第1253条规定："建筑物、构筑物或者其他设施及其搁置物、悬挂物发生脱落、坠落造成他人损害，所有人、管理人或者使用人不能证明自己没有过错的，应当承担侵权责任。所有人、管理人或者使用人赔偿后，有其他责任人的，有权向其他责任人追偿。"

建筑物、构筑物或者其他设施及其搁置物、悬挂物的所有人、管理人或者使用人对建筑物、构筑物或者其他设施及其搁置物、悬挂物负有妥善管理的义务，如疏于管理，存在建筑物管理瑕疵，导致损害，应承担侵权责任。建筑物、构筑物或者其他设施有使用人或管理人的，应由使用人或者管理人承担侵权责任，没有使用人和管理人的，由所有人承担侵权责任。使用人、管理人和所有人之间不存在连带责任。

本条规定适用过错推定原则。发生建筑物、构筑物或者其他设施及其搁置物、悬挂物致害事件，即推定存在建筑物管理瑕疵，除非责任人能够证明自己没有过错。

---

〔1〕 程啸：《侵权责任法教程》，中国人民大学出版社2020年版，第352页。

如果损害是由其他责任人导致的，而被侵权人向法院起诉所有人、管理人或者使用人，所有人、管理人或者使用人不得以第三人过错作为免除自身责任的理由，应当先承担赔偿责任，再向有责任的人追偿。

三、高空抛物坠物责任

《民法典》第1254条规定："禁止从建筑物中抛掷物品。从建筑物中抛掷物品或者从建筑物上坠落的物品造成他人损害的，由侵权人依法承担侵权责任；经调查难以确定具体侵权人的，除能够证明自己不是侵权人的外，由可能加害的建筑物使用人给予补偿。可能加害的建筑物使用人补偿后，有权向侵权人追偿。物业服务企业等建筑物管理人应当采取必要的安全保障措施防止前款规定情形的发生；未采取必要的安全保障措施的，应当依法承担未履行安全保障义务的侵权责任。发生本条第一款规定的情形的，公安等机关应当依法及时调查，查清责任人。"

从建筑物中抛掷物品或者从建筑物上坠落的物品造成他人损害，应当由抛掷人及坠落物品所有人、管理人承担侵权责任。但在实践当中，物品抛掷人及坠落物所有人、管理人非常难确定。在损害已经发生，责任人不明的情况下，如何保障被侵权人的合法权益，是法律必须解决的问题。因此，高空抛物坠物责任相较于其他侵权责任有一定的特殊性：

1. 高空抛物坠物致害责任人应当是加害人，但当加害人无法确定的时候，可能加害的建筑物使用人成为责任人。所谓可能加害的人，即从常识推断有可能做出侵权行为，但没有证据证明其做出过侵权行为的人。

2. 可能加害的建筑物使用人承担补偿而非赔偿责任。由于可能加害的建筑物使用人极有可能没有做出过侵权行为，不是因为侵权行为承担责任，而是因为法律的规定而承担责任，因此，其所承担的责任是一种对受害人的补偿，而不是赔偿。

3. 可能加害的建筑物使用人能够证明自己不是侵权人，则不用承担补偿责任。如楼上抛掷苹果砸伤行人，无法查清是几楼住户所为，根据苹果砸伤人的位置和情况可以推断可能加害人所处楼层为3～10楼，其中5楼住户能提供自己家常年无人居住的证据，则可以证明自己不可能做出侵害行为，可以免除补偿责任。

4. 可能加害的建筑物使用人承担的补偿责任不是最终责任。如果承担补偿责任后，侵权人被查明，则承担补偿责任的可能加害人可以向真正的加害人追偿。

5. 物业服务企业等建筑物管理人有采取必要的安全保障措施防止高空抛物坠物致害事件发生的义务，否则应当承担未履行安全保障义务的侵权责任。

6. 公安机关承担查明加害人及加害行为的责任。一般情况下，侵权人和侵权行为由当事人自行举证。由于高空抛物坠物致害的侵权行为的社会危害性较大，证据收集困难，当事人往往没有举证能力，因此，法律明确规定公安机关为负责查明的主体。

四、堆放物致害责任

《民法典》第 1255 条规定："堆放物倒塌、滚落或者滑落造成他人损害，堆放人不能证明自己没有过错的，应当承担侵权责任。"

本规定当中的堆放物，是指非固定在其他物体上、未妨碍公共道路通行的物品。如建筑工地上堆放的砖块、码头堆放的集装箱、快递仓库堆放的快递等。堆放人应当对堆放物的堆放地点、堆放高度、堆放稳固度进行基本的选择和判断，对堆放物进行基本的看顾和安全管理。

堆放物致害责任为过错责任，实行过错推定。堆放人不能证明自己没有过错的，承担侵权责任。

五、在公共道路上妨碍通行物品致害责任

《民法典》第 1256 条规定："在公共道路上堆放、倾倒、遗撒妨碍通行的物品造成他人损害的，由行为人承担侵权责任。公共道路管理人不能证明已经尽到清理、防护、警示等义务的，应当承担相应的责任。"公共道路是供不特定的公众通行之用的，任由行为人在公共道路上堆放、倾倒、遗撒妨碍通行的物品，将对公众的人身财产安全造成极大的威胁。因此，我国法律明确规定禁止任何人在公共道路上违法堆放、倾倒或者遗撒妨碍通行的物品。除《民法典》外，《道路交通安全法》《中华人民共和国公路法》《公路安全保护条例》均有此类规定。在公共道路上妨碍通行物品致害责任的责任人不仅包括行为人本身，还包括没有尽到管理义务的公共道路管理人：

1. 行为人责任。在公共道路上堆放、倾倒、遗撒妨碍通行的物品的行为本身就是违反法律法规的行为，造成他人损害的，行为人承担无过错责任。即只要有堆放、倾倒、遗撒妨碍通行物品的行为，造成他人损害，有关单位和个人即应当承担侵权责任。

2. 公共道路管理人责任。公共道路管理人有对公共道路进行管理，保障公共道路通行的义务，发现在公共道路上堆放、倾倒、遗撒妨碍通行的物品，应当及时清理，不能及时清理的，应当进行防护、警示，避免造成损害。公共道路管理人对损害承担过错责任，实行过错推定，由公共道路管理人对已经尽到清理、防护、警示等义务承担举证责任。

六、林木致害责任

《民法典》第 1257 条规定："因林木折断、倾倒或者果实坠落等造成他人损害，林木的所有人或者管理人不能证明自己没有过错的，应当承担侵权责任。"林木折断、倾倒或者果实坠落，大都是可以通过妥善管理予以避免的，如及时清除枯枝、枯木、采摘成熟的果实，都能有效避免危险的发生。因此，林木的所有人、管理人负有妥善管理林木的义务。

林木损害责任为过错责任，实行举证责任倒置。当发生林木致害事件时，推定林木的所有人或者管理人存在过错，承担侵权责任，如林木的所有人或者管理人能够证明自己没有过错，则不承担责任。如王某在自家门口种植了一颗波罗蜜树，眼看波萝蜜即将成熟，为避免果实成熟坠落砸伤人，王某用袋子将波罗蜜固定在树枝上，邻居宋某晚上去偷果，用刀划破保护袋后，波罗蜜正好成熟坠下，将其砸伤。王某证明自己已经做好防护措施，则不承担侵权责任。

七、地下工作物损害责任

《民法典》第 1258 条规定："在公共场所或者道路上挖掘、修缮安装地下设施等造成他人损害，施工人不能证明已经设置明显标志和采取安全措施的，应当承担侵权责任。窨井等地下设施造成他人损害，管理人不能证明尽到管理职责的，应当承担侵权责任。"

本条第 1 款所规定的情形是地面施工致害。地面施工，施工人应当设置明显标志、采取安全措施，以提示他人注意，保障他人安全。在公共场所或者道路上挖掘、修缮安装地下设施等造成他人损害，施工人未尽到提醒、保护义务的，应当承担赔偿责任。地面施工致害责任采用过错推定原则。

本条第 2 款所规定的情形是地下设施致害。地下设施指在地面以下，以人力方式修建的窨井、水井、下水道、地下坑道等设施。窨井是指上下水道或者其他地下管线工程中，为便于检查或疏通而设置的井状构筑物。地下设施致害的主要情形是覆盖物缺失或覆盖物缺陷，导致受害人跌入地下设施。地下设施的管理人（包括所有人）应当尽到管理职责。地下设施致害责任采用过错推定原则，发生地下设施致害事件，推定管理人未尽到管理职责，承担赔偿责任；管理人能够就已尽到管理职责进行举证的，可以免除责任。

引例解析

案例一：《民法典》第 1254 条规定，从建筑物中抛掷物品或者从建筑物上坠落的物品造成他人损害，经调查难以确定具体侵权人的，除能够证明自己不是侵权人的外，由可能加害的建筑物使用人给予补偿。可能加害的建筑物使用人补偿后，有权向侵权人追偿。物业服务企业等建筑物管理人应当采取必要的安全保障措施防止前款规定情形的发生；未采取必要的安全保障措施的，应当依法承担未履行安全保障义务的侵权责任。

本案的三方被告中，房产开发公司既非使用人，也非管理方，不担责。物管公司是否承担责任，关键要审查其对 C 栋楼是否存在管理上的疏忽，如确有疏忽，应当承担相应侵权责任。其余 46 户住户，如没有确切证据证明自己不是侵权人，则共同承担补偿责任。补偿责任的承担，一般不可能按实际损失的 100% 来计算，应在综合考虑原、被告方实际承受能力的情况下确定赔偿数额。如将来找到真正的侵权人，则承担补偿责任的住户可以向真正侵权人追偿。

案例二：《民法典》第 1255 条规定："堆放物倒塌、滚落或者滑落造成他人损害，堆放人不能证明自己没有过错的，应当承担侵权责任。"堆放物倒塌致害责任的归责原则是过错推定责任原则，受害人请求赔偿，只需举证证明被告是倒塌堆放物的堆放人，及因堆放物倒塌导致损害，而无需证明堆放人有过错。堆放人主张自己无过错的，应当举证证明。

本案中，孔某在李某经营货场的煤炭装卸作业区被垮塌的煤堆压伤致残。李某作为该货场的经营者，对其实际保管的煤堆所存在的可能垮塌的安全隐患未能及时消除，且货场作业区安全作业规章公示不显著，对原告孔某擅自下车未能及时制止，因此发生安全事故致伤孔某，李某应负事故主要责任。

孔某从事货运工作，应当对堆放物的风险有一定了解，但其对货场作业区提示的安全作业规则缺乏必要的关注，在货场作业区内又擅自下车，把自己暴露在存在垮塌危险的煤堆前，对损害的发生亦有一定责任，应相应自担部分合理经济损失。

▓▓▓ **相关法律法规**

《民法典》第 1252、1253、1254、1255、1256、1257、1258 条。

▓▓▓ **思考与练习**

简答题

1. 简述不动产设施倒塌、塌陷致害的侵权责任。

2. 简述不动产设施及其附属物脱落、坠落致害责任。

3. 简述高空抛物责任。

4. 简述堆放物致害责任。

5. 简述在公共道路上妨碍通行物品致害责任。

6. 简述林木致害责任。

7. 简述地下工作物致害责任。

学习情境：具体建筑物和物件损害责任的识别和应用

▓▓▓ **情境案例**

原告汪某与被告陈场沙埂坝村村民委员会、陈场镇政府、仙桃公路局因林木折断损害发生纠纷。

原告汪某诉称：2015 年 6 月 27 日 10 时许，原告汪某骑电动车行驶在通海口镇通往陈场镇的交通干道毛通县道上。当行驶至陈场镇沙埂坝村路段时，突然被路边倒下的一棵大树砸伤，造成原告汪某二级伤残。

该公路及公路两旁护路林属于三被告管理和养护责任的范围。原告汪某为支持其诉讼主张，向法院提交了如下证据：①接处警工作登记表 1 份，照片 18 张，以证明原告汪某骑电动车沿毛通县道行至陈场镇沙埂坝村委会路段处时，被护路林中一棵倒下的树砸伤，该树生长在距毛通县道的路肩上，最大直径 43 厘米，该树在公路用地范围内，由于疏于管理和养护，招致虫蛀。②调查笔录一份，以证明被告陈场镇政府提供该路段树苗，由被告陈场沙埂坝村负责栽种，被告仙桃公路局负责巡查、养护。③风力表 1 份，以证明事故当天为微风三级，不属于不可抗力的自然灾害。④病历 3 份，以证明原告汪某因受伤导致下半身肢体完全瘫痪，多次住院共计 164 天。⑤司法鉴定意见书 1 份，以证明原告汪某所受损伤为二级伤残，需后期治疗费 2 万元或据实报销，每年医疗依赖费用为 1.5 万元，护理依赖程度为完全护理依赖且需加强营养。⑥票据 13 张，以证明原告汪某支付医疗费共计 322 364.67 元。⑦营业执照、收入证明、工资清单各 1 份，以证明原告汪某受伤前在某有限公司从事服务业。⑧鉴定费票据 1 张，以证明原告汪某支付鉴定费 3300 元。⑨公路局网站部分内容，以证明被告仙桃公路局负责全市公路养护。⑩张某证言 1 份，以证明压伤原告汪某的树木已被虫蛀。

被告陈场沙埂坝村辩称：①原告汪某的诉请金额过高，请求法院依法核实。②被告陈场沙埂坝村不是本案适格被告，不应承担民事赔偿责任。③原告汪某骑车被路边树木压伤，应当由被告仙桃公路局承担责任。被告陈场沙埂坝村为支持其抗辩理由，向法院提交了证人证言一份，以证明原告证据 2 中的调查笔录不真实。

被告陈场镇政府辩称：①本案原告汪某对本起事故造成的损害结果负有一定的过错，应当承担相应的民事责任。②涉案的护路林木不是被告陈场镇政府所有，被告陈场镇政府对原告汪某的损害发生没有过错，故不是本案适格被告，请求法院依法驳回原告汪某对被告陈场镇政府的诉讼请求。被告陈场镇政府未向法庭提交证据。

被告仙桃公路局辩称：被告仙桃公路局并非致害林木的所有人和管理人，故不是本案适格被告。被告仙桃公路局为支持其抗辩理由，向本院提交了如下证据：①询问笔录 2 份，以证明事发路段公路旁的树木产权系被告陈场镇政府所有，平时的维护、保养由被告沙埂坝村委会负责。②询问笔录 3 份，以证明在毛通县路段上，很多树木要么属于村民个人所有，要么属于村委会集体所有，被告仙桃公路局并不必然是该公路两旁树木的所有人和管理人。③登记表 2 张，以证明在毛通公路及其周边地区，很多树木有自己的产权人，被告仙桃公路局并不必然是所有人。④许可证 2 张，以证明陈场镇的林木砍伐许可证并不由被告仙桃公路局颁发，被告仙桃公路局并不是林木的管理机关，不承担林木管理的主体责任，故不是本案的适格被告。⑤剅台村、太平村会议记录各 3 份，请示报告、呈报表、公示、投标申请书、收款收据各 1 份，以证明毛通公路边的树木均属被告陈场镇政府和被告陈场沙埂坝村所有，被告陈场沙埂坝村或被告陈场镇政府对该树木有排他性的物权。[1]

---

〔1〕 改编自 http://www.110.com/ziliao/article-655958.html，2020 年 9 月 21 日访问。

训练目的

让学生通过训练识别建筑物和物件损害责任，熟练掌握具体建筑物和物件损害责任构成要件的应用。

训练方法

请同学们根据学习情境中的案例分组模拟庭审过程。

实训步骤

1. 根据案例需要对学生进行分组。

2. 以组为单位，让学生合理细化案件细节，查阅相关法律法规，分析在各种情况下本案中责任如何承担。

3. 让学生模拟法庭辩论的过程，双方通过辩论、说理，阐释自己对本案的理解。

4. 学生自我评价训练效果。

5. 教师点评、总结训练情况。

拓展阅读

［1］"堆放物致他人财产受损 责任谁担"，载《农村新技术》2019年第8期。

［2］廖媛媛："高空抛坠物致人损害责任研究"，载《科技经济市场》2016年第6期。

［3］李阳、黄野松："建筑物所属物件坠落致害的责任承担"，载《人民司法（案例）》2015年第22期。

［4］刘世国、李晓钰："物件致害责任纠纷的法律适用——《侵权责任法》第85条的解释"，载《重庆行政（公共论坛）》2015年第4期。

［5］谭艳辉："建筑物、构筑物倒塌侵权的法律理解及适用分析——试析《侵权责任法》第86条"，载《建筑》2011年第3期。